공시줍줍

이 책에 안내한 기업공시 찾는 방법은 금융감독원이 2021년 5월 개편한
신(新)DART 홈페이지(http://newdart.fss.or.kr)를 기준으로 하고 있습니다.

전지적 투자자 시점에서 건진

주린이들의
투자 레벨
떡상 프로젝트!

김보라 · 박수익 지음

공시까지 공부한 여러분의 앞날에는 '꽃길'만 펼쳐질 거예요

지난해부터였을 겁니다. 두 사람 이상 모이면 어김없이 '주식투자'를 화제로 이야기꽃을 피웠던 것이요. 높은 관심만큼 주식투자 인구도 폭발적으로 증가했습니다. 금융투자협회에 따르면 2021년 8월 5일 기준으로 국내 주식거래 활동계좌 수가 5000만 개를 돌파했습니다. 계좌 수만 놓고 보면 국민 한 명당 한 개의 계좌를 보유한 셈입니다.

엄청난 돈이 주식시장으로 몰려든 만큼 주식투자로 돈을 번 사람도 많아졌겠죠? 그런데 어찌 된 일인지 여기저기서 곡소리가 끊이지 않습니다. 가파르게 상승했던 주가가 2021년 초부터 조정국면에 들어섰기 때문입니다. 땅이 꺼지라고 한숨을 쉬는 이들 대부분은 준비 없이 주식투자에 뛰어든 분들일 겁니다.

독자 여러분도 혹시 '대형주는 안전하다'고 맹신해 대형주에 몰방하거나, 인터넷 카페나 주식 리딩방에서 찍어주는 종목 등 검증되지 않은 정보에 의존해 주식을 사고판 적이 있나요? 또는 빚까지 내서 주식시장으로 직진해보신 적은요?

월스트리트 역사상 가장 성공한 펀드매니저로 꼽히는 피터 린치(Peter Lynch)는 이런 말을 남겼습니다.

"투자할 때는 최소한 새 냉장고를 고를 때만큼의 시간과 노력을 기울이라."

냉장고 살 때를 떠올려보세요. 어떤 제품이 좋은지 구매자들의 리뷰까지 샅샅이 살피며 사전 조사하는데 몇 날 며칠을 보냅니다. 후보군이 추려지면 매장을 방문해 검증하는 절차에 들어갑니다. '냉장고 준전문가'의 경지에 이르렀을 때쯤 언제, 어디서 사면 싸게 살 수 있을지 가격비교사이트를 뒤지고 카드와 쿠폰 할인 등까지 조사를 마친 뒤에야 냉장고를 삽니다.

주식투자도 마찬가지입니다. 투자하고 싶은 기업에 대해 꼼꼼히 살펴야 합니다. 잘 모르는 종목에 투자하고 높은 수익률을 기대하는 건 로또 당첨을 바라는 것과 다르지 않습니다. 투자하는 기업이 어떤 사업을 하는지, 재무 상태는 어떤지, 최대주주가 누군지, 어떤 경쟁력을 가졌는지, 업계에서의 위치는 어떤지 등을 아는 건, 투자의 기본입니다. 투자자들이 애타게 찾는 이 모든 정보가 '기업공시' 안에 담겨 있습니다.

"몸에 좋은 약은 입에 쓰다"는 속담이 있죠. 이제부터 기업공시를 열심히 보겠다고 다짐하며 공시를 열어본 사람 가운데 열에 아홉은 '멘붕'에 빠집니다. 낯선 용어투성이에 분량은 또 왜 그렇게 많은지……. 카카오뱅크, 크래프톤 같은 공모주에 투자하기 전에 반드시 봐야 하는 〈증권신고서〉만 해도 보통 300페이지가 넘습니다!

언론도 기업공시를 심층적으로 다루는 경우가 드물 뿐만 아니라, 설령 기업공시 관련 기사를 쓰더라도 어려운 용어를 그대로 가져다 쓰곤 했습니다. 이제 막 주식투자를 시작하거나 기업공시에 대한 이해가 부족한 사람들이 그런 기사를 보고 내용을 이해하기란 쉽지 않습니다.

'공시줍줍'은 그래서 탄생했습니다. 그동안 언론사나 전문가들이 소홀히 했던 기업공시 분야의 사각지대를 발굴해서 누구나 이해할 수 있도록 친절하게 풀어쓰자! 이런 각오로 2020년 7월 공시줍줍이라는 제목의 뉴스레터를 처음 발송했습니다. 공시줍줍은 주제뿐만 아니라 형식에서도 기존 기사와 차별화를 시도했습니다. 분량, 문체에 구애받지 않고 친절함과 깊이 있는 시각을 담은 콘텐츠! 이것이 요즘 시대의 독자들이 인터넷 언론에 부여한 의무 중 하나라고 생각했기 때문입니다.

'국내 1호 공시 전문 뉴스레터' 공시줍줍은 독자들의 사랑을 받으며 순항하고 있습니다. 감사하게도 뉴스레터로 발송했던 내용을 기초로 새로운 내용과 분석을 추가해, 이렇게 책을 낼 기회도 얻게 되었습니다.

전자공시시스템(DART)에는 하루에도 수십 개의 공시가 올라옵니다. 이 가운데 저희가 이리저리 뜯어볼 공시의 기준은 '투자자에게 중요한 공시인가?'입니다. 주제 선정뿐만 아니라 공시를 분석하는데 있어서도 철저하게 전지적 투자자 시점을 따릅니다. 예를 들어 기업 분할과 합병에 관한 공시에서 기업이 발표한 청사진 등 투자자의 영역 밖에 있는 내용은 간략히 설명하고, 대신 기업 분할과 합병이 소액주주에 불리한 점은 없는지 주식가치에 미치는 영향을 집중적으로 파고듭니다.

또한 '공시의 쓸모'에 주목합니다. 공모주에 투자하려면 어떻게 해야 할까? 배정받은 공모주의 주가가 곤두박질치고 있을 때 환불받으려면 어떻게 해야 할까? 어느 날 증권사로부터 신주인수권이 입고됐다는 아리송한 문자를 받았는데, 뭘 해야 할까? 유상증자 초과청약은 나에게 유리한 것일까? 투자종목이 감자 발표로 거래정지됐는데 거래재개 후 주가는 얼마로 바뀔까? 전환사채 발행회사가 '콜옵션'을 행사하면 어떤 선택을 할 수 있을까? 교과서적인 개념 설명에 머물지 않고, 한 걸음 더 들어가 공시를 실전 투자에 활용하는 방법을 모바일트레이딩시스템(MTS)을 캡처해서 상세히 안내합니다.

일반공모 유상증자를 TV 프로그램 〈골목식당〉에, 자사주 매입을 〈허생전〉에, 주식 분할과 병합을 오락실에서 지폐를 동전으로 바꾸거나 동전을 지폐로 바꾸는 과정에 빗대어 설명하는 등 기업공시 문외한도 술술 읽을 만큼 쉽고 친근하게 설명합니다.

그동안 셀 수 없이 많은 공시를 분석했지만, 저희에게도 '기업공시'라는 주제는 여전히 녹록하지 않습니다. 그러나 기업공시 볼 줄 몰라서 손해 보는 투자자가 한 명도 없는 그 날까지, 저희가 먼저 열심히 공부하고 질문해보려 합니다. 이 책을 펼쳐주신 모든 독자 여러분 감사합니다.

2021년 여름

보통의 독자와 함께하는 박수익, 김보라

차 례

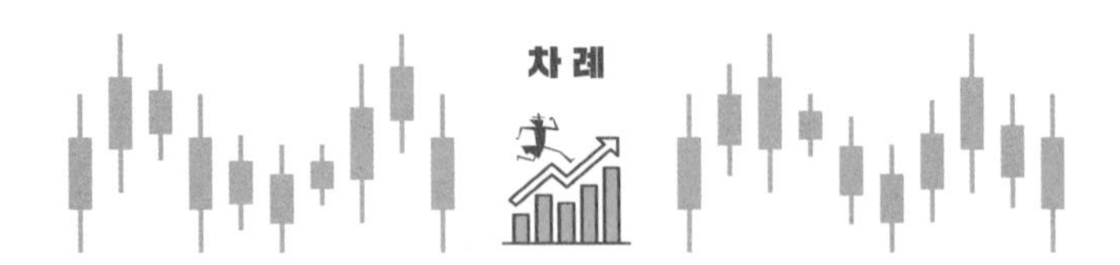

Chapter 2 전지적 투자자 시점에서 본 공모주 투자

Chapter 3 전지적 투자자 시점에서 본 유상증자

Chapter 4 전지적 투자자 시점에서 본 무상증자

Chapter 5 전지적 투자자 시점에서 본 감자

Chapter 8 전지적 투자자 시점에서 본 기업분할

Chapter 9 전지적 투자자 시점에서 본 주식연계채권

Chapter 10 전지적 투자자 시점에서 본 자사주

Chapter 11 전지적 투자자 시점에서 본 스팩·리츠

Chapter 1

전지적 투자자 시점에서 본 공시 0교시

'공시'를 인터넷 검색창에서 찾아보면 두 가지가 유명한 단어가 연관 검색어로 나옵니다. 국가에서 실시하는 공무원 시험을 뜻하는 '공시(公試)' 그리고 공개적으로 무언가를 알린다는 뜻의 '공시(公示)'입니다. 우리는 후자의 공시(公示)에 대해 알아볼 것입니다.

공시를 한자 그대로 풀면 '공평할 공(公)' '알릴 시(示)', 즉 어떤 내용을 숨김없이 공개적으로 드러내놓고 알리는 행위를 말합니다. 부동산에서는 '공시가격*', '공시지가**'라는 단어를 사용하고요. 법률에서는 '공시송달***'이라는 표현도 쓰죠. 주식시장에서 사용하는 '공시'는 보통 '기업'이라는 단어가 하나 더 붙어서, '기업공시'라고 부릅니다.

기업이 자신의 사업 내용이나 재무 상황, 영업 실적과 같은 내용을 주주, 채권자 또는 지금은 주주가 아니지만 투자할 생각이 있는 사람 등 여러 이해관계자에게 알리는 제도가 바로 기업공시입니다.

공시를 본격적으로 공부하기에 앞서 몸풀기로 공시란 무엇인지, 어떻게 보는지, 주가에 영향을 미치는 공시는 어떤 것이 있는지 등을 살펴보겠습니다. '에이, 이건 너무 시시해'라는 생각이 들면 '2장. 전지적 투자자 시점에서 본 공모주 투자'로 순간 이동하셔도 좋습니다!

---

* 정부가 세금을 걷는 기준을 정하기 위해 발표하는 부동산 가격

** 공시가격 중 땅에 대한 가격

*** 법원이 소송 당사자에게 전달할 서류를 보관하고 당사자가 나타나면 언제라도 내어줄 뜻을 게시하는 행위

워런 버핏이 퇴근할 때 꼭 챙겨가는 서류의 정체

기업은 왜 경영 활동을 시시콜콜 공시할까?

'투자의 대가' 워런 버핏(Warren Buffett)이 퇴근할 때 꼭 챙겨가는 서류가 있다고 합니다. 다른 사람도 아니고 55년간 누적수익률 274만 4062%를 자랑하는 버핏이 챙겨보는 서류라니, 궁금하지 않을 수 없습니다. 유명 애널리스트가 작성한 리포트일까요? 아니면 거액 자산가들만 공유하는 특급 정보일까요? 버핏이 퇴근해서도 탐독하는 서류는 다름 아닌 기업에서 발표한 공시 자료라고 합니다.

"이발사에게 이발할 때가 됐는지 물어서는 안 된다." 버핏이 한 말입니다. 이발사에게 "지금 이발해야 할까요?"라고 물어보면 보나 마나 뻔한 대답이 돌아오겠지요. 투자도 마찬가지입니다. 다른 사람들의 이야기는 어디까지나 참고만 할 뿐, 최종 판단은 투자자 스스로 해야 합니다. 투자하려는 종목이 어떤 상황인지는 투자자가 가장 잘 알고 있어야 합니다. 투자자에게 기업에 관한 가장 정확한 정보를 전달하는 것이 바로 기업공시입니다.

기업의 사업 내용, 재무 상황, 실적과 같은 내용은 주식 가격과 거래에 영향을 줄 수 있는 중요한 정보입니다. 기업공시는 바로 이러한 중요 정보를 누구나 볼 수 있도록 공개된 장소에 올려 공정한 주식 가격 형성과 거래 기회를 제공하기 위한 목적으로 탄생한 제도입니다.

해방 이후 우리나라에 자본시장이 생겨났을 때부터 기업공시는 존재했습니다. 증권거래소(현재 이름 한국거래소) 또는 증권사 객장에서 방송을 통해 알려주는 '방송공시', 잡지나 신문 형태의 소식지에 내용을 적어놓는 '지상공시', 열람실을 설치해 투자자들이 이용할 수 있도록 한 '비치공시' 등이 기업공시의 옛 모습입니다.

그러나 위의 방법들은 투자자가 증권거래소나 증권사 객장을 직접 가지 않으면 해당 내용을 접하기 어렵다는 너무나 뚜렷한 단점이 존재했습니다. 회사에서 일하다가 또는 집에서 밥을 먹다가 문득 자신이 투자한 기업의 실적이 궁금하다고 증권사 객장으로 달려갈 수도 없는 노릇이죠. 이런 단점은

인터넷 시대가 열리면서 완벽하게 해결되었습니다! 2001년부터 본격적으로 집에서 인터넷으로 기업공시를 열람할 수 있는 '전자공시 시스템' 시대가 열렸습니다.

"좋은 정보 없어?" 묻지 말고, 기업공시를 보자!

교과서나 참고서를 공부하지 않고 시험을 친다면, 할 수 있는 일은 오직 하나! OMR 카드에 그냥 직감으로 마킹하는 것뿐이죠. 마찬가지로 기업의 사업 내용, 재무 상황, 실적 같은 내용을 파악하지 않고 주식에 투자하는 건 복권을 사서 요행을 바라는 것과 다르지 않습니다. 특히 기업공시는 법이 정한 내용이라면 모조리 알려야 합니다. 설사 그 내용이 주가를 곤두박질치게 할 만큼 나쁜 소식이라고 해도 예외 없이 알려야 합니다. 즉 투자자가 알아야 하는 좋은 정보와 나쁜 정보 모두를 담고 있는 것이 바로 기업공시입니다.

그래서 저희 같은 기자들은 신입기자 때부터 반복적으로 선배들에게 듣는 얘기가 있습니다. 바로 "보도자료만 믿지 마라. 기업공시는 정보의 보물창고다." 증권사에서 발표하는 리포트도 물론 주식투자에 좋은 참고 자료입니다. 하지만 리포트는 애널리스트가 객관적인 자료를 바탕으로 본인의 주관을 덧붙인 해석이고, 공시는 주관을 떼어내고 오로지 사실만 적어놓았다는 점에서 차이가 있습니다.

주식투자에서는 좋은 기업을 찾아내는 것도 중요하지만 나쁜 기업을 골라 투자 목록에서 제외하는 것도 필요한 작업입니다. "주식 투자의 첫 번째 원칙은 잃지 않는 것, 두 번째 원칙은 첫 번째 원칙을 기억하는 것"이란 말도 있잖아요.

유가증권시장(코스피)과 코스닥시장, 코넥스시장에 상장한 기업은 모두 의무적으로 기업공시를 해야 하는 회사입니다. 또한 주식시장에 상장하지 않았더라도 일정 규모를 갖춘 비상장기업도 공시 의무가 있습니다. 이러한 비상장기업을 보통 '외부감사법인'이라고 부릅니다.

외부감사법인은 이 책에서 주로 다루는 기업은 아니지만, 호기심 많은 독자를 위해 간략히 소개하겠습니다.

외부감사법인은 회사 내부가 아닌 외부의 제3자, 즉 객관적이고 회사로부터 독립된 외부 사람에게 회계 감사를 받아야 하는 회사입니다. 상장회사 또는 이듬해(다음 사업연도)까지 상장하려는 회사는 모두 외부감사법인이며, 상장하지 않은 회사라도 다음의 조건 중 하나를 충족하면 외부감사법인입니다.

① 회사의 자산총액이 500억 원 이상
② 회사의 연간 매출액이 500억 원 이상
③ 회사의 자산총액이 120억 원 이상, 부채총액이 70억 원 이상, 매출액이 100억 원 이상, 종업원이 100명 이상. 이 가운데 2개 이상 해당하는 회사

이 조건에 해당하는 회사는 상장회사가 아니어도 감사보고서(1년간 회계 감사를 받은 내용을 정리한 보고서)를 제출합니다.

주식투자의 보물창고,
다트 요리조리
파헤치기

기업공시는 어디서 봐야 할까?

이제 본격적으로 기업공시를 어디서, 어떻게 찾아볼 수 있는지 살펴보겠습니다. 인터넷 검색창에서 '전자공시'라는 단어를 입력하고 '검색' 버튼을 누르면, 곧바로 나오는 단어가 '금융감독원 전자공시시스템'입니다.

> dart.fss.or.kr
> 금융감독원 **전자공시**시스템
>
> 공시서류검색 · **최근공시** · 기업개황 · 공모게시판 · **공시**정보 활용마당 · 최근**공시**페이지
> **전자공시제**도 소개, 공시대상 검색, 기업 개황, 최근 정정 및 삭제 보고서 안내.

말 그대로 우리나라의 금융회사와 상장회사를 감독하는 기관인 금융감독원이 운영하는 전자공시시스템입니다. 주저하지 말고 곧바로 클릭해보세요.

화면 왼쪽 위에 '대한민국 기업정보의 창 DART'라는 문구가 나옵니다. 우리가 알고 있는 과녁 맞히기 게임 다트(Darts)와 발음은 같지만 여기서 말하는 다트(DART)는 'Data Analysis, Retrieval and Transfer System'의 약자입니다(약자까지 외울 필요는 없습니다).

어떤 메뉴가 있는지 간략하게 살펴볼까요? 주식투자자가 가장 많이 사용하는 메뉴는 윗줄에 나오는 '최근공시'와 '공시서류검색' 두 가지입니다. '최근공시'를 누르면 말 그대로 가장 최근에 발표한 공시들이 나옵니다.

'최근공시'를 누르면 열리는 화면에서 왼쪽 메뉴를 이용하면 '유가증권시장' '코스닥시장' '코넥스시장' 등 주식시장 종류별로 최근 공시를 따로 볼 수 있습니다. '기타법인'은 21쪽에서 설명한 외부감사법인이라고 이해하면 됩니다. 이 모든 회사를 다 볼 수 있는 '전체'

버튼도 바로 밑에 있습니다.

'5%·임원보고'는 상장회사의 주식을 아주 많이 가진 사람(5% 공시) 또는 상장회사의 주요 결정에 영향력을 미치는 사람(임원보고)의 주식 변동 내용을 따로 모아놓은 항목입니다.

다트, 어떤 것부터 볼까?

'최근공시' 메뉴는 사실 주식투자자는 자주 사용하진 않습니다. 왜냐

상장기업의 의결권 있는 주식을 5% 이상 보유하게 된 사람은 지분 변동 상황을 금융위원회와 한국거래소에 5일 이내에 보고하고 공시하도록 의무화한 제도를 '5%룰'이라고 합니다. 5% 룰을 '대량 보유 보고 의무'라고도 부릅니다.

하면 투자자는 보통 본인이 주식을 보유한 기업의 공시에만 관심을 가지기 때문이죠. 그래서 본인이 투자한 회사의 공시만 따로 볼 수 있는 '공시서류검색' 메뉴를 가장 많이 활용합니다.

'공시서류검색'을 누르면 다시 '공시통합검색' '회사별검색' 버튼이 있습니다. 공시통합검색창을 보면 '회사명', '제출인명', '기간', '보고서명' 등의 하위 메뉴가 나옵니다. 공시통합검색창에서 우리 증시에서 가장 덩치가 큰 '삼성전자'를 검색해볼까요?

'회사명'에 '삼성전자'를 입력하면, 삼성전자가 공시한 서류들을 한꺼번에 볼 수 있습니다. 여기서 먼저 주의할 점은 '기간'입니다. 다트는 공시검색 기간이 1년으로 자동 설정되어있습니다. 따라서 3년 전, 5년 전 공시를 보고 싶다면 기간의 범위를 '3년', '5년' 등을 선택하고 다시 '검색' 버튼을 누르면 됩니다.

기간을 '10년'으로 선택하고 다시 '검색' 버튼을 누르면, 첫 화면에 보이는 공시의 목록과 순서는 똑같지만 맨 아래 공시 건수가 달라져 있다는 걸 알 수 있습니다.

사실 여기까지만 알고 있어도 다트를 이용하는 데 기초적인 어려움은 없습니다. 이제부터는 각 공시가 담고 있는 의미를 파악하는 것이 중요합니다. 하지만 다트를 좀 더 다양하게 활용하기 위해 몇 가지 방법을 더 알아보도록 할까요.

기간 선택 버튼 끝에 '최종보고서' 체크 박스가 보이나요? 다트는 자동으로 '최종보고서'가 보이도록 설정되어 있습니다. 최종보고서 메뉴는 기업이 공시를 제출했을 때 간혹 내용을 잘못 기재해서 수정하는 경우가 있는데 이때 수정본은 빼고 최종본만 보이도록 한 것입니다. 만약 회사가 수정한 공시까지 모두 보고 싶다면 '최종보고서' 체크 박스를 해제하고 다시 '검색' 버튼을 누르면 됩니다. 수정한 공시는 제목 앞에 '[기재정정]'이란 표현이 붙습니다.

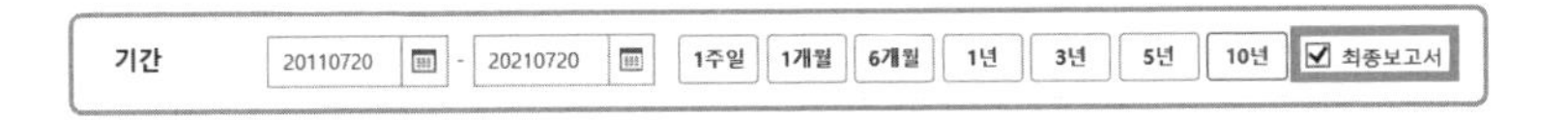

공시 화면을 자세히 살펴보면 공시 대상 회사는 모두 '삼성전자'이지만 '보고서명'이나 '제출인'은 제각각 다르다는 점도 알 수 있습니다. 같은 유형의 공시만 모아서 보고 싶으면, 해당 공시의 키워드 가운데 하나를 '보고서명'에 입력하면 됩니다.

번호	공시대상회사	보고서명	제출인	접수일자	비고
1	유 삼성전자	기업설명회(IR)개최(안내공시)	삼성전자	2021.07.07	유
2	유 삼성전자	연결재무제표기준영업(잠정)실적(공정공시)	삼성전자	2021.07.07	유 정
3	유 삼성전자	지속가능경영보고서등관련사항(자율공시)	삼성전자	2021.07.06	유
4	유 삼성전자	최대주주등소유주식변동신고서	삼성전자	2021.07.05	유
5	유 삼성전자	임원・주요주주특정증권등소유상황보고서	안규리	2021.06.29	
6	유 삼성전자	임원・주요주주특정증권등소유상황보고서	박창진	2021.06.29	
7	유 삼성전자	임원・주요주주특정증권등소유상황보고서	최주호	2021.06.24	
8	유 삼성전자	최대주주등소유주식변동신고서	삼성전자	2021.06.08	유
9	유 삼성전자	임원・주요주주특정증권등소유상황보고서	김강수	2021.06.03	
10	유 삼성전자	기업지배구조보고서공시	삼성전자	2021.05.31	유

내가 투자하는 기업의 OOO 공시만은 꼭 확인하자!

주식투자자에게 가장 기본적인 공시는 단연 〈사업보고서〉를 꼽을 수 있습니다. 상장회사가 1년에 한 번 발표하는 종합보고서가 바로 〈사업보고서〉입니다. 〈사업보고서〉에는 회사의 어제와 오늘 그리고 내일이 모두 담겨 있습니다.

회사명에 '삼성전자' 입력, 기간은 '10년'으로 설정, 그리고 '보고서명'에 〈사업보고서〉를 입력하고 '검색' 버튼을 누르면 다음과 같은 화면이 나옵니다.

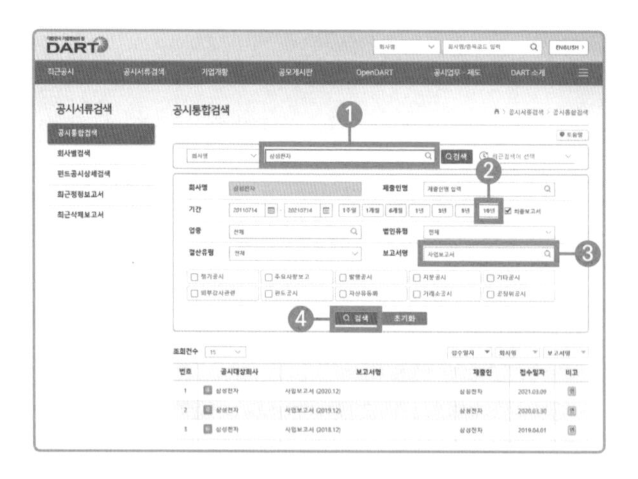

〈사업보고서〉는 한해의 사업 내용을 결산하는 결산일로부터 90일 이내에 의무적으로 제출해야 하는 서류입니다. 삼성전자를 비롯한 대부분의 상장회사 결산일은 12월 31일입니다. 이러한 회사를

'12월 결산법인'이라고 하고, 이 회사들은 다음 해 3월 31일이 〈사업보고서〉 제출 마감일입니다. 따라서 매년 3월 마지막 주가 되면 다트는 〈사업보고서〉라는 제목의 공시로 꽉 채워지곤 합니다.

삼성전자는 2020년 〈사업보고서〉를 2021년 3월 9일 제출했습니다. 마감시한을 20여 일 남겨두고 여유롭게 제출했네요. 〈사업보고서〉에는 회사의 과거와 현재를 볼 수 있는 연혁(Ⅰ-2. 회사의 연혁)뿐 아니라 투자자에게 가장 중요한 사업 내용(Ⅱ. 사업의 내용), 재무 정보(Ⅲ. 재무에 관한 사항), 회사가 최근 결정한 주요 내용(Ⅳ. 이사의 경영진단 및 분석의견) 등은 물론 회사 임원과 직원들의 평균 연봉 등 다양한 정보가 들어있습니다.

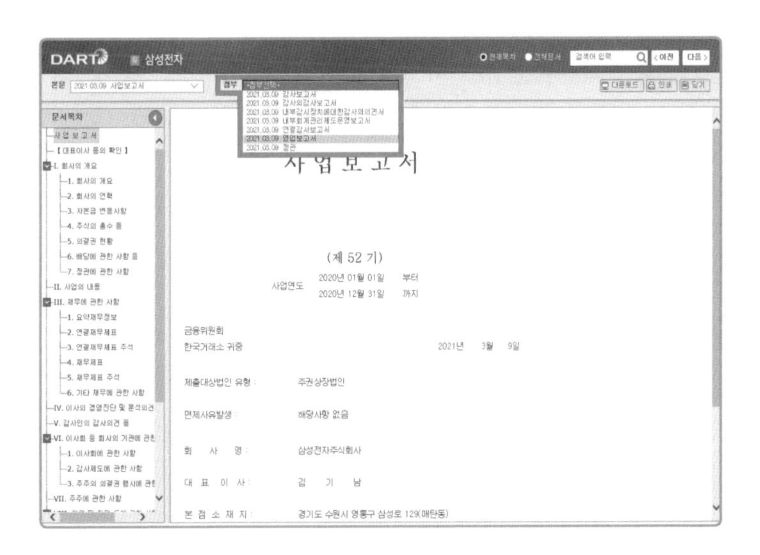

또한 〈사업보고서〉 맨 위에 있는 '첨부' 항목에는 〈감사보고서〉, 〈영업보고서〉, 〈정관(회사의 규칙을 담은 문서)〉 등 다양한 첨부 자료가

들어있습니다. 〈감사보고서〉는 회사로부터 독립적인 외부 회계 법인이 회사의 각종 재산 상황, 실적 등을 살펴보고 정리한 기록입니다. 〈영업보고서〉는 보통 상장회사가 정기주주총회 때 참석한 주주들에게 나눠주는 문서입니다. 주주총회에 직접 참석하기 어려운 주주라면 〈사업보고서〉의 첨부 자료로 들어있는 〈영업보고서〉를 읽어보며 회사의 실적을 분석하고 향후 사업 방향을 가늠할 수 있습니다.

〈사업보고서〉와 비슷한 형태인 〈반기보고서〉, 〈분기보고서〉도 있는데요. 기본 형식은 비슷하지만 내용은 〈사업보고서〉보다 간소화하는 추세입니다. 또한 〈반기보고서〉는 반기(12월 결산법인은 6월 30일) 경과 후 45일, 〈분기보고서〉는 분기(12월 결산법인은 3월 30일, 11월 30일) 경과 후 45일 이내에 제출합니다.

〈사업보고서〉와 형식이 비슷한 듯하지만, 의미가 다른 〈증권신고서〉도 있습니다. 〈증권신고서〉는 회사가 증권(주식 · 채권 등)을 투자자에게 팔아 돈을 마련하려고 할 때 금융당국과 시장투자자에게 신고하는 서류입니다. 〈증권신고서〉에 담긴 내용들은 '2장. 전지적 투자자 시점에서 본 공모주 투자'에서 자세히 다룰 예정입니다.

〈주요사항보고서〉라는 제목의 공시도 있습니다. 말 그대로 회사의 경영상 중요한 판단을 내리고 그 결과를 알리는 내용입니다. 사안의 중요성 때문에 이런 판단을 내린 다음 날까지 공시 서류를 반드시 제출해야 합니다(합병, 분할 등 일부 내용은 3일 이내). 회사 경영상 중요한 판단이라면 당연히 투자자들의 투자 판단에도 많은 영향을 미치겠죠.

〈주요사항보고서〉 뒤에는 괄호로 (유상증자 결정), (무상증자 결정), (감자 결정), (회사분할 결정), (회사합병 결정), (자기주식 취득 결정), (전환사채권 발행 결정), (유형자산 양수 결정), (영업정지) 같은 부제목이 함께 붙습니다.

유상증자, 무상증자, 감자, 회사분할 등은 회사의 미래와 투자자가 가진 주식가치에 영향을 미치는 중요한 내용인데요. 따라서 이 책의 많은 부분에서 다양한 〈주요사항보고서〉 공시를 해석하고 투자에 활용하는 방법을 알아볼 것입니다.

번호	공시대상회사	보고서명	제출인	접수일자	비고
1	유 삼성전자	주요사항보고서 (합병결정)	삼성전자	2012.09.13	
2	유 삼성전자	주요사항보고서 (자기주식처분결정)	삼성전자	2012.03.16	
3	유 삼성전자	[기재정정]주요사항보고서 (분할(분할합병)결정)	삼성전자	2012.03.16	
4	유 삼성전자	주요사항보고서 (분할(분할합병)결정)	삼성전자	2012.02.20	정
5	유 삼성전자	주요사항보고서 (합병결정)	삼성전자	2011.12.26	

배당을 얼마나 하는지 궁금하다면, '배당' 두 글자만 입력하자!

이 밖에도 내가 투자한 회사의 수많은 기업공시 가운데 원하는 공시만 골라보고 싶다면, 해당 공시가 담고 있는 키워드를 입력하는 방법이 있습니다.

예를 들어 삼성전자의 배당 공시만 모아서 보고 싶다면 '배당'을 입력하면 되겠죠. 주저하지 말고 한번 해볼까요? 우선 처음부터 다시 회사명 '삼성전자', 기간 '10년'을 체크하고 보고서명에 '배당' 두 글자를 입력합니다. 그럼 팝업창이 뜰 거예요. '주식배당결정' '현금·현물배당결정' '현금배당결정' 항목을 선택하고 '확인' 버튼을 누릅니다. 마지막으로 '검색' 버튼을 누르면, 다음과 같은 화면이 나옵니다.

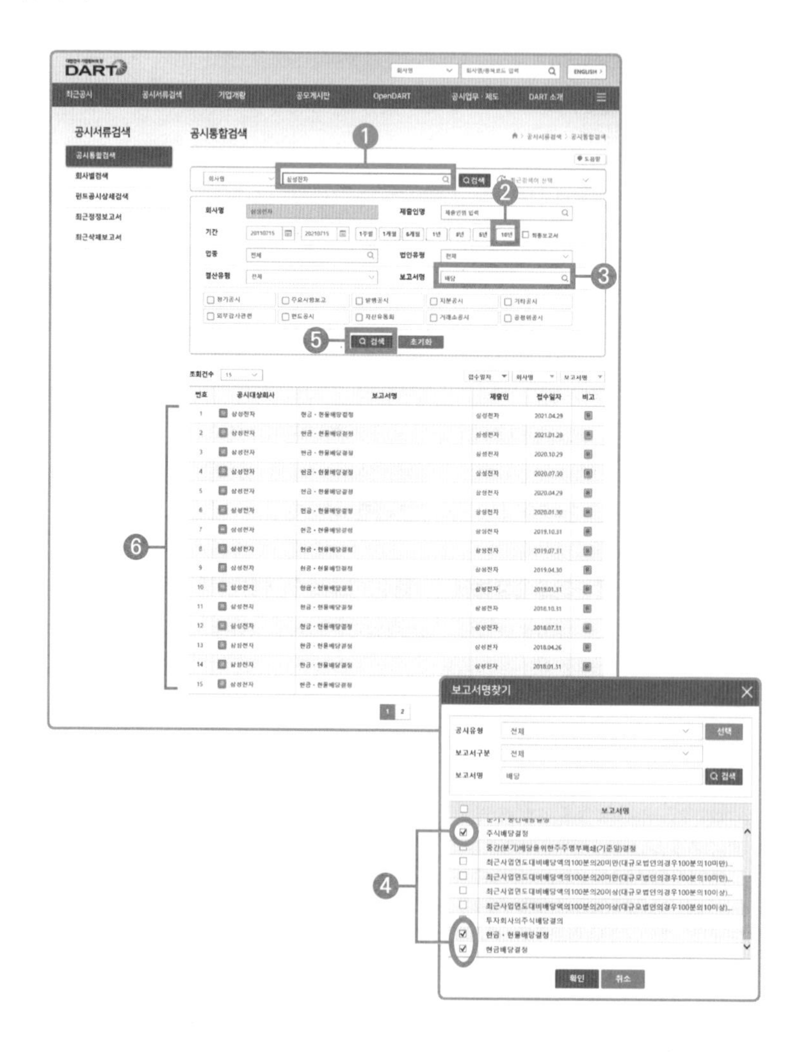

배당 공시 외에도 예를 들어 주주총회 안건 내용과 결과를 일목요연하게 보고 싶으면 '주총', 자사주 취득·소각 등을 보고 싶으면 '자기주식', 회사의 합병이나 분할 공시를 볼 때는 '합병' 또는 '분할' 등 다양한 키워드로 보고서를 검색할 수 있습니다.

내가 투자한 주식, 국민연금도 투자했는지 보고 싶다면?

기업공시는 해당 기업이 직접 제출하는 내용이 대부분이지만 때로는 특정 사람 또는 특정 기관이 제출하기도 합니다. 보통 최대주주나 회사의 임원, 지분을 5% 이상 가진 주요주주도 공시 제출인으로 이름을 올립니다. 삼성전자는 우리나라 주식시장의 대표 주식인 만큼 국민연금공단도 주식을 가지고 있습니다. 공시 얘기를 하다가 갑자기 왜 국민연금이 나오느냐고요? 국민연금은 우리나라 주식시장에 179조 원(2021년 2월 말 기준)을 투자하고 있는 '엄청나게 큰 손'입니다.

국민연금은 연금을 운용하는 특성상 단기매매보다는 기업의 가치를 평가해서 중장기 투자하는 성향이 있고, 투자 금액도 많습니다. 따라서 국민연금의 투자는 상장기업 주식의 수급(수요와 공급)에 중요한 변수로 작용합니다.

특히 국민연금은 최근 '스튜어드십코드(Stewardship Code)'를 도

국민연금은 860조 원을 어떻게 굴리나?

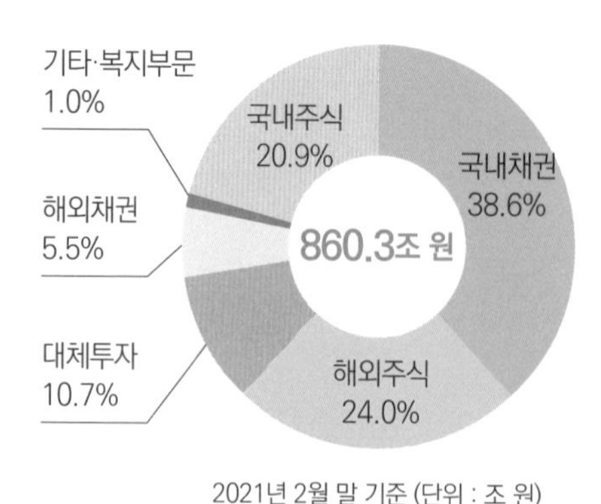

2021년 2월 말 기준 (단위 : 조 원)

부문	금액	비중(%)
금융부문	859.3	99.9
국내주식	179.4	20.9
국내채권	332.5	38.6
해외주식	206.4	24.0
해외채권	47.2	5.5
대체투자	92.2	10.7
단기자금	1.5	0.2
기타 복지부문	1.0	0.1

입해서 자신들이 투자한 기업에 적극적인 목소리를 내고 있습니다. 'steward'는 집안의 재산을 관리하고 책임지는 관리인을 뜻하는 단어죠. 우리말 '곳간 지기'라는 표현이 어울리는 단어입니다. 국민연금이 주식이나 채권에 투자하는 돈은 많은 국민이 노후를 위해 한푼 두푼 월급에서 떼어 모아둔 돈입니다. 바로 이러한 국민의 노후 자산 창고를 지키는 국민연금이 스튜어드십코드를 도입했다는 것은 투자금을 잘 운영하기 위해 투자 기업을 적극적으로 감시하고, 올바른 방향으로 가도록 목소리를 내겠다는 뜻입니다. 그래서 주

스튜어드십 코드는 기관투자자들이 '곳간 지기'가 되어 고객 재산을 관리하기 위해 투자 기업의 의사결정에 적극적으로 개입하라는 국제 지침이다. 주주의 권리와 이익을 극대화하고, 기업의 투명한 경영, 지배 구조 개선 등을 목적으로 한다.

식투자를 할 때는 내가 투자한 기업에 국민연금도 투자하고 있는지 따져보는 것도 중요합니다.

그럼 국민연금공단이 제출한 삼성전자 공시를 찾아보려면 어떻게 해야 할까요? 회사명 '삼성전자', 기간 '10년'을 체크한 다음, 제출인명에 '국민연금공단'을 입력하고 '검색' 버튼을 눌러보세요. 그럼 다음과 같은 화면이 나옵니다.

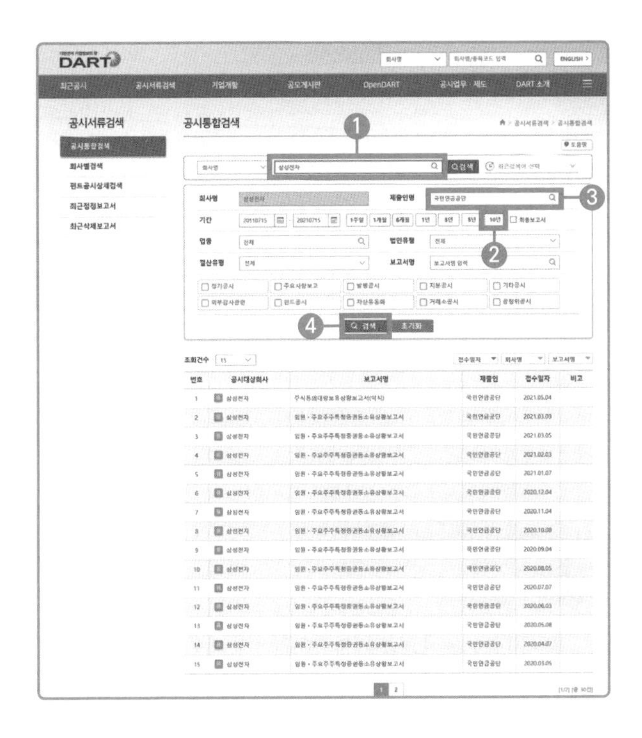

참고로 국민연금이 투자한 기업 가운데 지분율이 낮은 곳은 공시에 나오지 않을 수 있습니다. 이때는 국민연금의 투자자산을 관리하는 기금운용본부 홈페이지(fund.nps.or.kr)에서 확인할 수 있습니다.

하루에 몇 개를 보든, 몇 시간을 사용하든 무료!

자, 여기까지 잘 따라오셨나요? 그런데 한 가지 질문이 있습니다. 지금까지 공시를 살펴볼 때 회원가입이나 결제를 하셨나요? 그런 기억이 없다고요? 그 기억이 맞습니다!

다트는 회원가입이 필요 없으며, 다트에 올라온 모든 공시는 공짜로 열람할 수 있습니다. 만약 지금까지 살펴본 많은 내용을 여러분이 투자한 회사에 직접 물어보거나, 누군가로부터 설명을 듣는다면 어떨까요? 엄청나게 많은 시간이 필요할 뿐만 아니라, 일목요연하게 정리된 서류만큼 내용이 정확하지도 않겠죠. 다시 한 번 우리가 기업공시와 친해져야 하는 이유입니다!

국민연금이 투자한 기업 확인하기

국민연금 투자기업 상세 목록

기금운용본부 홈페이지 > 운용현황 > 투자현황 > 국내주식 > 국내주식 투자종목 상세보기

국민연금 주주권 행사 내역

기금운용본부 홈페이지 > 알림 > 기금공시 > 주주권 행사내역 > '회사명'과 '기간' 입력해서 투자종목 검색

다트에 없는 오리지널 공시가 있는 카인드

다트 자매품, 이름처럼 친절한 카인드(KIND)

다트 외에도 기업공시를 일목요연하게 살펴볼 수 있는 사이트로는 한국거래소가 운영하는 기업공시채널 카인드(KIND)가 있습니다. 인터넷 검색창에서 '카인드' 혹은 'KIND'라고 입력하면 '대한민국 대표 기업공시채널(KIND)'이란 사이트가 '친절한'이란 뜻의 영어단어보다 더 먼저 나옵니다. 주저하지 말고 클릭해보세요.

kind.krx.co.kr
대한민국 대표 기업공시채널 KIND (2)

대한민국 대표 기업공시채널 KIND ... 전체 전체 (13) 더보기 듀켐바이오 투자설명서 07-19 09:25 SG글로벌 주주명부폐쇄기간 또는 기준일 설정 07-19 09:15 한미반도체 영업(잠정)실적(공정공시) 07-19 09:14 NH투자증권 증권발행실적보고서 07-19 09:03 태영건설 투자설명서 07-19 08:55 교보증권 증권발행실적보고서 07-19 08:...

다트(DART)와 카인드(KIND)의 차이점은 운영 주체가 각각 금융감독원과 한국거래소라는 점입니다. 하지만 운영 주체만 다르고, 나머지 내용은 똑같다면 굳이 독자에게 1도 도움이 안 되는 내용을 책 분량 늘리려고 일부러 소개하는 꼼수가 되겠죠.

다트와 카인드에 올라오는 공시는 종류가 조금 다릅니다. 이 '조금'의 차이에 투자자들에게는 꽤 유용한 정보가 포함되어 있습니다. 다트에 있는 공시 대부분은 카인드에도 있지만, 다트에는 없는 조금 특별한 공시 정보도 카인드에 있다는 얘기입니다.

요즘 '흠슬라'라는 애칭으로도 불리는 HMM(과거 이름 현대상선)을 카인드에서 찾아보겠습니다. 카인드 초기 화면에서 회사명을 'HMM'으로 입력하고 '검색' 버튼을 누르면 이런 화면이 나옵니다.

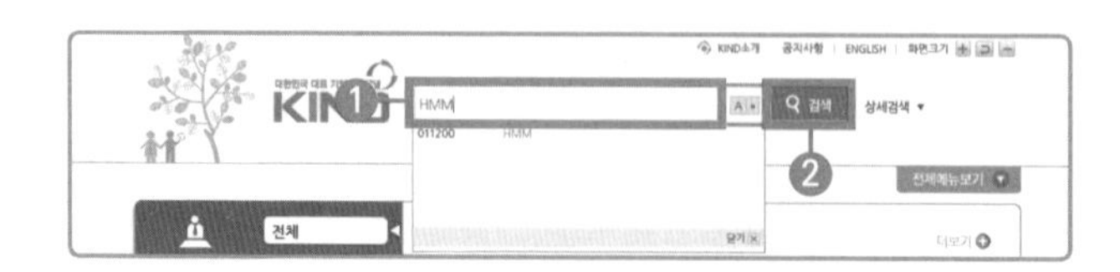

비교를 위해 앞서 살펴본 다트 '공시통합검색'에서 회사명에 'HMM'을 입력하고 '검색' 버튼을 누른 화면도 함께 보여드리겠습니다.

두 화면은 2021년 5월 10일 장 마감 후에 각각 카인드와 다트에서 'HMM'을 검색한 것입니다. 차이점이 느껴지시나요? 5월 6일, 4월 27일, 4월 8일에 다트에 올라온 〈임원·주요주주 특정 증권 등 소유상황보고서〉란 제목의 공시는 카인드에도 같은 날짜에 올라와 있습니다. 또한 4월 5일에 다트에 올라온 〈주식 등의 대량보유상황보고서(약식)〉란 제목의 공시 역시 카인드 공시 목록에서도 볼 수 있습니다.

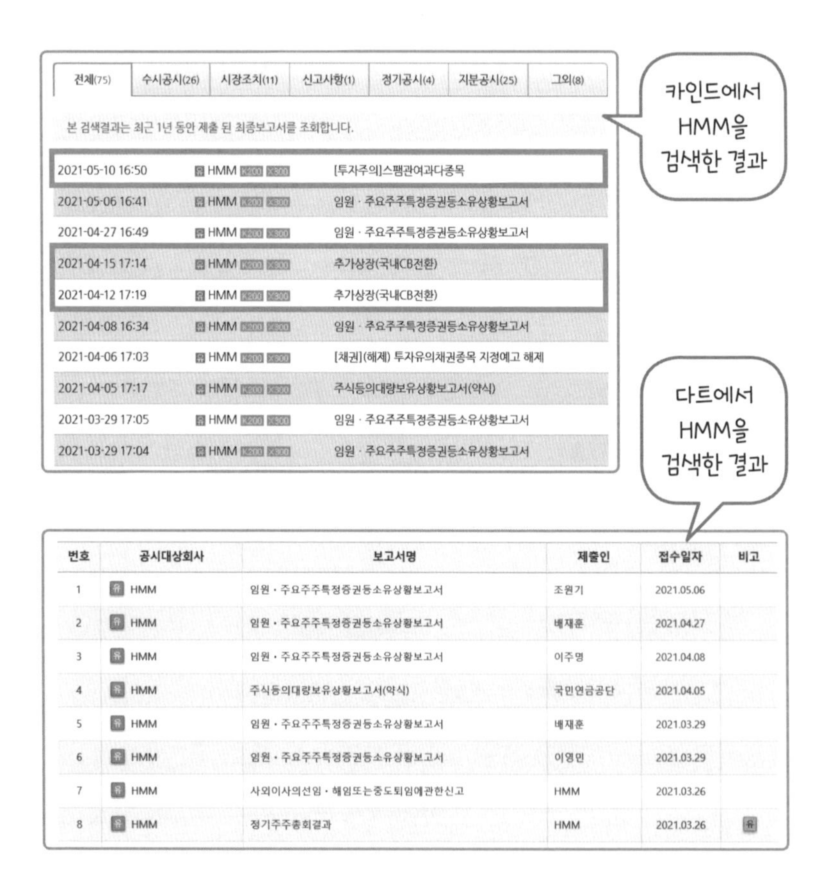

전체(75) | 수시공시(26) | 시장조치(11) | 신고사항(1) | 정기공시(4) | 지분공시(25) | 그외(8)

본 검색결과는 최근 1년 동안 제출 된 최종보고서를 조회합니다.

일시	회사	공시
2021-05-10 16:50	유 HMM K200 X300	[투자주의]스팸관여과다종목
2021-05-06 16:41	유 HMM K200 X300	임원 · 주요주주특정증권등소유상황보고서
2021-04-27 16:49	유 HMM K200 X300	임원 · 주요주주특정증권등소유상황보고서
2021-04-15 17:14	유 HMM K200 X300	추가상장(국내CB전환)
2021-04-12 17:19	유 HMM K200 X300	추가상장(국내CB전환)
2021-04-08 16:34	유 HMM K200 X300	임원 · 주요주주특정증권등소유상황보고서
2021-04-06 17:03	유 HMM K200 X300	[채권](해제) 투자유의채권종목 지정예고 해제
2021-04-05 17:17	유 HMM K200 X300	주식등의대량보유상황보고서(약식)
2021-03-29 17:05	유 HMM K200 X300	임원 · 주요주주특정증권등소유상황보고서
2021-03-29 17:04	유 HMM K200 X300	임원 · 주요주주특정증권등소유상황보고서

번호	공시대상회사	보고서명	제출인	접수일자	비고
1	유 HMM	임원・주요주주특정증권등소유상황보고서	조원기	2021.05.06	
2	유 HMM	임원・주요주주특정증권등소유상황보고서	배재훈	2021.04.27	
3	유 HMM	임원・주요주주특정증권등소유상황보고서	이주명	2021.04.08	
4	유 HMM	주식등의대량보유상황보고서(약식)	국민연금공단	2021.04.05	
5	유 HMM	임원・주요주주특정증권등소유상황보고서	배재훈	2021.03.29	
6	유 HMM	임원・주요주주특정증권등소유상황보고서	이영민	2021.03.29	
7	유 HMM	사외이사의선임・해임또는중도퇴임에관한신고	HMM	2021.03.26	
8	유 HMM	정기주주총회결과	HMM	2021.03.26	유

그런데 카인드에 나오는 5월 10일자 〈[투자주의]스팸관여과다종목〉, 4월 15일과 12일자 〈추가상장(국내CB전환)〉이란 제목의 공시는 다트에서는 찾아볼 수 없습니다. 이런 제목의 공시를 발표하는 주체는 HMM이 아닌 한국거래소입니다. 또한 공시의 종류는 '시장조치'라고 합니다. 즉 한국거래소가 발표하는 시장조치 공시에는 주식투자자가 참고해야 할 내용이 상당수 있지만 다트에서는 찾아볼 수 없습니다.

특히 2021년 4월 15일과 12일자 HMM의 〈추가상장(국내CB전환)〉이란 제목의 공시는 HMM이 발행한 전환사채(CB)가 행사(채권을 주식으로 전환) 시점이 도래해 새로운 주식을 발행한다는 내용입니다. 카인드 얘기하다가 갑자기 왜 '전환사채'라는 어려운 용어를 쓰냐고요? 전환사채와 관련한 내용은 주식연계채권을 다루는 장(304쪽)에

스팸 관여 과다 종목

한국거래소 시장감시위원회는 투기적이거나 불공정거래 가능성이 있는 종목 또는 주가가 단기간 급등하거나 소수계좌가 특정 종목을 집중적으로 거래하는 경우에 투자자의 주의를 환기하기 위해 '시장 경보 제도'를 운영합니다. 경보 등급은 발생 빈도, 연속성, 심각성 등을 고려해 세분화하고 투자주의 → 투자경고 → 투자위험 종목 등 3단계로 나뉘죠. 특정 기업 주식투자 관련 스팸문자 신고가 급증했을 때에도 '투자주의' 종목으로 지정합니다. 일반적으로 스팸문자 신고가 급증하는 종목은 시가총액이 작은 기업인 경우가 많고, 매수 추천 등의 문자를 유포해 주가를 끌어올리려는 이른바 '작전 세력'이 개입했을 가능성도 있습니다.

서 자세히 다루니 지금은 건너뛸게요!

기업은 때로 주가를 인위적으로 낮추기도 합니다. 주가가 올라도 모자를 마당에 왜 가만히 있는 주가를 일부러 낮추느냐고요? 이 부분 역시 유상증자(132쪽), 무상증자(192쪽), 배당(252쪽)에서 자세히 설명하겠습니다. 아무튼 주가를 인위적으로 낮추는 작업을 '권리락', '배당락'이라고 부릅니다. 이런 공시도 카인드에 나옵니다.

다시 카인드의 초기화면으로 돌아가 보면, 좀 전에는 크게 눈에 띄지 않았던 내용이 보일 것입니다. 바로 화면 왼쪽 '오늘의 공시' 바로 밑에 '시장조치'입니다. 그리고 '시장조치'의 하위 메뉴에 나오는 무수한 단어들! 신규상장, 상장안내, 불성실공시, 매매거래정지, 관리종목, 투자주의환기종목, 기타시장안내. 여기에 나오는 공시는 대체로 다트에서는 찾아볼 수 없는 내용입니다. 즉 넷플릭스(Netflix) 오리지널 콘텐츠처럼 '카인드 오리지널' 공시라고 이해하면 됩니다.

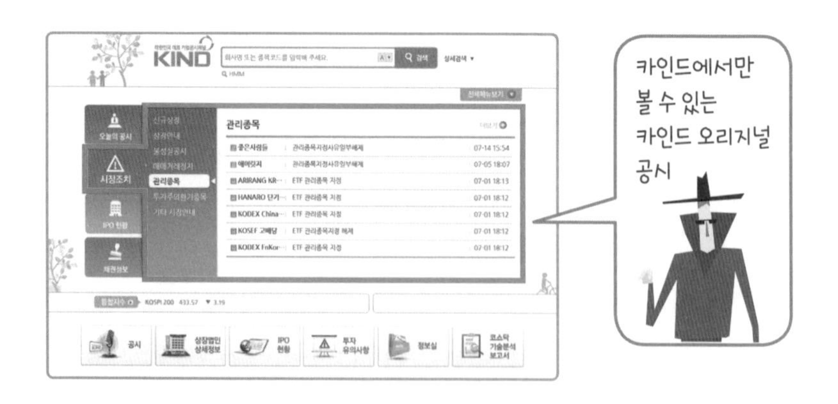

'시장조치' 공시 바로 밑에는 'IPO현황'이라는 메뉴도 있습니다.

그리고 IPO현황의 하위 메뉴에는 '예비심사기업, 코넥스신청기업, 공모기업, 신규상장기업'이란 단어가 나옵니다. 이 내용도 카인드에서만 볼 수 있는 '카인드 오리지널 공시'입니다.

'예비심사기업'은 주식시장 상장을 위해 한국거래소에 심사를 청구한 기업 목록을 보여주는 메뉴입니다. 즉 어떤 기업이 상장을 준비하고 있는지 볼 수 있는 항목입니다.

'공모기업'은 상장 심사 결과 합격을 통보받은 기업 목록을 보여주는 메뉴입니다. 즉 어떤 기업이 주식시장 입학 허가를 받아서 투자자를 대상으로 공모(공개적으로 주식을 파는 행위)에 나서는지 볼 수 있는 항목입니다. 예비심사, 공모, 상장과 같은 개념은 바로 다음에 나오는 '전지적 투자자 시점에서 본 공모주 투자'에서 자세히 살펴볼 것입니다. 기업 공시 기초는 여기까지입니다! 이제 공시랑 좀 친해지셨나요?

Chapter 2

전지적 투자자 시점에서 본 공모주 투자

투자자들이 꼭 알아야 할 기업공시, 그 첫 번째 주제는 '공모주'입니다. 주식시장의 수많은 상장회사는 과거 그 언젠가 '예비심사 → 공모 → 상장'으로 이어지는 기업공개 과정을 거쳐서 주식시장에 입성했습니다.

기업공개는 비상장기업이 주식시장 상장기업으로 변신하는 과정에서 거쳐야 하는 매우 중요한 절차입니다. 이 과정에서 비상장기업은 주식투자자에게 자기네 회사 주식을 사달라고 하는 '투자 권유 행위'를 합니다. 이처럼 비상장기업이 주식시장에 데뷔하면서 투자자와 처음 만나는 순간을 '공모주 청약'이라고 합니다.

공모주 청약을 마치고 주식시장에 상장하면, 이후에는 기존 상장회사와 똑같은 규칙을 적용받습니다. 상장회사가 되면 중요한 의사결정, 재무 상황 등 기업 경영 전반에 대한 내용을 시장에 공개해야 합니다. 그렇게 공개한 내용이 바로 금융감독원 전자공시시스템에 올라오는 '공시'입니다. 그래서 '공모주'를 이 책의 첫 주자로 선발했습니다.

흔히 공모주를 '저위험 중수익 시장'이라고 표현합니다. 통계적으로 봤을 때, 공모주는 이미 상장해 있는 기업과 비교해 소액투자자들이 상대적으로 낮은 위험 부담을 안고 주식시장에 참여할 기회입니다.

이번 장에서는 공모주가 무엇인지 설명하는데 그치지 않고, 좋은 공모주를 고르는 방법과 공모주 청약 방법 등 실전 투자에 꼭 필요한 내용까지 여러분께 로켓배송해드리겠습니다.

작지만 확실한 행복을 보장하는 공모주 투자

공모주, 넌 누구냐?

공모주는 '공모+주식'을 합쳐 부르는 말입니다. 공모(公募)는 공개모집이란 뜻으로, 영어로는 'Public Offering'입니다. 불특정 다수의 일반인을 대상으로 투자를 받는다는 의미입니다. 공모의 반대말은 사모(私募, Private Placement)로, 특정한 사람(50명 미만)을 대상으로 투자받는 것입니다. 투자자 모집을 공개적으로 할 것이냐 특정한 소수를 대상으로 하느냐에 따라 공모와 사모로 나뉩니다. 따라서 공모 방식으로 주식을 팔면 이론적으로는 모두 '공모주'라고 부를 수 있습니다. 다만 일반적으로 공모주라고 할 때는 '상장공모주'를 가리킵니다.

상장공모란 기업이 상장하기 위해 공개적으로 투자자(주주)를 모집하는 것입니다. 상장 전 "우리는 이런 기업이야"라고 소개하면서 주식투자자들에게 공개적으로 주식을 파는 것을 '최초로 주식을 공모하는 행위'라는 뜻에서 기업공개, 영어로는 IPO(Initial Public Offering)라고 합니다. 따라서 상장공모는 비상장기업이 상장회사로 변신하는 과정에서 실시하는 '첫 번째 공모'라고 이해하면 되겠습니다.

공모는 공개적으로 주식을 파는 행위이고 특히 상장공모는 첫 번째 공모이기 때문에 누구에게나 주식을 살 기회가 주어집니다. 다만 판매하는 주식의 수량을 무한대로 늘릴 수 없으므로, 신청을 받아서 경쟁률에 따라 배분합니다. 이 과정이 공모주 청약입니다.

기업이 상장하려는 이유

상장하지 않는다고 기업을 운영할 수 없는 것도 아닌데, 기업은 왜 복잡한 공모 과정을 거쳐 상장회사가 되려는 걸까요? 도대체 왜? 하나은행, 비씨카드, SK건설처럼 우리가 알고 있는 유명한 기업 중에서도 비상장회사로 남아 있는 곳이 많습니다. 하지만 대다수 기업은 회사를 만들어 키우는 과정에서 어느 정도 성과가 나타나면 상장하려 합니다.

주식회사 설립부터 상장까지의 과정을 간단히 살펴볼까요.

주식회사는 회사 설립에 필요한 돈을 마련하기 위해 주식을 발행하는 곳입니다. 만약 친구 4명이 의기투합해 각 1억 원씩 총 4억 원의 돈을 마련해 주식회사를 만들기로 했습니다. 그럼 이들은 공평하게 회사의 지분 25%씩을 나눠 가진 공동주주가 되겠죠. 따라서 설립 초기 회사의 주주는 단 4명입니다.

그런데 회사를 운영하다 보니 직원 월급부터 임대료, 전기료 등을 내야 하고 무엇보다 양질의 제품을 더 많이 만들기 위해 연구개발과 설비투자에 투입할 자금이 필요하다는 걸 깨달았습니다. 그래서 창업 멤버 4명의 가족 또는 친구나 지인들에게 투자를 받고, 그 대가로 주식을 나눠주기로 했습니다. 기존 4명뿐이었던 주주가 몇 명 더 늘어나게 됐죠. 회사를 설립하고 몇 년이 지나서 사업을 확장하다 보니 돈 들어갈 곳이 더 많아졌어요. 은행에서 돈을 빌리려니 이자 부담도 너무 크고, 원하는 금액만큼 대출을 받기도 어려운 상황입니다!

창업 멤버나 지인들의 자금만 가지고 해결이 안 되면 외부 투자자에게 돈을 받고 지분을 나눠줍니다. 이때는 주로 벤처캐피탈, 사모펀드 등이 참여하는데요. 이들은 비상장기업에 미리 투자해놓고 상장 후에 지분을 팔아 투자자금을 회수하기 위해 수시로 유망한 비상장기업에 투자하는 곳입니다.

벤처캐피탈, 사모펀드 등으로부터 투자자금을 확보해, 회사는 매출이 꾸준히 나오는 안정기에 접어들었습니다. 이제 좀 더 대규모 투자를 통해 본격적인 성장을 도모해야겠다는 판단이 서면 상장 준비에 돌입합니다. 이러한 과정은 벤처기업의 전형적인 사례입니다. 대기업 계열 회사는 회사 설립 초기부터 탄탄한 모기업(대기업)의 자금을 받기 때문에, 일부 과정을 생략하고 곧바로 상장으로 직행하기도 합니다.

아무튼, 벤처기업이든 대기업 계열사이든 비상장기업이 상장하려는 첫 번째 목적은 사업에 필요한 자금 조달이 편리하기 때문입니다. 아무리 돈이 많은 개인이나 대기업이라도 사업에 들어가는 밑천을 혼자 마련하는 것은 쉬운 일이 아닙니다. 은행 대출을 받거나 채권을 발행해서 자금을 모으면, 이자 부담이 크고 만기 때 원금도 돌려줘야 합니다. 반면 주식을 새로 발행해서 투자자에게 팔아 현금을 확보하는 방법에는 특별한 돈이 들지 않습니다. 심지어 요즘에는 실물 주식을 발행하지 않고 전자증권을 발행하기 때문에 종잇값도 들지 않습니다.

기업이 상장하는 가장 큰 이유는 상장공모를 통해 대규모 자금을 확보할 수 있고,
증권시장을 통해 지속해서 자금을 조달하는 것이 쉬워지기 때문이다.

상장하는 과정에서 '첫 번째 공모'인 상장공모를 통해 사업자금을 확보한 이후에도, 유상증자(132쪽)를 하거나 주식연계채권(304쪽) 등을 발행해 추가로 자금을 조달할 수도 있습니다.

더 투명한 기업 운영이 가능하다는 점도 상장회사의 장점입니다. 상장회사는 수많은 투자자가 주식을 가지고 있어서 기업 경영 전반에 대한 내용을 투명하게 공개해야 합니다. 올해 이익은 얼마나 났는지, 벌어들인 돈을 앞으로 어떻게 쓸 것인지 등을 회사의 주인인 주주들에게 투명하게 알려야 합니다.

공모주 청약에 뭉칫돈이 몰리는 이유

아파트를 분양할 때 수도권 특히 서울 지역 아파트는 청약 열기가 대단하죠! 아파트 분양과 상장공모주 청약은 기본적으로 투자심리가 비슷하다고 할 수 있습니다. 아파트 분양 경쟁이 치열한 이유는 나중에 부동산시장에서 아파트를 매매로 살 때보다 이제 막 지어 처음 가격표를 붙일 때 분양에 참여하면 보다 저렴하게 살 수 있다는 '기대감'이 작용한 탓이죠. 저렴하게 구매한 만큼 나중에 시세차익을 누릴 수 있다는 투자심리가 강하게 작용합니다. 상장공모 역시 비상장회사가 주식시장에 '입학'하는 길목에서 처음으로 주식 가격을 매겨 공개적으로 판매하는 행위입니다. 아파트 분양처럼 나중에 주식시장에서 형성되는 시세보다 싸게 사서 차익을 누릴 수 있을 것이라는 기대감이 작용하지요.

상장공모를 할 때 투자자들에게 판매할 주식 가격을 '공모가'라고 합니다. 이 가격은 주식시장에서 거래하는 시세인 '주가'와는 개념이 다릅니다. 아파트 청약에 참여하면 분양가로 주택을 매입하듯이 공모주 청약에 참여하면 공모가격으로 주식을 사는데요. 이후 주식시장에 상장하면 시세(주가)로 사고팝니다.

공모가격과 시세 차이는 어느 정도일까요? 2021년 1월부터 5월 초까지 상장한 기업의 공모가격과 상장 첫날 주가(종가 기준)를 살펴봤습니다.

전체 30개 상장공모주 가운데 에이치피오(5월 14일 상장), 씨앤투스성진(1월 28일 상장) 두 종목을 제외한 28개 종목이 모두 공모가격보다 상장 첫날 주가가 더 올랐습니다. 28개 공모주의 공모가 대비 상장 첫날 평균 수익률은 87%입니다. 참고로 상장 첫날 공모가격 대비 오를 수 있는 최대치는 160%입니다. 이를 소위 '따상'(공모가격의 두 배(따블)에서 시작해 가격제한폭(상한가) 30%까지 추가로 오르는 것)이라고 합니다.

2021년 상장한 기업 중 상장 첫날 종가 기준으로 '따상'을 기록한 곳은 해성티피씨, 자이언트스텝, SK바이오사이언스, 오로스테크놀로지, 레인보우로보틱스, 모비릭스, 선진뷰티사이언스 7개입니다. 물론 이 수치는 말 그대로 상장 첫날 종가 기준일 뿐 이후 다른 상장회사들처럼 주가가 등락을 거듭하기 때문에 어느 시점에 공모주를 파느

상장기업 공모가 대비 첫날 종가 수익률

기간 : 2021년 1월 1일~5월 초

기업명	공모가(원)	상장 첫날 종가(원)	수익률(%)
에이치피오	22,200	16,750	−25
SKIET	105,000	154,500	47
쿠콘	45,000	65,500	46
해성티피씨	13,000	33,800	160
이삭엔지니어링	11,500	26,150	127
엔시스	19,000	31,400	65
자이언트스텝	11,000	28,600	160
제노코	36,000	80,100	123
라이프시맨틱스	12,500	17,500	40
SK바이오사이언스	65,000	169,000	160
바이오다인	30,000	42,600	42
네오이뮨텍	7,500	14,350	91
프레스티지바이오로직스	12,400	14,300	15
싸이버원	9,500	21,200	123
나노씨엠에스	20,000	23,950	20
뷰노	21,000	32,150	53
씨이랩	35,000	40,800	17
유일에너테크	16,000	34,500	116
오로스테크놀로지	21,000	54,600	160
피엔에이치테크	18,000	23,850	33
아이퀘스트	11,000	20,000	82
프레스티지바이오파마	32,000	32,800	3
와이더플래닛	16,000	20,000	25
레인보우로보틱스	10,000	26,000	160
솔루엠	17,000	29,150	71
핑거	16,000	29,100	82
씨앤투스성진	32,000	28,700	−10
모비릭스	14,000	36,400	160
선진뷰티사이언스	11,500	29,900	160
엔비티	19,000	36,500	92

냐에 따라 수익률은 달라집니다.

또한 공모주가 처음 상장하는 시점의 주식시장 분위기도 주가 흐름에 많은 영향을 미칩니다. 즉 어느 시점에 상장하느냐에 따라 상장 첫날 수익률부터 많이 달라질 수 있다는 얘깁니다. 다음은 최근 6년간 코스닥시장에 신규 상장한 기업 중 몇 곳이나 연말 기준으로 주가가 올랐는지 보여주는 그래프입니다. 2020년에는 코스닥시장에 신규 상장한 기업 중 78.5%가 공모가보다 연말주가가 더 올랐습니다. 10개 중 8개꼴로 오른 셈이죠. 반면 2018년에는 39.1%에 불과합니다. 상장공모주 10개 중 4개는 올랐지만, 6개는 떨어졌다는 얘기죠.

코스닥 신규 상장기업 공모가 대비 상승 종목 비중 (단위 : %)

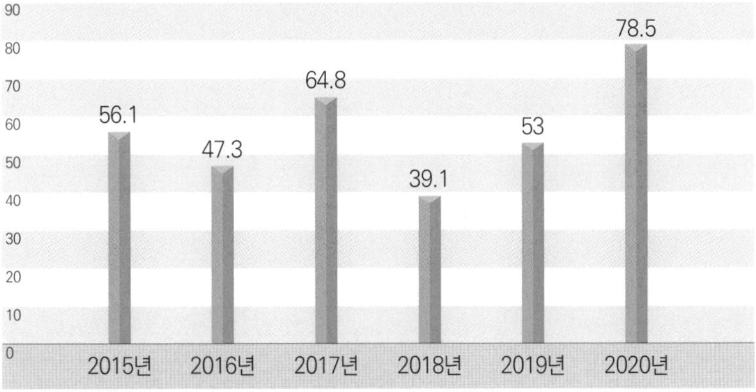

2015년	2016년	2017년	2018년	2019년	2020년
56.1	47.3	64.8	39.1	53	78.5

* 스팩(SPAC) 합병, 재상장 제외한 신규 상장 종목 기준
* 2020년은 12월 24일 종가, 그 이전은 연말 종가 기준

자료 : 한국거래소

주가상승률을 보면 더욱 뚜렷하게 알 수 있습니다. 2020년 코스닥시장에 신규 상장한 기업들은 평균적으로 공모가 대비 연말 주가

가 65.1% 올랐습니다. 반면 2018년에는 11.4%, 2019년에는 7.3%에 그쳐 상대적으로 주가상승률이 저조했습니다.

코스닥 신규 상장기업 공모가 대비 평균 주가상승률 (단위 : %)

2015년	2016년	2017년	2018년	2019년	2020년
28.5	14.3	50.8	11.4	7.3	65.1

* 2020년은 12월 24일 종가, 그 이전은 연말 종가 기준

자료 : 한국거래소

이러한 데이터로 알 수 있는 사실은 상장공모주가 언제나 큰 이익을 가져다주는 것은 아니며, 주식시장 상황이나 공모주에 따라 수익률이 다를 수 있다는 점입니다. 다만 데이터를 보면 대체로 공모가격 대비 상장 이후 주가가 오를 가능성이 높은 것도 사실입니다. 이미 상장해 있는 기업은 다양한 변수가 있어서 주가 흐름을 예측하기 어렵지만, 공모주는 상대적으로 낮은 위험 부담을 안고서 주식시장에 참여할 기회라는 점! 이러한 특성이 많은 투자자로 하여금 공모주에 관심을 두게 만드는 이유입니다.

공모주 투자는 처음인데요

증권시장 루키, 공모 예정 기업은 어디서 찾을까?

자! 이제는 본격적으로 공모주에 투자하는 방법을 알려드리겠습니다. 공모주에 투자하면 우선 투자할 대상을 알아야겠죠. 언제, 어느 기업이 상장을 준비하고 공모 청약을 하는지 파악하는 방법은 여러 가지입니다. 그중 대표적인 몇 가지를 소개하겠습니다.

우선 다트(DART)와 카인드(KIND) 공시시스템을 활용하는 방법입니다. 다트 전체 화면을 보면 가장 위쪽에 '공모게시판'이라는 메뉴가 있습니다. 그리고 공모게시판 메뉴 위에 마우스를 올려놓으면, '지분증권' '채무증권' '파생결합증권' 세 가지 하위 메뉴가 나옵니다. 이 가운데 상장공모주와 관련 있는 메뉴는 '지분증권'입니다. 지분증권은 주식을 발행할 때, 채무증권은 채권 성격의 상품을 발행할 때 제출하는 서류라고 이해하면 됩니다. 공모주는 주식이기 때문에 지분증권에 해당합니다.

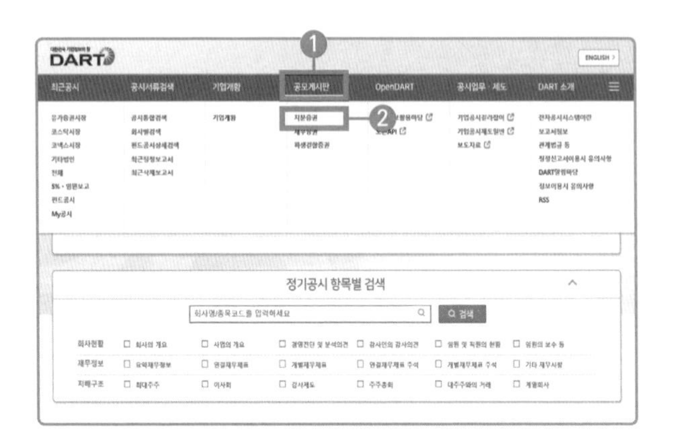

공모게시판 > 지분증권을 클릭하면 다음과 같은 화면이 나옵니다. 많은 기업이 〈증권신고서(지분증권)〉를 제출했습니다.

이 가운데 상장공모와 관련 있는 목록은 발행회사 이름 앞에 기 라는 표시가 붙어있는 것입니다. 기 는 기타법인, 코 는 코스닥, 유 는 유가증권시장(코스피), 넥 은 코넥스를 뜻합니다. 물론 이 목록에 나오는 회사가 모두 상장공모를 하는 것은 아니지만, 상장공모를 하려면 반드시 여기에 〈증권신고서(지분증권)〉를 제출해야 합니다(〈증권신고서〉를 보는 방법은 64쪽에서 설명하겠습니다).

8	기 카카오뱅크	[기재정정] 증권신고서(지분증권)	2021.07.26~2021.07.27
9	기 한화플러스제2호기업...	증권신고서(지분증권)	2021.07.26~2021.07.27
10	유 F&F 홀딩스	[기재정정] 증권신고서(지분증권)	2021.07.27~2021.08.15
11	코 로보로보	[발행조건확정] 증권신고서(지분증권)	2021.07.27~2021.07.28
12	코 씨유메디칼	[기재정정] 증권신고서(지분증권)	2021.07.29~2021.07.30
13	기 에이치케이이노엔	[기재정정] 증권신고서(지분증권)	2021.07.29~2021.07.30
14	유 STX	[발행조건확정] 증권신고서(지분증권)	2021.07.30~2021.08.02
15	코 스튜디오산타클로스	[기재정정] 증권신고서(지분증권)	2021.07.30~2021.08.02

두 번째로 카인드(KIND) 공시시스템을 활용하는 방법이 있습니다. 카인드 전체화면에서 'IPO현황 > 공모기업'을 선택하면 상장공모기업 목록을 볼 수 있습니다.

오른쪽의 '더보기' 버튼을 눌러보세요. 그럼 다음과 같은 화면이 나오는데요. 검색 시점을 기준으로 공모 청약 일정을 발표한 상장공모주 목록이 모두 나옵니다.

회사명	신고서제출일	수요예측일정	청약일정	납입일	확정공모가
엘비루셈	2021-04-28	2021-05-26 ~ 2021-05-27	2021-06-02 ~ 2021-06-03	2021-06-07	14,000
에이디엠코리아	2021-04-16	2021-05-17 ~ 2021-05-18	2021-05-25 ~ 2021-05-26	2021-05-28	3,800
엔에이치스팩19호	2021-04-14	2021-05-06 ~ 2021-05-07	2021-05-11 ~ 2021-05-12	2021-05-14	2,000
진시스템	2021-04-13	2021-05-06 ~ 2021-05-07	2021-05-13 ~ 2021-05-14	2021-05-18	20,000
삼성스팩4호	2021-04-13	2021-05-06 ~ 2021-05-07	2021-05-11 ~ 2021-05-12	2021-05-14	2,000
샘씨엔에스	2021-04-12	2021-05-03 ~ 2021-05-04	2021-05-10 ~ 2021-05-11	2021-05-13	-
리온테크	2021-04-09	2021-05-31 ~ 2021-06-01	2021-06-07 ~ 2021-06-08	2021-06-10	-
씨앤씨인터내셔널	2021-04-06	2021-04-28 ~ 2021-04-29	2021-05-06 ~ 2021-05-07	2021-05-11	47,500
제주맥주	2021-03-31	2021-05-11 ~ 2021-05-12	2021-05-13 ~ 2021-05-14	2021-05-18	3,200
SK아이이테크놀로지	2021-03-31	2021-04-22 ~ 2021-04-23	2021-04-28 ~ 2021-04-29	2021-05-03	105,000
하이제6호스팩	2021-03-30	2021-04-22 ~ 2021-04-23	2021-04-28 ~ 2021-04-29	2021-05-03	2,000
삼영에스앤씨	2021-03-23	2021-05-06 ~ 2021-05-07	2021-05-11 ~ 2021-05-12	2021-05-14	11,000
쿠콘	2021-03-22	2021-04-13 ~ 2021-04-14	2021-04-19 ~ 2021-04-20	2021-04-22	45,000
이삭엔지니어링	2021-03-15	2021-04-05 ~ 2021-04-06	2021-04-12 ~ 2021-04-13	2021-04-15	11,500
에이치피오	2021-03-12	2021-04-27 ~ 2021-04-28	2021-05-03 ~ 2021-05-04	2021-05-07	22,200

회사명 옆에 '신고서제출일'은 〈증권신고서〉를 처음 제출한 날짜, '수요 예측 일정'은 기관투자자들이 참여하는 일정입니다. 일반투자자들에게 필요한 일정은 바로 '청약 일정'. 이 날짜에 일반투자자를 대상으로 공모주 청약을 실시한다는 뜻입니다. 그리고 청약 일정 바로 옆에 나오는 '납입일'은 공모 청약 때 납부한 청약증거금 중 배정

받지 못한 금액을 돌려받는 날인 동시에 배정주식도 확정하는 날입니다.

화면을 보면 오른쪽에 '공모 일정'이라는 메뉴도 있습니다. 이 메뉴를 클릭하면 모든 공모주 청약 일정을 달력 형태로 정리한 자료를 볼 수 있습니다. 이 자료를 참고해 각자의 달력 또는 수첩에 일정을 적어놓는다면, 적어도 언제 어느 회사가 공모주 청약을 하는지 몰라서 놓치는 경우는 없을 것입니다.

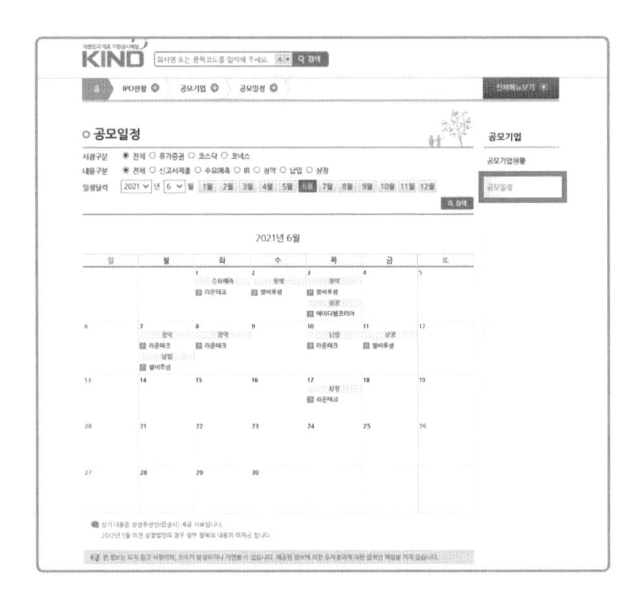

마지막으로 공모주 투자자들이 많이 활용하는 '38커뮤니케이션(www.38.co.kr)'이라는 사이트도 있습니다. 금융감독원이나 한국거래소처럼 공식기관이 아닌 민간회사에서 운영하는 사이트이지만, 공모주 투자와 관련한 다양한 내용을 담고 있으니 참고하시길 바랍니다.

IPO/공모 | 청구 | 승인 | 수요예측 | 공모 | 신규상장 | CB/BW | 실권주/일반공모

종목명	공모일정	공모가	청약최고 한도	경쟁률	주관사
에브리봇	2021/07/19 ~ 07/20	36,700	11,200		NH투자증권
카카오뱅크	2021/07/26 ~ 07/27	-	880,000		KB증권,한국투자증권,하나금융투자,현대차증권
에이치케이이노엔	2021/07/29 ~ 07/30	-	45,000		한국투자증권,삼성증권
크래프톤	2021/08/02 ~ 08/03	-	39,000		미래에셋증권,NH투자증권,삼성증권
원티드랩	2021/08/02 ~ 08/03	-	6,000		한국투자증권

두근두근 공모주 투자 준비물

주식투자를 하려면 증권사 계좌부터 만들어야 합니다. 상장공모주 투자도 주식투자의 한 종류인 만큼 증권계좌를 만드는 것부터 시작합니다. 이미 상장해 있는 주식에 투자할 때는 본인이 마음에 드는 증권사를 선택해서 계좌를 만들고 거래하면 되죠. 아무 증권사나 상관없어요. 하지만 주식시장에 처음 상장하는 공모주에 투자할 땐, 정해진 증권사 계좌가 필요합니다. 상장을 도와주는 '주관증권회사', 그리고 공모주 판매를 도와주는 '인수증권회사' 계좌가 있어야만 공모주 청약에 참여할 수 있기 때문이죠.

코스닥시장에 상장하는 규모가 조금 작은 회사는 대체로 1개 또는 많아야 2개 증권사가 주관증권회사를 맡고, 인수증권회사는 특별히 없습니다. 그러나 공모주 물량이 많은 대형회사는 여러 곳의 증권사가 함께 상장을 도와주고 있습니다.

2021년 3월에 상장한 SK바이오사이언스는 NH투자증권, 한국투자증권, 미래에셋대우, SK증권, 삼성증권, 하나금융투자 6곳이 주관

증권회사와 인수증권회사로 참여했습니다. 4월에 상장한 SKIET 역시 미래에셋증권, 한국투자증권, SK증권, 삼성증권, NH투자증권까지 5곳이 참여했지요. 어느 증권사 계좌를 언제까지 만들어야 하는지 파악하려면 〈증권신고서〉라는 서류를 봐야 합니다.

증권사 계좌를 만드는 방법은 크게 세 가지입니다. ① 증권사 영업점을 직접 방문해서 만드는 방법 ② 증권사와 제휴한 은행을 통해 만드는 방법 ③ 스마트폰으로 비대면 계좌를 만드는 방법이 있습니다. 모든 증권사 홈페이지를 들어가 보면 계좌 만드는 방법이 자세히 나와 있으니 참고하세요. 참고로 개인투자자가 많이 이용하는 키움증권은 영업점이 없어서 ②, ③번 방법만 가능합니다.

최근 주목받는 증권계좌 개설 방법은 단연 비대면 계좌 개설입니다. 비대면 계좌 개설은 말 그대로 창구 직원과 얼굴을 마주하지 않고 온라인에서 계좌를 만드는 것입니다. 비대면 계좌 개설은 바쁜 직장인들이 영업점에서 번호표를 뽑고 기다리지 않아도 되는 방법이죠. 다만 주의할 점은 비대면 계좌는 1달(20영업일)에 1개 증권사에서만 만들 수 있다는 점입니다.

만약 어떤 공모주에 청약하는데 NH투자증권과 삼성증권 두 곳에서 가능하다면 어떻게 할까요? 오늘 NH투자증권 비대면 계좌를 만들고, 내일 추가로 삼성증권 계좌까지 만들려고 한다면 증권사 영업점을 방문하거나 은행에 가서 연계계좌로 만들어야 합니다. 은행 연계계좌는 아무 은행에 가서 만들 수는 없고, 사전에 증권사와 협약을 맺은 은행에서만 만들 수 있습니다. 이 역시 각 증권사 홈페이지에서 확인할 수 있습니다.

비대면 계좌 개설을 1달에 1개만 허용한 것은 '단기간 다수 계좌 개설 제한'이란 제도 때문인데요. 단기간에 많은 계좌를 만들어서 불법적인 일에 사용할까 봐 제한을 두는 것입니다. 다만 이 제도가 의무사항은 아니라 증권사마다 정책이 다르지만, 대부분 증권사는 비대면 계좌 개설을 1달에 1개로 제한하고 있습니다. 참고로 증권사 영업점을 직접 찾아가거나, 은행 연계계좌로 만드는 건 단기간 다수 계좌 개설 제한 제도에 해당하지 않습니다. 따라서 직접 발품을 판다면 언제나 계좌를 만들 수 있습니다.

최근에는 인터넷은행을 통해서도 증권계좌를 만들 수 있는데요. 카카오뱅크가 대표적이죠. 은행 연계계좌로 만드는 방법인 동시에 비대면으로 만드는 방법이면서, 단기간 다수 계좌 개설 제한에도 걸

리지 않는 방법입니다.

카카오뱅크 화면 전체 메뉴를 누르고 '제휴 > 증권사 주식계좌' 순서로 들어가면 카카오뱅크와 사전 협약을 맺은 증권사 계좌를 개설할 수 있습니다.

계좌를 만들었다면 다음에 할 일은 스마트폰에서 흔히 '모바일트레이딩시스템(MTS)'이라 부르는 증권사 애플리케이션을 내려받아서 설치하는 것입니다. 공모주는 증권사 영업점을 직접 방문해서 청약할 수도 있습니다. 이때 영업점을 오고 가는 시간뿐만 아니라 영업점에 도착했더라도 엄청난 대기 시간을 견뎌야 하지요. 그래서 영업점을 방문하지 않고 간단하게 스마트폰으로 청약하려면, 반드시 증권사 애플리케이션을 다운로드한 후 본인 인증을 받고 로그인해야 합니다.

보통 증권계좌는 개설 후 1주일 또는 2주일 이내에 MTS에서 본인 인증을 마쳐야 하고, 기간이 지나면 다시 신청해야 한다는 점 주의하세요.

공모주마다 청약 가능한 증권사가 달라서 만약 많은 공모주에 계속해서 청약하고 싶다면, 증권사 계좌도 늘어날 수밖에 없습니다. 이때는 꼭 PC나 별도의 서류에 계좌번호와 로그인에 필요한 아이디, 비밀번호 등을 정리해둬야 나중에 헷갈리지 않습니다. 참고로 PC에서 엑셀파일을 이용해 계좌 현황을 정리할 때는 문서 암호를 꼭 걸어둬야 해킹으로 인한 피해를 막을 수 있어요.

엑셀파일 암호 설정 방법

엑셀파일을 열고 > 정보 > 통합 문서 보호 > 암호 설정

'될성부른 공모주' 찾는 법

feat. 〈증권신고서〉

공모주의 자기소개서, 증권신고서

상장공모를 진행하는 많은 기업 가운데, 대체 어느 기업의 공모주에 투자해야 할까요? 공모주 투자 역시 원금손실 위험이 있는 주식투자입니다! 해당 기업이 어떤 사업을 하는지, 어떤 투자 위험이 있는지 모른 채 투자한다면 로또를 사서 요행을 바라는 것과 다르지 않습니다. 감이 아닌 합리적인 의사결정을 위해 청약 전에 반드시 살펴야 할 자료가 〈증권신고서〉입니다.

상장공모를 진행하는 회사는 투자자에게 보여줄 자기소개서를 매우 상세하게 적어서 신고해야 합니다. 그 문서를 〈증권신고서〉라고 부릅니다. 〈증권신고서〉는 어떤 회사가 증권(주식·채권 등)을 투자자에게 팔아 돈을 마련하려고 할 때 금융당국과 시장투자자에게 신고하는 서류인데요. 10억 원어치 이상의 증권을 발행해 50명 이상의 불특정 다수에게 팔려면 의무적으로 제출해야 합니다.

50명이라? '어디서 들어본 것 같은데…….' 앞서, 공모와 사모를 나누는 기준이 '50명'이라고 했습니다! 즉 〈증권신고서〉는 50명 이상의 사람을 대상으로 공모 방식으로 주식이나 채권을 팔 때 투자자가 사전에 충분한 정보를 가지고 투자 판단을 할 수 있게 하려고 제출을 의무화한 서류입니다. 다시 말해서 〈증권신고서〉는 상대적으로 정보가 부족한 투자자를 보호하기 위한 장치인 셈이죠.

하지만 회사가 〈증권신고서〉를 제출했다고 모든 게 끝나는 건 아니라는 점! 금융감독원이 〈증권신고서〉를 꼼꼼하게 읽어보고 '이상 없음' 판정을 내려야 회사는 투자자들을 대상으로 주식이나 채권을 사달라고 권유할 수 있습니다.

금융감독원에서 기업공시를 심사하는 부서의 중요한 역할 가운데 하나도 바로 공모 기업이 제출한 〈증권신고서〉를 꼼꼼하게 살피고 부족한 점이 없는지 따져보는 일입니다. 부족한 내용이 있으면 거침없이 '정정요구'를 하고, 이때는 모든 공모 일정이 '올 스톱'됩니다. 마치 면접관이 이력서와 자기소개서를 보고 서류심사를 하듯 말이죠. 금융당국의 〈증권신고서〉 심사 담당자들은 "〈증권신고서〉가 기업공시의 종합판이다"라고 이야기합니다.

그런데 〈증권신고서〉는 분량이 정말 많습니다. 300페이지는 기본으로 넘어가죠. 소설책도 몇 페이지 넘기면 하품 나오는 경우가 허다한데, 전문적인 내용이 담긴 〈증권신고서〉는 어떨까요? 말해 뭐해요. 길고 긴 〈증권신고서〉에서 어떤 항목을 중점적으로 봐야 하는지 꼭

참고로 〈증권신고서〉와 유사한 내용을 담은 〈투자설명서〉라는 공시 서류도 있습니다. 뒤에서 설명하겠지만, 실제 스마트폰으로 공모 청약을 할 때는 〈투자설명서〉를 다운받았다는 걸 확인을 해야 청약할 수 있습니다. 투자자 입장에서도 〈증권신고서〉보다는 〈투자설명서〉가 좀 더 친근하게 다가오죠?
다만 금융감독원이 〈증권신고서〉를 검사해서 "이상 없음" 판정을 내리고 난 이후에, 〈투자설명서〉를 제출하고 "우리 회사 주식을 사달라"고 투자자에게 권유하는 행위를 할 수 있습니다. 따라서 기업이 〈투자설명서〉를 제출하는 시점은 대부분 공모 청약 일정이 임박했을 때라는 점! 결국, 좀 더 시간을 두고 공모주를 분석하고자 하는 독자에게 〈투자설명서〉는 너무 타이밍이 늦기 때문에 〈증권신고서〉를 중심으로 알아보는 것입니다.

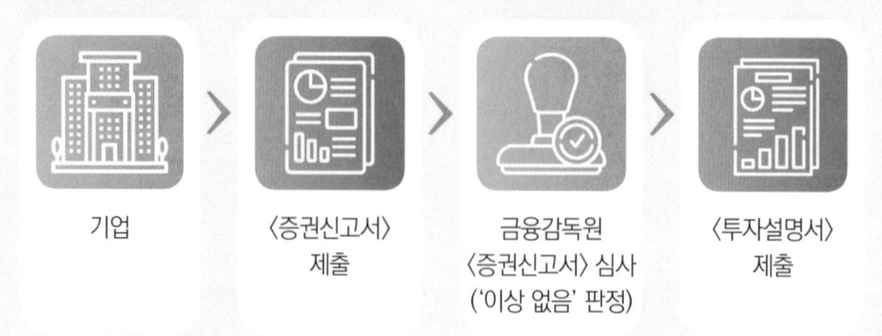

짚어드리겠습니다.

이제 본격적으로 〈증권신고서〉를 들여다볼 건데요. 실전 같은 연습을 위해 2021년 가장 인기를 끈 공모주였던 SK바이오사이언스의 〈증권신고서〉를 살펴보겠습니다. 자! 다트를 열고 ① 공시서류검색 ② 회사별검색으로 들어갑니다. 이어 나오는 페이지에서 ③ 회사명에 '에스케이바이오사이언스'를 입력하고 ④ 보고서 종류는 '발행공시'를 선택하고 ⑤ '최종보고서' 체크 박스를 해제한 다음 ⑥ '검색' 버튼을 클릭해보세요.

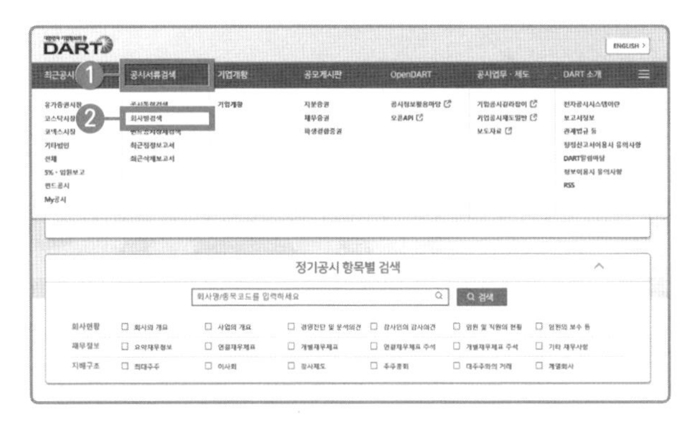

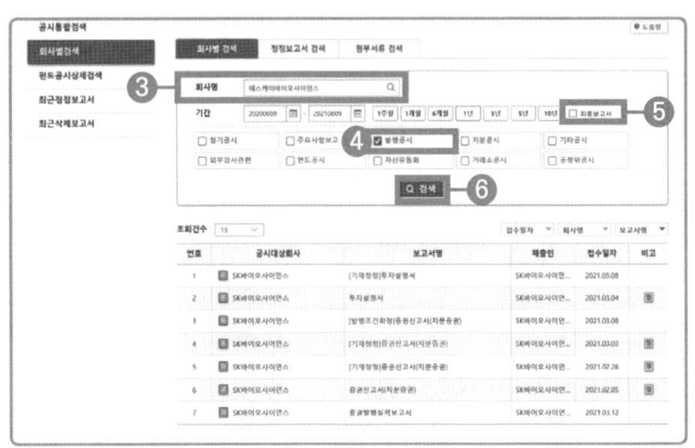

7건의 보고서가 검색되는데요. 이 가운데 2021년 3월 3일 접수된 '[기재정정]증권신고서(지분증권)'를 클릭합니다. 일반적으로 공모주 투자자들은 공모가격을 확정하기 전에 미리 〈증권신고서〉를 검토하고, 투자 판단을 내려야 해서 이 문서로 살펴보는 것입니다. 왼쪽 목차에서 필요한 내용을 선택해 살펴볼 수 있습니다.

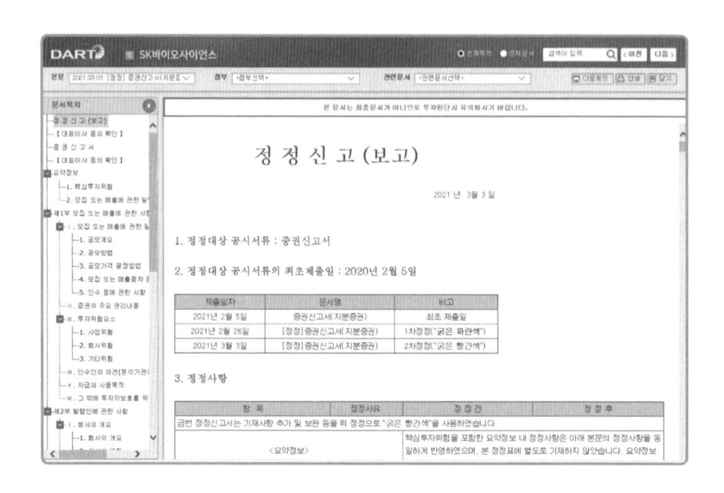

뭐 하는 회사일까?

지피지기면 백전백승! 공모주에 투자하려면 일단 어떤 제품을 만드는 회사인지 알아야겠죠. 왼쪽 목차에서 '제2부 발행인에 관한 사항 > II. 사업의 내용'을 클릭해 봐요.

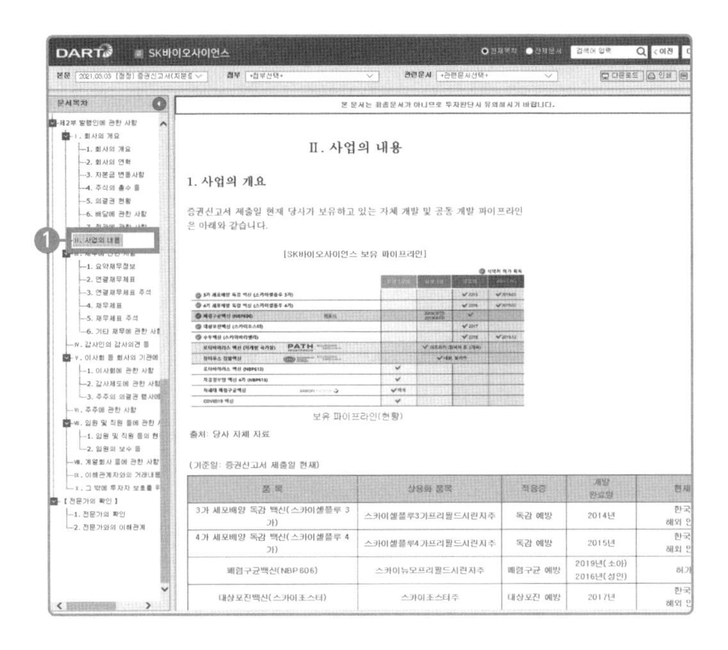

본 문서는 최종문서가 아니므로 투자판단시 유의하시기 바랍니다.

II. 사업의 내용

1. 사업의 개요

증권신고서 제출일 현재 당사가 보유하고 있는 자체 개발 및 공동 개발 파이프라인은 아래와 같습니다.

[SK바이오사이언스 보유 파이프라인]

보유 파이프라인(현황)

출처: 당사 자체 자료

(기준일: 증권신고서 제출일 현재)

품목	상용화 품목	적응증	개발 완료일	현재
3가 세포배양 독감 백신(스카이셀플루 3가)	스카이셀플루3가프리필드시린지주	독감 예방	2014년	한국 해외 인
4가 세포배양 독감 백신(스카이셀플루 4가)	스카이셀플루4가프리필드시린지주	독감 예방	2015년	한국 해외 인
폐렴구균백신(NBP606)	스카이뉴모프리필드시린지주	폐렴구균 예방	2019년(소아) 2016년(성인)	허가
대상포진백신(스카이조스터)	스카이조스터주	대상포진 예방	2017년	한국 해외 인

문서를 열어보니 빨강, 파랑, 검정 글씨가 화려하게 등장합니다. 특별히 중요한 내용을 텍스트 색깔로 구분해 표시한 것은 아니고요. SK바이오사이언스가 맨 처음 〈증권신고서〉를 제출한 날(2월 5일) 이후 1차로 내용을 수정한 부분(파랑), 2차로 내용을 수정한 부분(빨강)을 색으로 구분해놓은 것입니다.

해당 항목에 담긴 내용을 순서대로 읽어보겠습니다. "당사가 신규 사업으로 진행하고 있는 백신 CDMO/CMO 사업 관련 계약 현황은 아래와 같습니다"라는 문구가 나오죠. 지금은 많은 주식투자자가 SK바이오사이언스가 코로나19 백신을 위탁생산하는 곳이라는 점을 알고 있지만, 〈증권신고서〉 제출 당시만 해도 구체적인 내용을 잘 모르는 분이 많았습니다. 영국 아스트라제네카와 2020년 7월, 미국 노바

백스와 2020년 8월에 각각 코로나19 백신 후보물질 위탁생산 및 공급 계약(CMO)을 맺었다는 내용이 전면에 등장합니다.

또한 SK바이오사이언스는 2018년 SK케미칼의 백신사업(VAX 사업) 부문을 떼서 물적분할해 설립한 회사이며 SK케미칼이 지분 98.04%를 들고 있는 최대주주라는 점, 나머지 지분 1.33%는 SK바이오사이언스 직원들(우리사주조합), 0.6%는 소액주주들이 갖고 있다는 점도 설명하고 있습니다.

백신 전문기업으로 키우겠다는 목표로 설립한 회사인만큼 백신과 바이오의약품(사람이나 다른 생물체에서 유래한 원료로 제조한 의약품)을 연구·개발하고 생산·판매하는 것이 SK바이오사이언스의 핵심 사업이라고 밝히고 있습니다. 추가로 다른 회사의 백신과 바이오의약품을 대신 생산하는 CMO와 백신과 바이오의약품 연구·개발까지 협력하는 CDMO 사업, 기술 수출을 하고 있다는 점도 설명하고 있습니다.

아울러 코로나19 백신 외에도 SK바이오사이언스가 직접 연구개발한 대표 제품은 독감 예방에 쓰이는 인플루엔자 백신 '스카이셀플루4가'가 있고, 이는 2020년 3분기까지 SK바이오사이언스 매출의 63.7%를 차지하는 효자상품이었다는 점. 그 밖에 대상포진 백신 스카이조스터를 판매하고 있으며 폐렴구균, 로타바이러스, 자궁경부암 백신은 임상시험을 진행하고 있다는 것을 알 수 있습니다. 또한 위탁생산이 아닌 자체적으로 코로나19 백신 개발을 위한 임상시험(1상)을 진행 중이라는 점도 언급하고 있습니다.

어떤 주식을 팔려는 걸까?

회사가 어떤 사업을 하는 곳인지 대략 파악했으니, 이제 어떤 주식을 팔려는지 알아볼까요. 다시 왼쪽 목차로 가서 '제1부 > Ⅰ. 모집 또는 매출에 관한 일반 사항 > 2. 공모방법'을 클릭하면 다음과 같은 화면이 나옵니다.

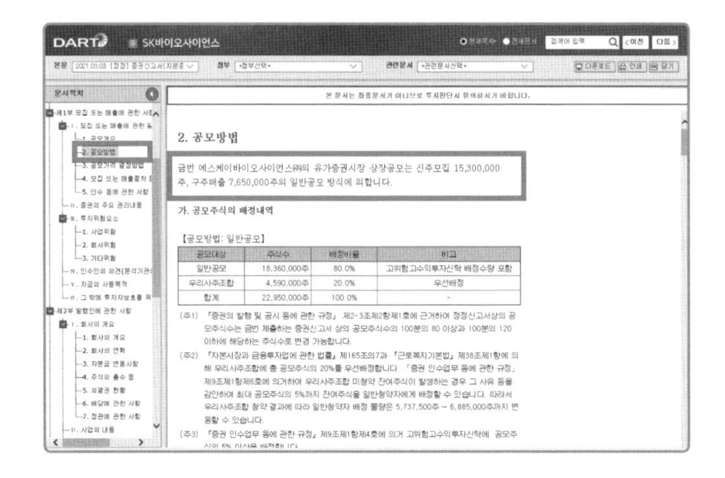

2. 공모방법

금번 에스케이바이오사이언스㈜의 유가증권시장 상장공모는 신주모집 15,300,000주, 구주매출 7,650,000주의 일반공모 방식에 의합니다.

가. 공모주식의 배정내역

【공모방법: 일반공모】

공모대상	주식수	배정비율	비고
일반공모	18,360,000주	80.0%	고위험고수익투자신탁 배정수량 포함
우리사주조합	4,590,000주	20.0%	우선배정
합계	22,950,000주	100.0%	-

(주1) 「증권의 발행 및 공시 등에 관한 규정」 제2-3조제2항제1호에 근거하여 정정신고서상의 공모주식수는 금번 제출하는 증권신고서 상의 공모주식수의 100분의 80 이상과 100분의 120 이하에 해당하는 주식수로 변경 가능합니다.

(주2) 「자본시장과 금융투자업에 관한 법률」 제165조의7과 「근로복지기본법」 제38조제1항에 의해 우리사주조합에 총 공모주식의 20%를 우선배정합니다. 「증권 인수업무 등에 관한 규정」 제9조제1항제6호에 의거하여 우리사주조합 미청약 잔여주식이 발생하는 경우 그 사유 등을 감안하여 최대 공모주식의 5%까지 잔여주식을 일반청약자에게 배정할 수 있습니다. 따라서 우리사주조합 청약 결과에 따라 일반청약자 배정 물량은 5,737,500주 ~ 6,885,000주까지 변동할 수 있습니다.

(주3) 「증권 인수업무 등에 관한 규정」 제9조제1항제4호에 의거 고위험고수익투자신탁에 공모주

"금번 에스케이바이오사이언스(주)의 유가증권시장 상장공모는 신주 모집 15,300,000주, 구주 매출 7,650,000주의 일반공모 방식에 의합니다."

SK바이오사이언스처럼 상장공모를 할 때 주식을 파는 방법은 크게 세 가지입니다.

- 신주 모집 : 새로운 주식(신주)을 발행해서 투자자에게 파는 방법 → 주식을 팔고 번 돈은 회사 통장으로 들어간다.
- 구주 매출 : 기존 주주의 지분 일부를 투자자에게 파는 방법 → 주식을 팔고 번 돈은 기존 주주 통장으로 들어간다.
- 신주 모집과 구주 매출을 섞는 방법 → 주식을 팔고 번 돈은 회사와 기존 주주 통장으로 나눠서 들어간다.

SK바이오사이언스는 전체 공모주식 2295만 주 가운데 1530만 주(66.7%)를 신주 모집, 765만 주(33.3%)를 구주 매출 방식으로 판매하기로 한 것입니다. 따라서 SK바이오사이언스가 공모주를 팔아서 확보한 돈의 66.7%는 회사로 들어가고, 33.3%는 기존 주주에게 들어갑니다. 33.3%의 공모 자금을 확보하는 기존 주주는 SK바이오사이언스의 최대주주인 SK케미칼이라는 내용이 해당 메뉴 맨 아래 '매출 대상 주식의 소유자에 관한 사항'에 나와 있습니다.

모집 50명 이상에게 신규로 발행하는 증권의 취득 청약을 권유하는 행위
→ 다수를 대상으로 증권을 발행하여 자금을 조달하는 행위

매출 50명 이상에게 이미 발행한 증권의 매도 청약이나 매수 청약을 권유하는 행위
→ 이미 발행한 증권의 보유자가 다수에게 증권을 매도해 그 대금을 취득하는 행위.
매출(賣出)은 물건을 내다 판다는 뜻이지만, 이미 발행한 유가증권을 일반 대중에게 균일한 조건으로 매도한다는 뜻도 있습니다.

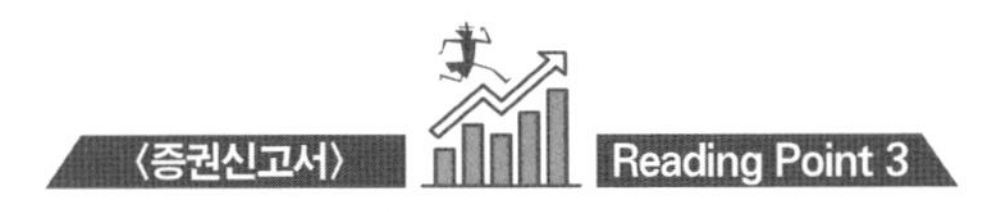

주식 팔아 번 돈으로 뭘 하겠다는 걸까?

기업이 주식을 팔아 번 돈으로 무엇을 할지는 투자자에게 매우 중요한 문제입니다. 회사가 왜 주식시장에 상장하려 하는지 알 수 있는 내용이기도 합니다. 특히 내가 투자한 돈이 어디에 쓰이는지 알 수 있는 내용이고, 이런 것들을 통해서 회사가 성장을 위한 기반을 어떻게 마련하려는 것인지 가늠할 수 있습니다.

SK바이오사이언스 〈증권신고서〉에서 왼쪽 목차로 이동해서 '제1부 모집 또는 매출에 관한 사항 > V. 자금의 사용 목적'을 클릭하면 다음과 같은 화면이 나옵니다.

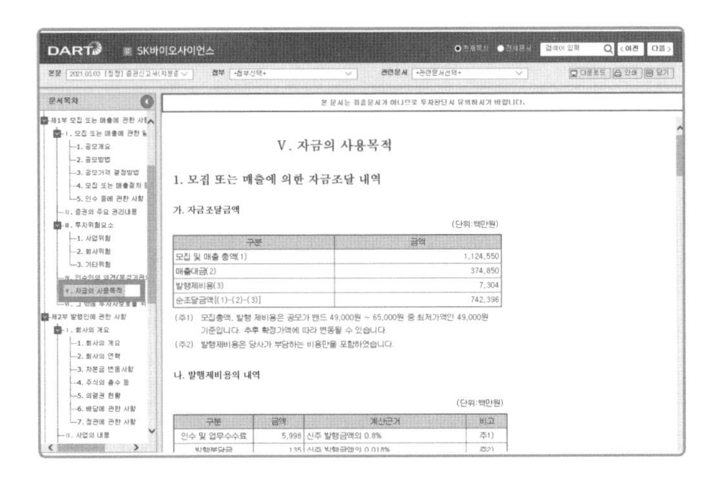

본 문서는 최종문서가 아니므로 투자판단시 유의하시기 바랍니다.

V. 자금의 사용목적

1. 모집 또는 매출에 의한 자금조달 내역

가. 자금조달금액

(단위:백만원)

구분	금액
모집 및 매출 총액(1)	1,124,550
매출대금(2)	374,850
발행제비용(3)	7,304
순조달금액[(1)-(2)-(3)]	742,396

(주1) 모집총액, 발행 제비용은 공모가 밴드 49,000원 ~ 65,000원 중 최저가액인 49,000원 기준입니다. 추후 확정가액에 따라 변동될 수 있습니다.
(주2) 발행제비용은 당사가 부담하는 비용만을 포함하였습니다.

나. 발행제비용의 내역

(단위:백만원)

구분	금액	계산근거	비고
인수 및 업무수수료	5,998	신주 발행금액의 0.8%	주1)
발행분담금	135	신주 발행금액의 0.018%	주2)

자금 조달 금액을 보면 모집 및 매출 총액이 1조 1245억 원이라고 나옵니다. 다만 이 숫자는 희망공모가격(4만 9000원~6만 5000원)

가운데 하단을 기준으로 계산한 금액입니다. 〈증권신고서〉는 투자자 보호를 위해 최대한 보수적인 숫자를 사용해야 하는 규정 때문에 자금 사용 목적에 들어가는 금액은 희망공모가격의 하단을 기준으로 합니다. 다만 나중에 SK바이오사이언스 공모가격은 6만 5000원으로 확정됐고, 이에 따라 전체 모집 및 매출 총액도 1조 4917억 원으로 늘어났습니다. 하지만 이 책에서는 독자 이해를 돕기 위해서 〈증권신고서〉에 적힌 내용 그대로 살펴보겠습니다.

SK바이오사이언스가 이번 공모로 확보하는 자금은 1조 1245억 원이지만, 이중 매출대금(3748억 5000만 원)과 발행제비용(73억 400만 원)을 뺀 7423억 9600만 원이 실제 회사 통장으로 입금되는 돈입니다. 이것저것 빼고 나니까 남는 금액이 확 줄었네요. 참고로 매출대금이란 앞에서 살펴본 구주 매출 대금입니다. 즉 SK바이오사이언스가 아닌 기존 주주(SK케미칼) 통장으로 들어가는 돈이고, 이 돈을 어떻게 사용하는지는 〈증권신고서〉에 기재하지 않았습니다.

SK바이오사이언스 공모 자금 조달 금액

모집 및 매출 총액	1조 1245억 5000만 원
매출대금	3748억 5000만 원
발행제비용	73억 400만 원
순조달금액*	7423억 9600만 원

* 순조달금액이 SK바이오사이언스로 들어가는 돈

SK바이오사이언스 통장으로 들어가는 7423억 원을 어떻게 쓰는지는 해당 문서 아래 '자금의 세부 사용 계획'에서 설명하고 있습니다. 생산시설을 늘리기 위한 시설자금에 3934억 원을 쓰고, 연구개발 등 운영자금에 1808억 원, 새로운 사업을 위한 자금으로 1681억 9600만 원을 쓴다고 설명하고 있습니다.

투자 위험은 무엇일까?

공모주에 투자하면 막연한 주가 상승 기대감을 떨칠 수 없습니다. 또한 〈증권신고서〉에 밝힌 회사의 사업 내용만 보면 앞으로 꽃길만 걸을 거 같은 예감도 듭니다. 하지만 모든 사업에는 언제나 위험 요소가 있기 마련이죠. 그래서 공모주 투자 전에 반드시 확인해야 할 내용이 투자 위험 요소 항목입니다. 금융감독원에서도 이 부분을 중요하게 생각해서 〈증권신고서〉를 처음 클릭할 때 반드시 투자 위험 요소를 확인했는지 체크해야, 본문을 볼 수 있도록 합니다.

모든 사업에는 위험이 따르기 마련이다. 공모주에 투자하기 전에 반드시 〈증권신고서〉에서 투자 위험 요소 항목을 확인해야 한다.

시간이 부족한 투자자라면 '요약 정보 > 1. 핵심 투자 위험'을 봐도 되지만, 이왕 공부하기로 마음먹었다면 '제1부

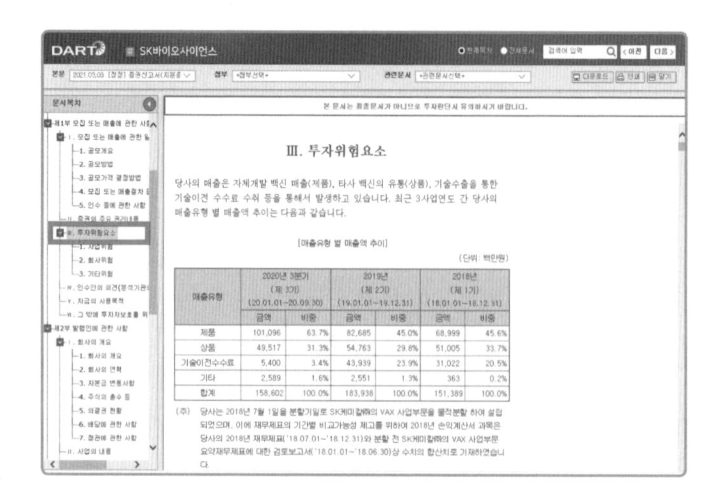

III. 투자위험요소

당사의 매출은 자체개발 백신 매출(제품), 타사 백신의 유통(상품), 기술수출을 통한 기술이전 수수료 수취 등을 통해서 발생하고 있습니다. 최근 3사업연도 간 당사의 매출유형 별 매출액 추이는 다음과 같습니다.

[매출유형 별 매출액 추이]

(단위: 백만원)

매출유형	2020년 3분기 (제 3기) (20.01.01~20.09.30)		2019년 (제 2기) (19.01.01~19.12.31)		2018년 (제 1기) (18.01.01~18.12.31)	
	금액	비중	금액	비중	금액	비중
제품	101,096	63.7%	82,685	45.0%	68,999	45.6%
상품	49,517	31.3%	54,763	29.8%	51,005	33.7%
기술이전수수료	5,400	3.4%	43,939	23.9%	31,022	20.5%
기타	2,589	1.6%	2,551	1.3%	363	0.2%
합계	158,602	100.0%	183,938	100.0%	151,389	100.0%

(주) 당사는 2018년 7월 1일을 분할기일로 SK케미칼㈜의 VAX 사업부문을 물적분할 하여 설립되었으며, 이에 재무제표의 기간별 비교가능성 제고를 위하여 2018년 손익계산서 과목은 당사의 2018년 재무제표('18.07.01~'18.12.31)와 분할 전 SK케미칼㈜의 VAX 사업부문 요약재무제표에 대한 검토보고서('18.01.01~'18.06.30)상 수치의 합산치로 기재하였습니다.

SK바이오사이언스 〈증권신고서〉 내 사회위험과 회사위험 요약

백신 매출 하락	코로나19 종식, 환자 수요 감소로 독감백신 수요 줄어들 가능성. 효자 매출 상품인 스카이셀플루4 매출도 하락할 수 있음.
국내업계 경쟁 심화	녹십자, GSK, 사노피, 보령바이오파마 등 백신 경쟁업체 포화.
코로나19 백신 관련 위험성	SK바이오사이언스가 현재 위탁생산 중인 아스트라제네카와 노바백스에 문제가 발생하면 판매가 중단될 수도 있음. 또 백신에 문제가 없어도 위탁생산 계약이 연장되지 않으면 경영성과에 영향을 미칠 수 있음.
백신 부작용	2020년에 독감백신을 맞고 일부 접종자가 사망함. SK바이오사이언스 매출의 63.7%는 독감백신 판매에서 나오는 만큼 문제가 계속되면 회사 경영에 부정적 영향.
시설 투자 비용 부담	다른 백신 연구개발을 위한 시설 투자가 불가피. 이에 따라 수익성이 악화할 수도 있음.
연구개발 비용	백신과 바이오의약품 연구개발 비용이 지속해서 필요함. 또 모든 연구개발이 백신 제품화와 기술이전으로 이어지지 않을 수도 있음.

모집 또는 매출에 관한 사항 > Ⅲ. 투자 위험 요소'를 클릭해서 요약본이 아닌 원본을 살펴볼 필요가 있습니다.

투자 위험 요소는 ① 주로 산업적인 측면을 다룬 '사업위험', ② 회사의 재무 상황, 매출 변동, 소송 위험 등을 다룬 '회사위험' ③ 그 밖에 투자자가 알아야 할 '기타위험'으로 나뉩니다.

우선 사업위험과 회사위험에는 왼쪽 표와 같은 내용이 담겨있습니다. 독자의 이해를 돕기 위해 요약한 내용이니, 원본 공시를 직접 읽어보고 비교해 보는 것을 권합니다.

투자자들이 꼭 살펴야 할 내용은 사업위험과 회사위험 만이 아닙니다. 기타위험도 지나쳐서는 안 됩니다. 결코 소홀하게 다룰 수 없는 중요한 내용이 '기타위험' 안에 담겨 있습니다. 대표적인 내용이

SK바이오사이언스 투자 위험 요소-상장 직후 유통 가능 주식수 현황

구분		공모 후 주식수	공모 후 지분율	상장 후 매도 제한 기간
유통 제한 물량	SK케미칼(최대주주)	52,350,000주	68.43%	6개월
	우리사주조합(우선 배정)	4,590,000주	6.00%	1년
	소계	56,940,000주	74.43%	-
유통 가능 물량	공모 주주	18,360,000주	24.00%	-
	우리사주조합	811,990주	1.06%	-
	소액주주	388,010주	0.51%	-
	소계	19,560,000주	25.57%	

* 유통 가능 물량은 공모 주식수 변동 및 수요 예측 시 기관투자자의 의무보유확약, 청약 시 배정군별 배정주식수 변경 등이 발생할 경우 변동될 수 있습니다.

'상장 이후 유통 가능 주식수 및 주식의 대규모 매각 가능성(오버행 이슈)' 항목입니다. 흔히 언론이나 증권사 리포트에서 '유통 가능 물량'이라고 표현하는 내용입니다.

77쪽 표에서 '유통 제한 물량'은 상장 직후 최소 6개월부터 1년까지 매도 제한이 걸려 있는 주식입니다. 반면 '유통 가능 물량'이라고 표기한 주식 1956만 주는 상장 직후 언제라도 매물로 나올 수 있는 주식이라는 뜻입니다.

유통 가능 물량 1956만 주는 SK바이오사이언스 전체 주식(공모주 포함)에서 25.57%를 차지합니다. 유통 가능 물량이 많고 적음을 판단하는데 정확한 기준은 없지만, 통상 주식시장에서는 유통 가능 물량이 30~40% 이상이면 물량 부담이 있다는 표현을 사용합니다. 물론 회사가 상장 이후에도 꾸준히 성장할 것이라고 기대되는 종목이라면 유통 가능 물량이 다소 많더라도 상장 이후 주가가 오를 수도 있습니다. 반대로 유통 가능 물량이 적더라도 공모가격이 비싸거나 성장성이 떨어진다는 평가를 받는다면 상장 이후 주가는 내려갈 수 있습니다.

유통 가능 물량은 공모 청약이 마무리된 이후 조금 변동이 생기기도 합니다. '공모 주주'라고 표기된 1836만 주에는 기관투자자(1262만 2500주)와 일반투자자(573만 7500주)가 가져갈 공모주가 섞여 있습니다. 이중 일반투자자가 가져가는 공모주는 모두 상장 후 언제라도 유통될 가능성이 있습니다. 그러나 기관투자자가 가져가는 공모주 가운데는 상장 직후 일정 기간 매도할 수 없는 주식이 있습니다. 공모주 청약에 관심 있는 분들은 '의무보유확약'이라는 말을 들

SK바이오사이언스 투자 위험 요소-상장 직후 유통 가능 주식수 현황(최종)

구분		공모 후 주식수	공모 후 지분율	상장 후 매도 제한 기간
유통 제한 물량	SK케미칼(최대주주)	52,350,000주	68.0%	6개월
	우리사주조합(우선 배정)	4,590,000주	6.0%	1년
	기관투자자 의무보유확약	10,762,090주	14.0.%	15일~6개월
	소계	56,940,000주	88.0%	-
유통 가능 물량	공모 주주	7,697,510주	10.0%	-
	우리사주조합	811,990주	1.0%	-
	소액주주	388,010주	0.5%	-
	소계	8,897,510주	12.0%	

* 유통 가능 물량 중 공모 주주에는 의무보유확약을 하지 않은 기관투자자 물량(1,860,410주)과 일반투자자(5,837,100주) 물량 포함. 일반투자자 물량은 청약 과정에서 우리사주조합 미달분을 넘겨받아 소폭 늘어남.

어보신 적 있을 텐데요. 기관투자자들이 공모주를 배정받을 때 1주라도 더 받기 위해서 '상장 후 일정 기간 주식을 매도하지 않고 보유하겠다'는 조건을 제시하는데, 이러한 조건을 의무보유확약이라고 합니다. 의무보유확약 주식이 있으면 상장 후 유통 가능 주식은 더 줄어듭니다.

SK바이오사이언스는 기관투자자에게 배정한 공모주 1262만 2500주 가운데 1076만 2090주(85.3%)가 상장 이후 최소 15일에서 6개월 동안 팔지 않겠다고 약속한 의무보유확약 물량입니다. 따라서 이 주식도 상장 직후에는 유통 제한 물량이 되는 것이어서, 최종적으로 SK바이오사이언스의 유통 가능 물량은 앞서 살펴본 25.57%가 아닌 12.0%로 줄어듭니다.

SK바이오사이언스는 대형 공모주여서 기관투자자들의 의무보유확약 비중이 높았습니다. 최근 공모 청약을 진행한 SK바이오팜(52.25%), 카카오게임즈(72.57%), SKIET(64.60%)도 의무보유확약 비중이 50%가 넘었습니다. 반면 공모 규모가 작은 회사에서는 기관투자자들의 의무보유확약 비중이 확연하게 낮습니다. 2020년 상장한 교촌치킨 운영사 교촌에프앤비는 기관투자자들에게 배정한 공모주 348만 주 가운데 의무보유확약을 한 물량이 28만 9792주(8.32%)에 불과했습니다.

투자 위험 요소까지 봤으니 이제는 공모주에 청약할 자격을 확인해 보겠습니다. 아니 잠깐만요! 지금까지 상장공모주는 누구나 살 수 있다고 이야기해놓고서, 인제 와서 자격 요건을 확인하다니요?

물론 공모주를 청약하는데 엄격한 자격까지 요구하는 것은 아닙니다. 다만 증권사마다 계좌를 개설해야 하는 마감 시한, 또는 증권사의 영업 방침에 따라 청약 한도를 우대해주는 자격 등을 정해놓은 걸 확인해보자는 뜻입니다.

다시 한 번 SK바이오사이언스 〈증권신고서〉 목차에서 '제1부 I. 모집 또는 매출에 관한 일반사항 > 4. 모집 또는 매출 절차 등에 관한 사항'을 순서대로 클릭하면 다음과 같은 화면이 나옵니다.

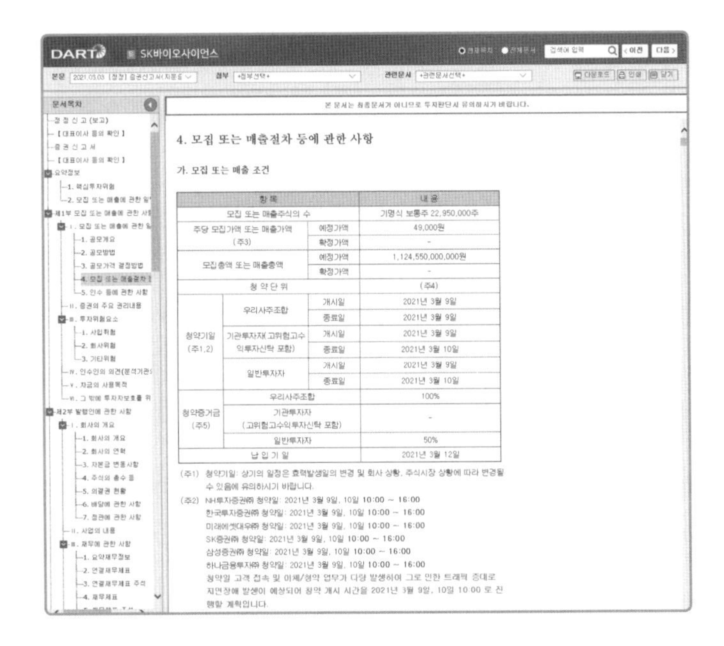
본 문서는 최종문서가 아니므로 투자판단시 유의하시기 바랍니다.

4. 모집 또는 매출절차 등에 관한 사항

가. 모집 또는 매출 조건

항목			내용
모집 또는 매출주식의 수			기명식 보통주 22,950,000주
주당 모집가액 또는 매출가액 (주3)		예정가액	49,000원
		확정가액	-
모집총액 또는 매출총액		예정가액	1,124,550,000,000원
		확정가액	-
청약단위			(주4)
청약기일 (주1,2)	우리사주조합	개시일	2021년 3월 9일
		종료일	2021년 3월 9일
	기관투자자(고위험고수익투자신탁 포함)	개시일	2021년 3월 9일
		종료일	2021년 3월 10일
	일반투자자	개시일	2021년 3월 9일
		종료일	2021년 3월 10일
청약증거금 (주5)	우리사주조합		100%
	기관투자자 (고위험고수익투자신탁 포함)		-
	일반투자자		50%
납입기일			2021년 3월 12일

(주1) 청약기일: 상기의 일정은 효력발생일의 변경 및 회사 상황, 주식시장 상황에 따라 변경될 수 있음에 유의하시기 바랍니다.

(주2) NH투자증권㈜ 청약일: 2021년 3월 9일, 10일 10:00 ~ 16:00
한국투자증권㈜ 청약일: 2021년 3월 9일, 10일 10:00 ~ 16:00
미래에셋대우㈜ 청약일: 2021년 3월 9일, 10일 10:00 ~ 16:00
SK증권㈜ 청약일: 2021년 3월 9일, 10일 10:00 ~ 16:00
삼성증권㈜ 청약일: 2021년 3월 9일, 10일 10:00 ~ 16:00
하나금융투자㈜ 청약일: 2021년 3월 9일, 10일 10:00 ~ 16:00
청약일 고객 접속 및 이체/청약 업무가 다량 발생하여 그로 인한 트래픽 증대로 지연장애 발생이 예상되어 청약 개시 시간을 2021년 3월 9일, 10일 10:00 로 진행할 계획입니다.

모집 또는 매출 조건에 일반투자자 청약기일(청약일)이 3월 9일~10일이라는 설명이 있습니다. 표 밑에는 청약시간이 오전 10시~오후 4시까지라는 설명과 함께, 청약일 트래픽 증대로 지연장애 발생이 예상된다는 안내문도 있습니다.

아래로 내려가 보면 '다. 청약에 관한 사항 > (4)일반청약자의 청약 자격'에서 좀 전에 말한 청약 자격을 확인할 수 있습니다. 이 항목에 해당 공모주에 청약하려면 언제까지 증권계좌를 만들어야 하는지가 나와 있습니다.

참고로 SK바이오사이언스는 다음과 같은 청약 조건이 있었습니다.

SK바이오사이언스 증권사별 청약 자격

NH투자증권	청약 개시일 직전일(3월 8일)까지 계좌 개설
한국투자증권	청약일 초일 전일(3월 8일)까지 영업점 계좌 개설 단, 온라인 계좌는 청약 기간 중 개설해야 청약 가능
미래에셋대우	청약 기간 내에도 비대면 계좌 개설하면 청약 가능 단, 청약 기간 내 영업점 계좌 개설 후 청약은 불가
SK증권	청약일 전일(3월 8일)까지 계좌 개설한 고객 단, 비대면/제휴은행 계좌는 청약 당일까지 계좌 개설 후 청약 가능
삼성증권	청약일 전날(3월 8일)까지 계좌를 개설한 고객
하나금융투자	청약 초일 전일(3월 8일)까지 계좌를 개설한 고객 단, 비대면 계좌는 청약 당일 개설 후 청약 가능

정리해보면 SK바이오사이언스에 청약 가능한 증권사 6곳 가운데 미래에셋대우, 하나금융투자, 한국투자증권, SK증권은 청약 당일에도 온라인 또는 은행 연계계좌로 계좌를 만들면 청약할 수 있었습니다. 반면 NH투자증권과 삼성증권은 청약 당일 만든 계좌로는 참여할 수 없고, 반드시 청약 전날까지 계좌를 만들어야 한다고 되어 있습니다. 이러한 증권사별 청약 조건은 다른 공모주에서도 유사하게 적용되지만, 반드시 청약할 공모주의 〈증권신고서〉 내 '모집 또는 매출 절차에 관한 사항'을 통해 한 번 더 확인해 보는 게 좋습니다.

또한 모집·매출 절차에서 확인해야 할 내용은 청약수수료입니다. 대체로 공모주 청약을 온라인으로 진행할 때 투자자에게는 수수료를 받지 않는 곳이 많지만 한국투자증권, 대신증권, SK증권 등 일부 증권회사는 공모주 배정 여부와 관계없이 청약수수료를 받습니다. 이 내용은 증권사 영업정책에 따라 달라지기 때문에 청약하려는 공모주의 〈증권신고서〉 내 '일반청약자의 청약 자격'을 확인해 보는 게 좋습니다. 참고로 SK바이오사이언스 청약 때는 한국투자증권과 SK증권이 각각 2000원씩 청약수수료를 받았습니다. 한국투자증권은 청약증거금을 환불할 때 수수료를 떼고 주는 '후불', SK증권은 청약 신청할 때 증거금과 수수료를 함께 내는 '선불' 개념이었습니다.

모집·매출 절차를 보면 증권사마다 '청약 우대 고객 기준'이란 용어도 등장합니다. 증권사의 영업정책에 따라 자기네와 거래를 많이 하는 고객에게는 더 많은 청약 한도를 주겠다는 뜻입니다. 일반적으로 공모주 청약을 위해 증권사 계좌를 새로 만든 투자자는 이전까지 거래가 없었기 때문에 우대 조건을 충족하지 못해 청약 한도 50%를 적용받습니다.

청약 한도가 50%라고 실망할 필요는 없습니다. 50%만으로도 차고 넘치니까요. 공모주 청약 때는 증권사마다 한사람이 청약할 수 있는 최대한도를 설정해놓습니다. 이 한도가 100%이고, 그동안 거래가 없었던 투자자는 50%까지만 청약할 수 있습니다. 예를 들어 NH투자증권은 SK바이오사이언스 공모주 청약 때 일반투자자 한 사람이 청약할 수 있는 한도(100%)를 8만 4000주로 정했어요. 따라서 청약 한도가 50%라면 4만 2000주를 청약할 수 있다는 뜻이겠지요.

만약 한 사람이 SK바이오사이언스 공모주 4만 2000주 청약하려면 얼마가 필요할까요? 공모가격이 6만 5000원이었으니, 4만 2000주를 청약하려면 13억 6500만 원(4만 2000주×6만 5000원÷2)의 청약증거금이 필요합니다! 절반을 나누는 이유는 뒤에서 설명하겠지만, 청약증거금(보증금 성격) 비율이 50%이기 때문이죠. 즉 4만 2000주를 청약하려면, 2만 1000주에 해당하는 증거금을 먼저 내야 합니다.

현금 13억 원을 한 기업 공모주 청약에 다 투입하려면 로또 1등

SK바이오사이언스 공모주 청약
NH투자증권 일반투자자 청약 한도
8만 4000주

→

청약 한도 50%는
4만 2000주

SK바이오사이언스 공모주
4만 2000주(청약 한도 50%)에 청약하려면
돈이 얼마나 필요할까?

▼

4만 2000주×6만 5000원 ÷ 2
→ 청약증거금 13억 6500만 원

에 당첨된다 해도 부족하겠죠. 어지간한 고액자산가가 아닌 이상 일반투자자들이 청약한도 50%를 채워 청약할 일은 없습니다. 그러니 증권사 청약 우대 조건을 충족하지 못했다고 아쉬워할 필요는 없습니다.

지금까지 〈증권신고서〉를 통해 ▲ 사업의 내용(뭐 하는 회사인지) ▲ 공모주식의 성격(어떤 주식을 팔겠다는 것인지) ▲ 공모 자금 사용 내역(내가 투자한 돈을 어디에 쓰겠다는 것인지) ▲ 투자 위험 요소(꽃길 말고 흙길은 없는지) ▲ 청약 자격(언제까지 계좌를 만들어야 청약할 수 있는지)을 알아봤습니다.

이외에도 〈증권신고서〉를 통해 확인해 봐야 할 내용이 많습니다. 대표적으로 공모가격은 대체 어떻게 결정하는 것인지, 또한 공모주를 샀다가 상장 이후에 주가가 공모가보다 떨어졌을 때 환불받는 방법은 없는지 등을 확인할 수 있습니다. 이 내용은 잠시 숨을 고르고 알아보도록 하죠.

다른 회사 〈증권신고서〉도 같은 방법으로 차근차근 읽어본다면 〈증권신고서〉가 소설책만큼은 아니어도 교과서만큼 친근해질 수 있습니다.

공모가격에 낀 '거품' 판별하기

공모가격은 어떻게 결정할까?

공모가격을 어떻게 결정하는지는 〈증권신고서〉를 통해 확인할 수 있습니다. 공모가격 산정과 관련한 내용을 살펴봐야 하는 이유는 내가 투자하려고 하는 공모주가 이미 상장해 있는 회사와 비교했을 때 어느 정도 수준으로 가격을 책정했는지 알 수 있기 때문입니다.

물론 정확한 판단은 쉽지 않습니다. 공모가격이 고평가 또는 저평가됐는지 판단하는 것은 상당히 전문적인 영역입니다. 또한 주가 흐름은 수급(수요와 공급)에 따라 결정되는 것이어서 고평가됐다고 반드시 주가에 부담이지도 않고, 저평가됐다고 주가가 오를 것이라고 확신하기 어렵습니다. 다만 어떤 과정을 통해서 공모가격을 결정했는지 이해하려 노력하는 것은, 여러분이 투자하려는 회사를 좀 더 알아가는 과정일 수 있습니다. 그래서 이번에 소개하는 내용은 다소 어렵지만, 참고삼아 살펴볼 필요가 있습니다.

SK바이오사이언스의 〈증권신고서〉를 열어서 '제1부 모집 또는 매출에 관한 사항 > Ⅳ. 인수인의 의견(분석기관의 평가의견)'을 클릭해 볼게요. 쭉 내려가다 보면 '희망공모가액 산출 방법'이라는 목록이 등장합니다.

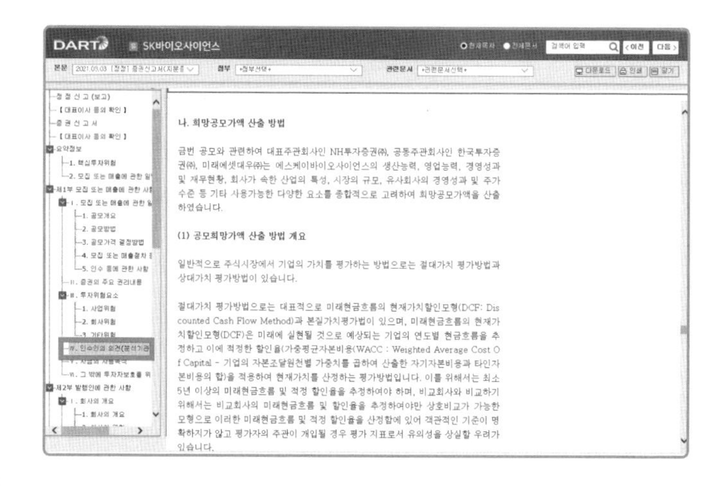

첫머리에 나오는 '희망공모가액'이란 건 상장하려는 회사와 상장을 도와주는 주관증권회사가 협의해서 대략 이 정도 가격으로 공모주를 팔아보자는, 말 그대로 '희망을 담은 가격 범위'입니다. 나중에 기관투자자들을 대상으로 사전 수요 예측이라는 걸 실시해서 최종공모가격을 확정합니다. 희망공모가격을 결정하려면, 기업의 주식가치를 평가해야 하겠죠. 주로 두 가지 방법이 널리 쓰입니다.

절대가치 평가법

난 나야!
누구와도 비교 대상이 아닌 오직 나!

회사가 미래에 벌어들일 것으로 예상하는 현금흐름(DCF : 현금흐름할인법) 또는 자산·수익 가치 등 회사 자체만 보고(본질가치법) 평가하는 것입니다. 절대가치 평가법은 보통 인수합병, 영업양수도 때 활용하고 기업공개 때는 잘 사용하지 않습니다.

상대가치 평가법

먼저 데뷔한 닮은꼴 회사와
비교해보기!

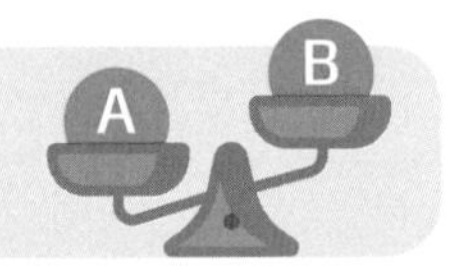

국내외 주식시장에 먼저 기업공개를 한 동종업체들과 실적, 재무구조 등을 종합 비교해서 가치를 매기는 방식입니다. 기업공개 때 주로 사용하는 방식이지요.

'친구 따라 강남 간다?' 몸값 비교 대상 따라 공모가 결정

SK바이오사이언스를 비롯한 모든 상장공모 기업들은 상대가치 평가법을 사용해 희망공모가격을 산정합니다. 상대평가를 위해서는 ① 평가 기준 ② 평가할 상대, 두 가지가 필요하죠. 먼저 평가 기준에는 PER(주당순이익과 기업주가 비교), EV/EBITDA(영업활동을 통해 얻은 이익을 비교해 기업가치 산정), PSR(주당매출액과 기업 주가 비교), PBR(장부가액과 기업 주가 비교), EV/Capacity 등이 있습니다. 이 가운데 SK바이오사이언스는 EV/Capacity 비교법을 사용해 희망공모가액을 결정하기로 했습니다.

EV/Capacity 비교법은 기업의 생산능력(Capacity)이 기업가치(EV)의 몇 배인지를 산출하는 방식인데요. SK바이오사이언스가 다른 평가 기준을 놔두고 EV/Capacity를 선택한 건 바이오의약품 산업 특성상 생산능력이 무엇보다 중요하다고 판단했기 때문입니다. 앞서 2016년에 상장한 삼성바이오로직스도 이 방법을 사용해 희망공모가액을 산정했습니다.

평가 기준을 정했으니, 이제는 평가할 상대를 골라야겠죠. 이 내용은 같은 문서에서 '유사회사 선정'이라는 항목에 등장합니다. 〈미스트롯〉 오디션을 할 때 1차 예선, 2차 예선, 최종전 순서로 진행하듯이 희망공모가액을 정하기 위해 상대평가할 상대를 고르는 작업 역시 1차, 2차 등 여러 단계를 거쳐서 압축하는 과정을 거칩니다.

SK바이오사이언스는 맨 처음 12개 회사를 선정했고 이후 6개사로 압축한 이후 최종 3개 회사를 비교 대상으로 정했습니다. 그 결과 스위스 론자, 삼성바이오로직스, 중국 야오밍바이오(우시바이오)를 최종 비교 대상으로 선정했습니다.

이제 평가 기준과 평가할 상대를 모두 정했으니, 평가할 상대에게 기준을 대입하면 되겠죠. 최종 비교 대상인 3개 기업의 EV/Capacity를 계산한 결과 론자 1.27배, 삼성바이오로직스 1.44배, 야오밍바이오

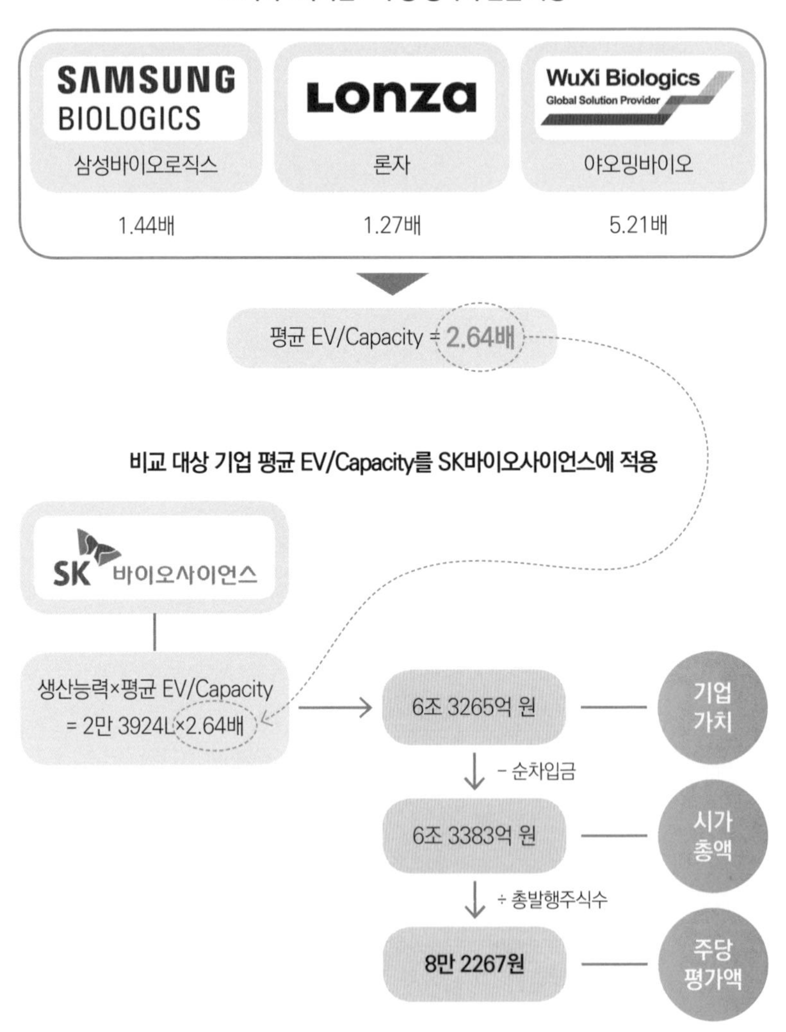

5.21배가 나왔습니다. 3개 기업의 평균 EV/Capacity는 2.64배였습니다. 생산능력 대비 2.64배의 기업가치를 평가받고 있다는 뜻입니다.

2.64배란 숫자를 SK바이오사이언스의 생산능력(2만 3924L)과 곱해서 나온 기업가치는 6조 3265억 원(2만 3924L×2.64배)입니다. 여기에서 순차입금을 빼고 적정 시가총액(6조 3383억 원)을 구한 뒤에 공모 후 총 발행주식수(주식매수선택권 포함 7704만 6270주)로 나눠요. 이 과정을 거치면 SK바이오사이언스의 주당 평가액은 8만 2267원(6조 3383억 원÷7704만 6270주)이 나옵니다.

다소 어려운 내용이죠? 좀 더 쉽게 말하면 비교 대상 기업인 론자, 삼성바이오로직스, 야오밍바이오가 현재 각자 상장한 주식시장에서 평가받는 가치만큼 우리의 가치도 인정해달라는 것입니다. 주당 8만 2267원 정도 받으면 SK바이오사이언스의 가치를 어느 정도 인정해줬다고 받아들이겠다는 뜻입니다.

여기에서 그치지 않고, 마지막으로 공모 기념으로 할인율을 적용합니다. SK바이오사이언스는 적정가격이라고 평가한 1주당 8만 2267원에서 최고 40.44%~최저 20.99% 할인율을 적용했고, 그 결과 4만 9000원~6만 5000원이라는 희망공모가액 범위가 나왔습니다.

다만 최근 공모주 흐름을 보면, 희망공모가의 상단에서 최종공모가격을 결정하는 사례가 많습니다. SK바이오사이언스도 결국 6만 5000원으로 공모가격을 확정했죠. 따라서 할인율을 적용할 때 최고 할인율은 사실상 의미 없는 숫자라고 할 수 있겠네요. 최저 할인율로 계산한 숫자, 즉 희망공모가의 상단 가격을 유심히 살펴봐야 합니다.

'스텝 바이 스텝' 실전! 공모주 청약

주식투자 1일차도 할 수 있는 공모주 청약

증권계좌를 만들고, 공모주 투자에 관한 이론 공부까지 섭렵했습니다. 공부를 마쳤으니 하산해야 할까요? 큰일 날 말씀! 배운 내용을 실전에 적용해봐야죠.

앞서 증권사 계좌를 만들고 MTS를 다운받아 설치한 다음, 본인 인증을 해야 한다고 설명했습니다. 본인 인증 후 MTS로 들어가 보겠습니다(NH투자증권 MTS 화면을 기준으로 설명합니다).

전체 메뉴 검색에서 '공모' 또는 '청약'을 검색해보면 '공모 청약(또는 공모 청약 신청)'이란 메뉴가 나올 거예요. 증권사 MTS마다 메뉴

구성이 조금씩 다르지만, 이 방법을 쓰면 대부분 찾을 수 있습니다. 그림의 왼쪽 화면은 전체 메뉴에서 '공모'를 검색한 화면, 그리고 이어지는 오른쪽 화면은 '청약/권리 > 공모 청약' 메뉴를 클릭한 이후 나온 화면입니다.

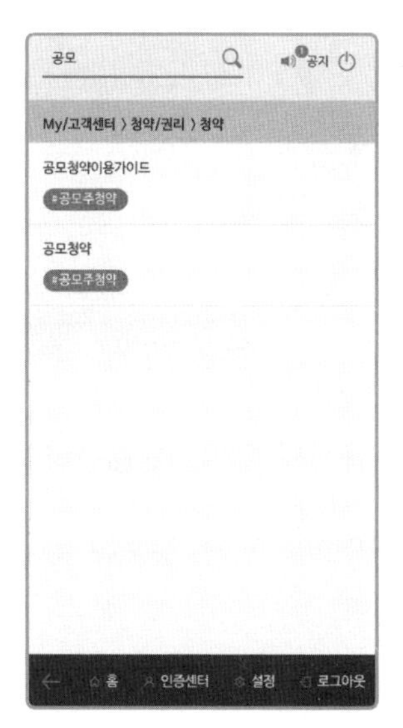

만약 그림처럼 '진행 중인 청약상품이 없습니다'라는 문구가 나온다고 해서 당황하지 마세요. 말 그대로 검색 당시에 공모주 청약을 진행하는 곳이 없다는 이야기일 뿐입니다. 앞서 설명한 다트와 카인드 등을 통해 상장공모 예정 기업을 찾아 공모주 일정을 확인하고, 청약 가능한 증권사 MTS에 접속하면 청약 가능한 회사 목록이 나옵니다. 여러분의 이해를 돕기 위해 SK바이오사이언스 청약 당시 화면을 예로 들어 설명해보겠습니다.

공모주 청약 Step 1

2021년 3월 9~10일 사이에 진행한 SK바이오사이언스 청약 당시 NH투자증권 MTS 전체 메뉴에서 '공모' 또는 '청약'을 검색한 후 나타난 화면입니다. 공모 청약을 진행하는 회사 명단에 두 가지가 나오죠. 참고로 SK바이오사이언스가 공모주 청약을 하는 동안 대한항공은 유상증자 실권주 청약을 진행했습니다. 실권주 청약 역시 50명 이상의 불특정 다수에게 주식을 사달라고 권유하는 행위여서 '공모'에 해당하기 때문에 목록에 나타난 것입니다.

공모주 청약 Step 2

SK바이오사이언스 아래 빨간색 '청약신청' 버튼을 누르면 다음과 같은 화면이 나옵니다. '청약가능한도 50%'라는 표현에 큰 의미를 둘 필요가 없다는 점은 앞서 말씀드렸습니다. '청약신청수량/증거금' 항목을 클릭하고 본인이 신청하고 싶은 수량을 입력하면, 자동으로 증거금도 계산해줍니다. 청약증거금은 본인이 청약하는 수량의 절반에 해당하는 금액입니다. SK바이오사이언스의 경우 1주당 공모가격이 6만 5000원이었습니다. 10주를 청약하려면, 5주에 해당하는 32만 5000원의 청약증거금이 필요합니다.

여기서 중요한 점! 청약증거금을 미리 계좌에 넣어두고 청약 신청을 해야 합니다. 계좌에 청약증거금이 없으면 '청약신청' 버튼을 눌러도, 이후 과정이 진행되지 않습니다.

공모주 청약 Step 3

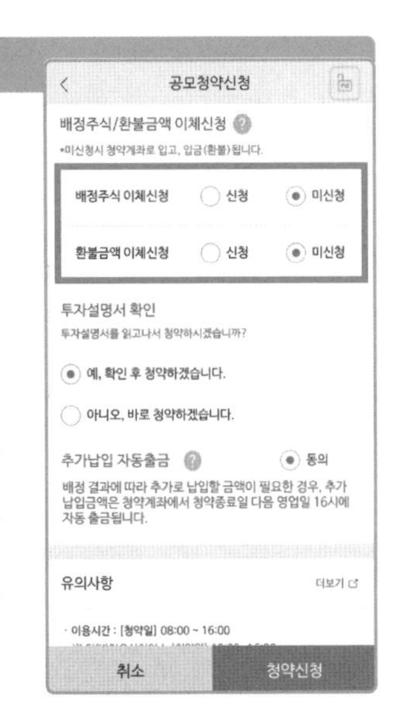

청약신청수량을 입력한 뒤, 자동으로 증거금이 계산됐다면 '배정주식/환불금액 이체신청' 항목으로 넘어갑니다. 이 내용은 '나중에 공모주를 배정받았을 때 현재 청약을 진행 중인 계좌가 아닌 다른 계좌로 주식을 받을 것인지' 묻는 항목(배정주식 이체신청), 그리고 '나중에 공모주를 1주도 배정받지 못했거나, 배정받긴 했지만 먼저 낸 증거금만큼 받지 못해서 우리(증권사)가 돌려줘야 할 금액이 있을 때 다른 계좌로 환불금을 받을 것인지'를 묻는 항목(환불금액 이체신청)입니다.

이 항목들을 모두 '미신청'으로 체크하면, 현재 청약을 진행 중인 계좌로 공모주가 들어오고, 증거금 환불금액 역시 현재 계좌로 들어옵니다. 만약 '신청'에 체크하면 추가로 배정주식 또는 증거금 환불금액을 돌려받을 계좌를 입력해야 합니다. 다시 말해 어떤 항목을 선택하더라도 청약을 정상적으로 진행할 수 있습니다.

공모주 청약 Step 4

〈투자설명서〉 확인 항목이 있습니다. 이건 선택이 아닌 의무사항이므로, '예'를 눌러야 합니다. '예'를 누르면 팝업창이 뜨고 〈투자설명서〉가 나옵니다. 〈투자설명서〉는 앞서 살펴본 〈증권신고서〉와 내용이 거의 같습니다. 처음부터 끝까지 읽지 않아도 '확인' 버튼만 누르면 '확인했다'고 간주합니다. 즉, 〈투자설명서〉를 진짜 읽었는지는 확인하지 않습니다. 그렇다고 〈투자설명서〉(또는 앞서 살펴본 〈증권신고서〉)의 기본 사항을 파악하지 않고 공모 청약을 하는 것은 바람직하지 않습니다. 다만 청약하는 날에는 시간도 부족하고 MTS 시스템도 불안정할 수 있으니(실제 자주 다운됩니다) 〈증권신고서〉를 미리 읽어둔 다음, 청약 때는 '확인' 버튼만 깔끔하게 누르는 게 좋습니다.

공모주 청약 Step 5

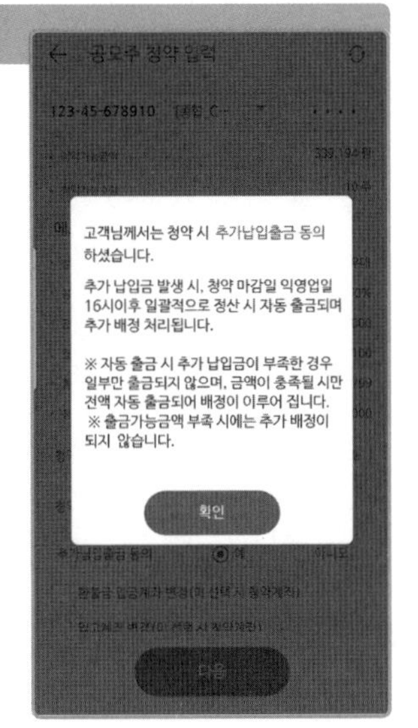

청약 신청 화면의 마지막에는 추가납입 자동출금 여부를 체크하는 항목이 있습니다. 이 항목도 필수는 아니고 선택 사항입니다. 이 항목에 '예'라고 표기하면 오른쪽 화면처럼 팝업창이 뜹니다(증권사 애플리케이션이 따라서 팝업창이 뜨지 않는 경우도 있습니다).

추가납입 자동출금이란, 공모주 청약을 모두 마친 상황에서 청약경쟁률이 의외로 낮아서 투자자가 납입한 청약증거금 이상으로 공모주를 배정받아야 할 경우 어떻게 하겠느냐고 묻는 것입니다.

예를 들어 SK바이오사이언스 공모주에 10주를 청약한다면 증거금으로 5주에 해당하는 32만 5000원을 낸다고 했어요. 그런데 의외로 청약경쟁률이 저조해서 7주를 받을 수 있게 됐다면, 이미 5주에 해당하는 증거금은 냈으니 2주에 해당하는 돈(6만 5000원×2주=13만 원)을 추가로 내야겠죠. 만약 추가납입 자동출금에 '예'라고 체크하고 청약을 했다면, 이후 13만 원을 추가로 입금하면 증권사에서 자동출금한 뒤 7주를 배정받습니다. 만일 '예'라고 체크하고 청약했어도 추가로 입금하지 않는다면 5주만 받습니다. 추가납입 자동출금에 '아니오'라고 체크하고 청약을 했다면, 역시 5주만 받습니다.

여기서 궁금증 하나!

공모주 청약은 매번 열기가 뜨겁다는데 굳이 추가납입 자동출금을 설정해야 하느냐고요? SK바이오사이언스처럼 대형 공모주 청약 때는 경쟁률이 낮을 가능성이 없지만, 일부 공모주는 경쟁률이 낮아서 실제로 추가납입 자동출금을 한 투자자가 더 많은 공모주를 받아가기도 합니다. 2021년 청약을 진행한 공모주 가운데서도 프레스티지바이오로직스, 네오이뮨텍, 에이치피오 등은 경쟁률이 낮아서 실제로 최소 청약 수량인 10주를 청약한 투자자들은 추가납입을 해야 하는 사례가 발생했습니다.

공모주 청약 Step 6

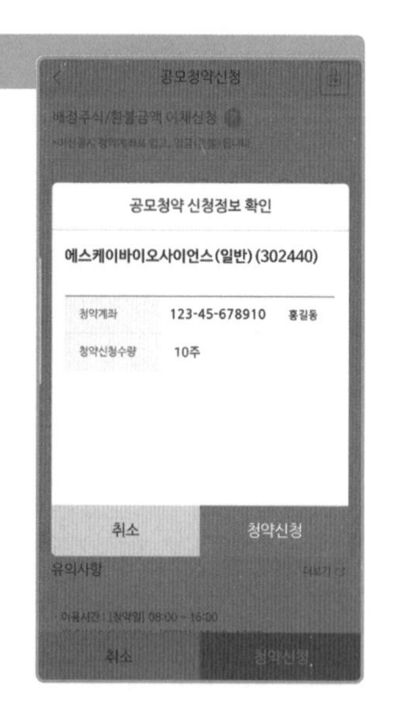

아무튼 추가납입 자동출금은 투자자의 선택 사항이라는 점!

지금까지 모든 내용을 다 마치고 '청약신청' 버튼을 누르면, '청약완료' 화면이 나타납니다.

몇 주 받았는지 어떻게 확인하나?

혹시라도 청약이 제대로 됐는지 한 번 더 확인하고 싶다면, MTS 메뉴에서 '청약 내역 조회'를 누르고 확인해보면 됩니다. 청약 결과 몇 주를 받았는지 확인하려면 청약 마지막 날이 지나야 합니다. 많은 증권사가 고객서비스 차원에서 문자 혹은 카카오톡으로 청약 배정 결과 알림을 보내기도 합니다.

너무너무 궁금해서 기다리기 어렵다면 어떻게 할까요? 청약 신청을 진행한 증권사 MTS로 들어가 '청약결과' 메뉴를 선택한 후 조회해보면 되는데요. 다만 청약 마지막 날 다음날 오후는 되어야 실제 결과 조회가 가능합니다. 그전에는 아무리 조회해도 애타는 마음만 확인할 수 있을 뿐입니다.

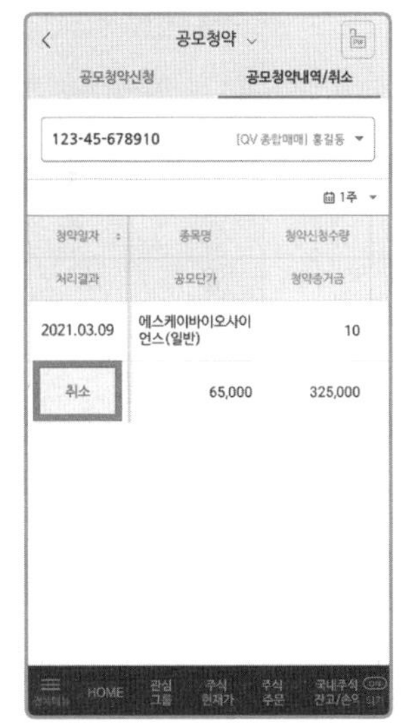

만약 청약을 했는데 마음이 바뀌었다면 청약 마감 시간 전까지 '취소' 버튼을 누르면 됩니다. 이를테면 다른 급한 일에 써야 할 돈인데 그걸 생각 못 하고 청약해버린 것이죠. 그렇다면 당황하지 말고 청약을 취소합니다. '청약내역' 조회 메뉴로 들어가서 본인이 신청한 청약 종목에서 '취소' 버튼을 누르면 됩니다. 다시 한 번 신중하게 생각하도록 '취소' 버튼 이후 한 번 더 화면이 나타납니다. 이후에 진짜 취소할지 말지 결정해서 버튼을 누르면 취소 완료! 이미 냈던 청약증거금은 곧바로 계좌로 다시 들어옵니다. 다만 청약 마감 시간을 넘기면 취소할 수 없다는 점 주의하세요.

때로는 인기 있는 공모주 청약 때 이용자가 한꺼번에 몰려서 MTS가 정상적으로 작동하지 않는 경우도 있습니다. 실제로 SK바이오사이언스, SKIET 같은 대형 공모주 청약 때 일부 증권사 MTS가 느리게 작동한 사례가 속출했죠. 이럴 때는 다음과 같은 화면이 등장합니다.

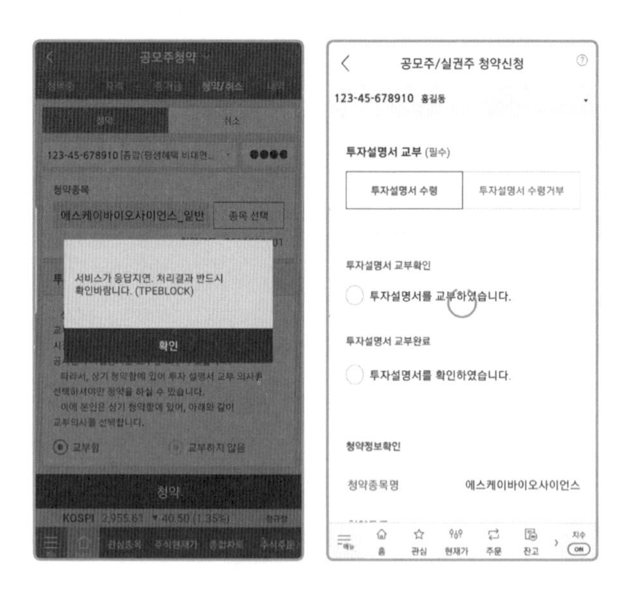

잘 안될 경우 조금 기다렸다가 다시 침착하게 시도해보면 됩니다. 공모주 청약은 이틀에 걸쳐 진행하고 보통 오전 8시에서 오후 4시까

지 진행하는 만큼 여유를 가지고 접근해도 좋습니다. 이제 청약 신청은 모두 마쳤습니다.

잠깐! 청약 신청 전에 미리 계좌에 넣어둔 청약증거금은 어디로 갔을까요? '청약신청' 버튼을 누르는 동시에 계좌에서 곧바로 빠져나갑니다. 그렇다고 너무 걱정하지 마세요. 빠져나간 돈에서 나중에 최종적으로 배정받은 공모주 금액을 빼고 나머지 금액은 이틀 뒤 다시 계좌로 자동 컴백하니까요. 예를 들어 SK바이오사이언스 청약 때는 최소 청약 단위인 10주를 청약한 투자자들은 대부분 1주를 받았습니다. 10주를 청약하는 데 필요한 증거금은 32만 5000원이었죠. 이 금액은 '청약신청' 버튼을 누르는 동시에 곧바로 빠져나갔다가, 최종적으로 1주(6만 5000원)만 받았다면 나머지 26만 원(32만 5000원-6만 5000원)은 이틀 뒤에 다시 본인 계좌(또는 청약 신청 시 별도로 지정한 계좌)로 자동 컴백합니다!

주의할 내용은 청약 신청부터 증거금 환불까지 이틀이 걸린다고 했지만, 이는 '영업일' 기준이라는 점입니다. 따라서 공모 청약이 월요일과 화요일에 있으면, 증거금 환불은 목요일에 이뤄집니다. 그러나 청약이 수요일과 목요일에 있다면, 이틀 뒤 토요일은 주말이어서 다음 주 월요일에 증거금이 환불됩니다.

증거금 환불일은 〈증권신고서〉 또는 〈투자설명서〉에 '납입일'로 표시된 날짜입니다. '납입'이란 단어 때문에 간혹 이 날짜에 맞춰 돈을 준비하면 되는 것 아니냐 생각하는 사람들이 있는데, 절대 헷갈리면 안 됩니다! 청약증거금은 청약 신청 전에 미리 입금해 둬야 한다는 점, 한 번 더 강조합니다.

납입일은 투자자가 증권사에 청약 자금을 내는 날짜가 아니라, 증권사들이 투자자로부터 받은 자금을 공모회사에 건네주는 날을 의미합니다. 또한 일반투자자와 달리 증거금을 면제받는 기관투자자들이 증권사에 돈을 내는 날짜이기도 합니다. 따라서 기관투자자, 증권사와 SK바이오사이언스 입장에서나 납입일이지, 일반투자자 입장에서는 자신이 먼저 낸 증거금에서 실제 배정받은 공모주 금액을 제외한 돈을 돌려받는 '환불일'로 기억해야 합니다.

납입일(=투자자 입장에서는 환불일) 아침에 증권사들은 투자자들의 증권계좌(또는 청약 신청 때 별도로 지정한 계좌)로 남은 증거금을 자동 입금해 줍니다. 청약이 끝났기 때문에 이제 이 돈은 모두 출금해서 자유롭게 쓸 수 있습니다.

청약 시장에서 '영끌' '마통'을 몰아낸 균등배정

균등배정과 비례배정이 뭔가요?

최근 공모주 청약을 다루는 기사를 보면 '균등배정' '비례배정'이란 용어가 자주 등장합니다. 공모주 청약에 관심 많은 독자는 이미 알고 있겠지만, 공모주를 배정하는 방식을 설명하는 용어입니다. 2020년까지는 공모주를 배정하는 방법은 오직 하나였습니다. 청약증거금을 많이 넣을수록 많이 받는 구조였지요. 그래서 2020년에 공모주 열풍을 몰고 왔던 SK바이오팜, 카카오게임즈, 빅히트엔터테인먼트 청약 때도 이러한 방식으로 공모주를 배정했습니다.

그러다 보니 '동학개미운동'으로 주식투자 인구가 대폭 증가했음에도 불구하고, 정작 공모주만큼은 쉽게 접근하지 못하는 분위기였습니다. 공모주에 워낙 많은 관심이 쏠리다 보니, 1주를 받기 위해 수백에서 수천만 원의 증거금을 마련해야 했지요. 그래서 공모주는 최근까지만 해도 소수의 고액자산가 혹은 '마통(마이너스통장)'으로 단기자금을 끌어다가 투자하는 시장으로 인식되어왔습니다.

만약 이 상황이 지금까지 이어졌다면, 이 책에서 공모주 투자를 이렇게 자세히 다루진 않았겠지요. 지금은 제도가 바뀌어 '영끌(영혼까지 끌어모아 대출)' 없이 소액투자자 누구나 참여할 수 있는 시장이 되었습니다. 그 계기를 마련한 것이 바로 균등배정이라는 제도입니다. 금융위원회는 2020년 11월 발표한 〈공모주 일반청약자 참여 기회 확대 방안〉을 통해 다음과 같은 제도를 시행한다고 밝혔습니다.

공모주 일반청약자 참여 기회 확대 방안 주요 내용

①	일반청약물량 하한선 기존 20%→25%로 확대, 우리사주조합 물량 실권 시 최대 5% 내에서 일반투자자에 추가 배정.
②	일반청약자 배정 물량을 나누는 방식을 기존 증거금 비례방식에서 → 균등방식(절반 이상) + 증거금 비례방식 혼합.

①번은 일반투자자에게 배정하는 공모 물량을 늘리는 내용입니다. 기존에는 특정 상장공모주의 물량이 100만 주라면, 이 가운데 20%(20만 주)를 회사 임직원(우리사주조합)에 우선 배정하고 나머지 60%(60만 주)는 기관투자자에게 배정했습니다. 따라서 일반투자자

에 돌아가는 물량은 20%(20만 주)에 그쳤죠. 하지만 새로운 ①번 제도를 시행한 2021년부터는 일반청약자에 배정하는 물량의 하한선을 25%로 높였습니다. 위험고수익투자신탁(하이일드펀드)에 배정하는 물량을 기존 10%에서 5%로 줄이는 대신 이 5%를 일반청약자 배정 물량으로 돌린 것이죠.

②번이 바로 균등배정방식 도입을 설명하는 내용입니다. 기존에는 증거금이 많을수록 배정받는 공모주 수량도 늘어나는 방식이었는데, 보다 많은 투자자에게 공모주가 조금씩이라도 돌아가도록 균등방식을 도입한 것입니다. 이에 따라 일반청약자 배정 물량의 절반 이상을 증거금 규모에 상관없이 똑같이 나누고(균등배정), 나머지 절반은 기존대로 증거금 규모에 맞춰 나누는 방식(비례배정)으로 구분했습니다. 이 제도 역시 현재 모든 공모주 청약에 적용 중입니다.

균등배정방식은 다시 일괄청약, 분리청약, 다중청약 방식으로 나뉩니다. 일괄청약방식은 최소 청약 단위(보통 10주 또는 100주)만 신청하면 배정 물량 절반 이상을 청약자에게 동일한 수량으로 균등하게 배정하고, 나머지는 청약증거금에 따라 배정하는 방식입니다. 제도 변화 이후 지금까지 공모주 청약을 진행한 기업들은 모두 일괄청약방식을 사용하고 있습니다.

일괄청약은 균등배정과 비례배정을 따로 신청하는 게 아니라, 본인이 청약 수량 얼마를 입력하든(예 10주, 1000주) '일괄적'으로 균등배정과 비례배정 신청자 명단에 모두 이름을 올린다는 의미입니다. 물론 청약경쟁률 10:1 상황이 나타나지 않는 이상 최소 청약 단위인

10주를 신청한 사람이 비례배정으로 1주를 받을 가능성은 없겠지만, 중요한 점은 균등과 비례를 따로 신청하는 방식은 아니라는 점입니다. 그래서 앞서 살펴본 증권사 애플리케이션을 통한 공모주 청약 방법에서 청약 수량을 입력하는 메뉴는 있지만, 별도로 '균등배정' 또는 '비례배정'을 선택하는 항목은 없었던 것이죠.

일괄청약의 반대말은 분리청약입니다. 이는 그룹을 나눠서 균등배정에 참여하는 A그룹, 비례배정에 참여하는 B그룹에 각각 청약하는 방식입니다. 다만 아직은 분리청약을 진행한 공모주는 없습니다. 분리청약을 하려면 증권사 애플리케이션에서 새로운 선택 항목을 만들어야 하는 번거로움도 있고, 아직 균등배정 제도를 시행한 지 1년도 되지 않은 시점이라 무리하게 새로운 방식을 도입하려는 회사가 없기 때문으로 보입니다.

참고로 균등배정방식의 또 다른 방법인 다중청약은 분리청약방식의 A그룹에서 청약 접수 시 사전에 정해진 복수의 수요량(예 10주, 20주, 30주 등)을 청약자가 선택한 후 추첨 또는 균등배정방식으로 물량을 배정하는 방식입니다(다른 B그룹은 지금처럼 증거금에 비례해 배정). 이 역시 실제로 진행한 사례는 없으니 참고로만 알아두세요.

만약 균등배정 제도가 없었더라면, SK바이오사이언스나 SKIET처럼 2021년 실시한 대형 공모주 청약 때 일반투자자들이 참여하는 문턱이 상당히 높아서 수천만 원의 증거금을 동원하지 않으면 1주도 받기 어려웠을 겁니다. 그만큼 균등배정 제도는 소액투자자가 공모주 시장에 참여할 수 있는 문을 활짝 열어줬다는 점에서 의미가 있습니다.

물론 균등배정 제도를 시행하고 난 이후 부작용도 있습니다. 공모 청약 문턱이 낮아지다 보니, 어떤 사업을 하는 회사이고 투자 위험은 무엇인지 '묻지도 따지지도 않고' 무조건 청약하는 사례, 또는 가족 계좌까지 동원해서 청약하는 사례도 나타나고 있습니다. 다만 '묻지마 청약' 또는 다수 계좌를 동원한 청약 사례는 기존에 청약증거금에 따라 공모주를 배정하던 시절에도 엄연히 존재했습니다. 따라서 이런 현상만을 두고 균등배정 제도를 탓하기보다는, 〈증권신고서〉를 읽고 좀 더 충실히 분석한 다음 공모주 청약을 진행하는 투자 문화를 만들어 가는 게 중요하지 않을까 생각합니다.

참고로 2021년 균등배정을 시행하고 난 이후에 이른바 '중복청약' 열풍도 나타났습니다. 공모주 청약은 한사람이 한 증권사에서는 1번만 할 수 있지만, 여러 증권사를 통해 각각 1번씩 청약하는 것은 가능했습니다. 이 때문에 SK바이오사이언스나 SKIET처럼 다수 증권사가 청약을 진행하는 대형 공모주는 한 사람이 여러 증권사에 청약 신청을 하는 사례가 많았습니다. 그러나 이러한 중복 청약은 2021년 6월 20일 이후 〈증권신고서〉를 제출한 상장공모주부터는 금지하고 있습니다. 이제는 한 사람이 증권사를 막론하고 딱 1번만 청약할 수 있다는 점, 기억하세요!

2021년 6월 20일 이후 〈증권신고서〉를 제출한 상장공모주부터는 한사람이 여러 증권사를 통해 중복으로 청약하는 것이 금지된다.

청약 광풍 잠재울 중복 청약 금지

균등배정방식을 좀 더 알아보겠습니다. 현재는 균등배정방식 중에서 '일괄청약' 방식을 사용한다고 했습니다. 균등배정과 비례배정을 따로 신청하는 게 아니라 본인이 청약 수량을 얼마를 입력하든 '일괄적'으로 균등배정과 비례배정 신청자 명단에 모두 이름을 올리는 것이 일괄청약 방식입니다. 이때 일괄청약 방식의 균등배정으로 공모주를 얼마 받을 수 있는지 따져보려면, 청약경쟁률이 아닌 청약 건수(청약자수)를 봐야 합니다. 균등배정 물량을 청약자 전원에게 같은 수량으로 배정하기 때문이죠.

균등배정 제도 시행 이후에 처음으로 공모 청약을 한 회사는 마스크에 사용하는 멜트브라운(MB필터) 원단을 생산하는 씨앤투스성진(청약일 2021년 1월 19~20일)이었습니다. 씨앤투스성진의 공모 청약 경쟁률은 674.04 : 1이었는데요. 균등배정 제도를 시행하기 전이었다면 최소 700주(청약증거금은 1120만 원)는 청약해야 1주를 받을 수 있었습니다. 하지만 균등배정 제도를 적용하면서 10주만 청약해도 무려 4주를 받는 결과가 나왔습니다(균등배정 물량 총 18만 8308주÷청약 건수 4만 7077주=4주).

물론 씨앤투스성진은 균등배정 제도를 처음 시행해서 많은 투자자에게 알려지지 않은 상황이었고, 이후에 균등배정 제도가 많이 알려진 이후에는 이런 사례가 드물게 나타나고 있습니다.

균등배정 도입 초기에는 청약 건수가 많으면 비례배정에서 물량을 끌어와서 모든 청약자에게 같은 수량을 나눠주는 방식이었습니다. 씨앤투스성진 역시 일반투자자에게 배정한 공모 물량은 32만 주였고 이 가운데 절반은 16만 주였습니다. 하지만 실제로 균등배정은 그보다 많은 18만 8308주(일반배정 물량의 58.8%)였고, 비례배정은 13만 1692주(41.2%)에 그쳤습니다. 이는 균등배정으로 청약자 모두에게 4주를 나눠주기 위해 비례배정 물량 일부를 끌어왔기 때문이죠.

그러나 점차 균등배정방식이 알려지면서 특히 대형 공모주에서 청약 건수가 폭발적으로 증가하자 일반청약 물량의 딱 절반만 균등배정하는 사례가 많아지고 있습니다. SK바이오사이언스 공모 청약 때는 균등배정으로는 1주도 받지 못하는 사례도 속출했고, 이후 진행한 SKIET 공모 청약에서는 이러한 현상이 더욱 심해졌습니다.

SK바이오사이언스 공모주 균등배정 결과

증권사	균등배정 물량(주)	청약 건수(주)	균등배정 수량(주)	최종 결과
NH	1,079,864	646,826	1.67	1주+추첨
한국투자	671,267	550,432	1.22	1주+추첨
미래에셋	642,081	479,911	1.34	1주+추첨
SK	233,484	116,114	2.01	2주+추첨
삼성	145,928	395,290	0.37	0주+추첨
하나금융투자	145,928	209,594	0.70	0주+추첨

SKIET 공모주 균등배정 결과

증권사	균등배정 물량(주)	청약 건수(주)	균등배정 수량(주)	최종결과
미래에셋	1,489,661	1,429,352	1.04	1주+추첨
한국투자	1,031,304	1,293,832	0.80	0주+추첨
SK	458,358	323,911	1.42	1주+추첨
삼성	114,589	750,836	0.15	0주+추첨
NH	114,589	946,626	0.12	0주+추첨

특히 SK바이오사이언스(청약일 2021년 3월 9~10일)와 SKIET(2021년 4월 28~29일)는 공모 청약을 진행한 증권사가 비슷했는데, 불과 한 달 반 사이에 청약 건수가 급증했습니다.

SK바이오사이언스 VS. SKIET 증권사별 청약 건수

증권사	SK바이오사이언스 청약 건수(건)	SKIET 청약 건수(건)
미래에셋	479,917	1,429,352
한국투자	550,432	1,293,832
SK	116,114	323,911
NH	646,826	946,626

다만 이러한 청약 건수는 앞으로는 나오기 어려울 것으로 보입니다. 한사람이 여러 증권사에 청약할 수 있는 중복 청약이 금지돼, 투자자 한사람이 증권사를 막론하고 1건의 청약만 가능해지면 청약 건

수가 줄어들 수밖에 없기 때문입니다. 중복 청약 금지를 시행하면서 이제는 청약 신청을 받는 증권사들이 투자자의 중복 청약 여부를 조회해서, 만약 투자자가 앞서 다른 증권사에 청약했을 경우 청약을 취소합니다.

예를 들어 A 청약자가 오전 9시 NH투자증권에 100주를 청약하고 곧바로 오전 9시 10분 삼성증권에 200주를 청약했다면, 삼성증권에 청약한 200주는 무효가 되고 NH투자증권에 청약한 100주를 경쟁률 및 균등배정 수량에 따라 받는 방식입니다.

수익 실현 타이밍을 알려주는 <증권발행실적보고서>

청약하고 난 뒤 봐야 할 공시 〈증권발행실적보고서〉

청약을 모두 마치고 공모주 배정까지 마무리하면 이제 상장일을 기다리기만 하면 됩니다. 그런데 상장일 전에 나오는 공시가 하나 있습니다. 이름은 〈증권발행실적보고서〉. 공모주에 투자하기로 마음먹었다면, 꼭 봐야 할 공시입니다. 〈증권발행실적보고서〉에는 어떤 내용이 담기는지, SK바이오사이언스 사례를 통해 알아보겠습니다.

다트에서 회사명 'SK바이오사이언스'를 입력하고, 보고서 종류에서 '발행공시'를 체크하면 2021년 3월 12일자 〈증권발행실적신고서〉가 나옵니다.

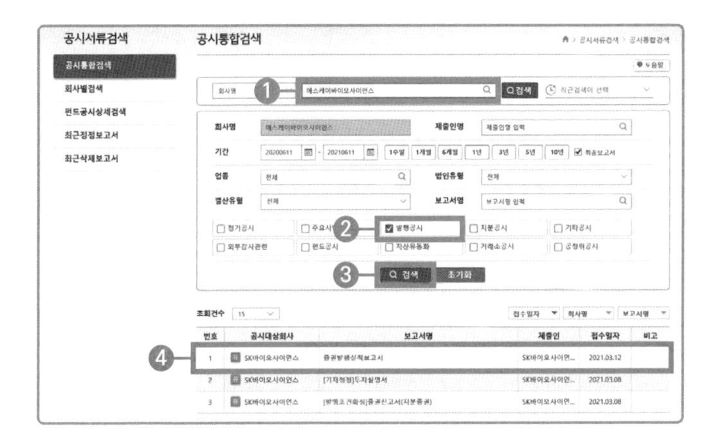

이 공시에서 중요한 내용은 'II. 청약 및 배정에 관한 사항'에 나오는 '기관투자자 의무보유확약 기간별 배정 현황' 항목입니다.

SK바이오사이언스 기관투자자 의무보유확약 현황

확약 기간	배정 수량(주)	비중(%)
15일 확약	364,380	2.89
1개월 확약	3,118,610	24.71
3개월 확약	3,331,000	26.39
6개월 확약	3,948,100	31.28
미확약	1,860,410	14.73
합계	12,622,500	100

의무보유확약은 기관투자자들이 상장 후 일정 기간 주식을 매도하지 않고 보유하겠고 약속하는 것이다. 의무보유확약 기간을 통해 기관투자자발 매도 물량을 가늠할 수 있다.

의무보유확약은 기관투자자들이 공모주를 배정받을 때 한주라도 더 받기 위해서 '상장 후 일정 기간 주식을 매도하지 않고 보유하겠다'는 조건을 제시하는 것입니다. 공모주를 배정하는 총책임자인 상장주관회사는 의무보유확약을 많이 제시한 기관투자자를 좀 더 우대해서 공모주를 배정합니다. 그 결과 최종적으로 기관투자자들이 가져간 공모주 가운데 얼마나 의무보유확약이 걸려있는지 보여주는 항목입니다. 이 내용이 중요한 이유는 상장 이후 기관투자자발 매도 물량이 언제 나오는지 가늠할 수 있기 때문입니다.

의무보유확약은 보통 15일, 1개월, 3개월, 6개월로 제시하는데 SK바이오사이언스는 15일 확약물량이 36만 4380주입니다. 바꿔 말하면 상장 후 16일이 되면 이 물량은 매각 제한이 풀려서 언제든 매도 물량으로 나올 수 있다는 얘기가 됩니다. 의무보유확약 기간은 상장일을 포함해서 계산하고, 영업일뿐만 아니라 주말·공휴일도 포함합니다. 다만 의무보유(=매각 제한)가 풀리는 날이 주말·공휴일이면 바로 다음 영업일부터 거래할 수 있습니다.

SK바이오사이언스는 3월 18일 상장했고, 상장일을 포함해서 15일은 4월 1일이었습니다. 따라서 그 다음날, 즉 16일째 되는 4월 2일에 36만 4380주의 매각 제한이 풀렸습니다. 상장 이후 첫 의무보유확약 기간 15일은 상장 초반 주가 흐름에 꽤 중요한 변수로 작용합니다. 물론 15일 뿐만 아니라 공모주를 비교적 오래 보유하거나, 공모주 투자자는 아니지만 신규 상장기업의 주식 매입을 검토하는 투자자라면 상장 이후 1개월, 3개월, 6개월이 흐른 시점에서 기관투자자의 매도 물량 가능성을 점검할 필요가 있습니다. 그 단서가 〈증권발행실적보고서〉에 있다는 점 기억해 두시기 바랍니다.

2021년 3월

일	월	화	수	목	금	토
14	15	16	17	18 **SK바이오사이언스 상장** (D-15)	19 (D-14)	20 (D-13)
21 (D-12)	22 (D-11)	23 (D-10)	24 (D-9)	25 (D-8)	26 (D-7)	27 (D-6)
28 (D-5)	29 (D-4)	30 (D-3)	31 (D-2)	1 (D-1)	2 **36만 4380주 의무보유확약 해제**	3

특히 최근에는 공모주에 대한 관심이 높아지면서 각종 언론에서도 〈증권발행실적보고서〉를 기사화하는 사례가 많아졌습니다. 그러나 SK바이오사이언스, SKIET처럼 대형 공모주만 다룰 뿐, 코스닥 시장에 상장하는 공모주의 〈증권발행실적보고서〉까지 자세히 다루진 않습니다. 따라서 투자자 스스로 직접 〈증권발행실적보고서〉를 보며 기관투자자의 매도 물량이 풀리는 시점을 예측해볼 필요가 있습니다.

공모주 투자, 수익 실현은 어떻게 할까?

이제 공모주 투자의 마지막 관문입니다. 공모주를 배정받았다고 해서 곧바로 본인 증권계좌에 공모주가 보이지는 않습니다. 그렇다고 당황하진 마세요. 공모주는 상장하기 전까지는 여전히 비상장회사입니다. 따라서 청약을 하고 배정을 받았더라도 비상장회사인 상황에서는 증권계좌에 주식이 들어오지 않습니다. 상장일 아침이 되면 자동으로 증권계좌에 종목명과 보유주식수(청약 받은 주식 수)가 나타납니다.

상장 첫날 주식시장 개장 때 처음 형성하는 가격을 시초가격(시작가격)이라고 합니다. 시초가격은 공모가의 90~200% 사이에서 개장 전 호가를 접수해서 결정합니다. 만약 공모가격이 1만 원이라면 시초가격은 최소 9000원에서 최대 2만 원 사이에서 결정하는 것이죠.

SK바이오사이언스는 공모가격이 6만 5000원이었고, 이를 기준으로 5만 8500원(90%)에서 13만 원(200%) 사이에서 시초가격을 결정하는 방식이었습니다. 그 결과 공모가의 두 배인 13만 원에서 시초가격이 결정됐고, 이후 곧바로 하루에 오를 수 있는 가격제한폭을 뜻하는 상한가(30%)까지 치솟아서 16만 9000원(13만 원에서 30% 더 오른 가격)이 됐습니다. 이를 주식시장에서는 공모가격의 '따블'에서 '상한가'를 갔다고 해서 '따상'이라는 은어로 표현하기도 합니다. 물론 모든 공모주가 따상을 기록하지는 않습니다. 오히려 그렇지 못한 공모주가 더 많습니다.

2021년 1월부터 5월 초까지 상장공모를 진행한 30개 종목 가운데 상장 첫날 따상을 기록한 공모주는 7개에 불과합니다. 모든 공모주가 따상을 기록할 것이라고 섣불리 기대하지 않는 게, 정신 건강에 좋습니다. 주식투자는 늘 선택의 연속입니다. 투자할지 말지 그리고 지금 팔아야 할지 좀 더 보유해야 할지……. 청약을 통해 받은 공모주가 상장하면, 매도 여부 역시 투자자 본인이 선택할 문제입니다.

많은 공모주 투자자들은 학습효과를 바탕으로 상장 첫날 매도 여부를 고심합니다. 다만 상장 첫날은 초기에 많은 투자자가 한꺼번에 증권사 애플리케이션에 접속할 경우 애플리케이션이 정상적으로 작동하지 않을 수도 있습니다. 이때도 당황해선 안 됩니다.

'Keep Calm and Carry On(평정심을 유지하고 하던 일을 계속하라)!'

상장 후 주가가 떨어졌을 땐, 공모주 환불원정대 결성!

공모 청약을 통해 어렵게 공모주를 배정받았는데, 막상 상장한 이후 기대와 달리 주가가 곤두박질을 칩니다. 당황스러운 이 순간! 어떻게 해야 할까요?

실제로 2020년 방탄소년단(BTS) 소속사 빅히트엔터테인먼트(현재 종목명 하이브)가 상장한 이후 주가가 연일 부진하자, 각종 주식 게시판에서는 '환불해 달라'는 요구가 나오기도 했습니다. 주식은 원금 보장이 안 되는 투자상품이어서 원칙적으로 '환불'이란 개념이 없습니다. 하지만 공모주는 환불 개념이 있습니다! 모든 공모주가 다 해당하는 것은 아니고 특별한 조건을 갖춘 공모주에만 환불 조건이 붙어있습니다.

상장 이후 3개월 또는 6개월 안에 공모가격의 90% 선에서 투자자 본인이 공모주를 배정받은 증권사에 되팔 수 있는 제도를 환매청

투자상품인 주식은 '환불' 개념이 없지만, '환매청구권'이 붙어 있는 '공모주'는 환불받을 수 있다.

구권이라고 합니다.

여러분이 투자한 공모주가 환불 가능한 주식인지 아닌지 가장 쉽게 찾아보는 방법은 〈증권신고서(또는 투자설명서)〉를 살펴보는 것입니다. 같이 한번 살펴볼까요. 다트를 열고 SK바이오사이언스 〈증권신고서〉를 열어봅니다. 그리고 '검색(Ctrl+F)' 버튼을 눌러서 '환매' 두 글자를 검색합니다. 다음과 같은 내용이 검색됩니다. 이건 환불이 안 되는 공모주란 뜻입니다. 즉 환매청구권이 없다는 얘기지요.

SK바이오사이언스 〈증권신고서〉 중 환매청구권 관련 내용

> 금번 공모에서는 『증권 인수업무 등에 관한 규정』 제10조의3(환매청구권) ①항 각호에 해당하는 사항이 존재하지 않으며, 이에 따라 증권 인수업무 등에 관한 규정 제10조의3(환매청구권)에 따른 **일반청약자에게 공모주식을 인수회사에 매도할 수 있는 권리(이하 "환매청구권"이라 한다)를 부여하지 않습니다.**

이번에는 2021년 5월 코스닥시장에 상장한 제주맥주 〈증권신고서〉를 열어볼게요. 그리고 같은 방법으로 '환매' 두 글자를 검색해보세요. 아래 문구 그대로 제주맥주는 환불이 되는 즉 환매청구권이 있는 공모주란 얘기입니다.

제주맥주 〈증권신고서〉 중 환매청구권 관련 내용

> 금번 공모는 「증권 인수업무 등에 관한 규정」제10조의3제1항제5호에 해당하며, **일반청약자에 대하여 상장일로부터 3개월까지 환매청구권을 부여합니다.**

구체적으로 살펴볼까요. 제주맥주의 환매청구권은 상장일(5월 26일)로부터 3개월까지 줍니다. 환매청구권을 주는 주식은 인수회사로부터 일반청약자가 배정받은 공모주식입니다. 이 단어는 간단해 보이지만 무척 중요합니다. 인수회사란 지금까지 살펴본 공모 청약을 진행하는 증권사를 뜻합니다. 즉 투자자가 직접 공모 청약 행위를 통

제주맥주 환매청구권 조건

구분	일반청약자의 권리 및 인수회사의 의무
행사 가능 기간	상장일부터 3개월까지(단, 3개월이 되는 날이 비영업일인 경우에는 다음영업일까지)
행사 대상 주식	인수회사로부터 일반청약자가 배정받은 공모주식(다만, 일반청약자가 해당 주식을 매도하거나 배정받은 계좌에서 인출하는 경우 또는 타인으로부터 양도받은 경우에는 제외) ※ 배정받은 계좌에서 해당 주식을 출고 후, 출고 취소하는 경우에도 권리가 소멸되오니 유의하시기 바랍니다.
일반청약자의 권리행사가격	• 공모가격의 90%를 권리행사가격으로 합니다. 다만, 일반청약자가 환매청구권을 행사한 날 직전 매매거래일의 코스닥지수가 상장일 직전 매매거래일의 코스닥지수에 비하여 10%를 초과하여 하락한 경우에는 다음 산식에 의하여 산출한 조정가격을 권리행사가격으로 합니다. • 조정가격=공모가격의 90%×[1.1+(일반청약자가 환매청구권을 행사한 날 직전 매매거래일의 코스닥지수−상장일 직전 매매거래일의 코스닥지수)÷상장일 직전 매매거래일의 코스닥지수

해 배정받은 공모주식에만 환매청구권을 준다는 이야기죠! 상장 이후 팔거나, 상장 이후 새로 산 주식은 환매청구권을 주지 않습니다.

특히 공모주를 팔지 않고 가지고 있더라도 만약 본인이 공모주를 처음 받은 계좌에서 인출해서 다른 계좌로 옮겨놓았거나, 다른 사람으로부터 양도받은 공모주는 환매청구권이 없습니다. 이 얘기는 공모주를 배정받은 이후 대체출고(또는 이체출고) 기능을 통해서 공모주를 다른 계좌로 옮기거나 다른 사람에게 보내면 환불받을 수 없다는 이야기입니다.

은행 거래를 할 때 본인 명의의 다른 계좌로 돈을 보내거나, 다른 사람 계좌로 돈을 보낼 수도 있듯이 유가증권(주식·채권)도 대체출고라는 방법으로 계좌이체를 할 수 있습니다. 공모주도 상장일 이후에 이 방법으로 계좌이체를 할 수 있습니다. 다만 이 경우에는 환매청구권을 주지 않는다는 점을 설명하는 문구입니다.

다시 제주맥주 〈환매청구권 조건〉 표로 돌아가서 환매청구권을 사용하면 얼마의 가격에 되팔 수 있는지 알아보시죠. 제주맥주의 공모가격은 3200원이었고, 공모가격의 90%로 환매청구권을 행사할 수 있으니 2880원에 되팔 수 있죠. 물론 3200원짜리 주식을 더 높은 가격에 팔면 좋겠지만, 기대했던 것과 달리 2500원, 2000원……. 계속 떨어지기만 하고 좀처럼 오를 기미가 보이지 않는다면 어떻게 해야 할까요?

이런 상황에서 투자자가 하지 말아야 할 일과 해야 할 일을 말씀드리겠습니다!

1	공모가의 90% 밑으로 떨어져 있다면, 절대 팔지 않는다.
2	계속 보유하기 어렵다면 환매청구권을 행사해서, 공모가의 90%(2880원)로 되팔고 손실을 줄인다.
3	공모주를 팔지 말고 환매청구권 기간(상장 후 3개월 또는 6개월)이 만료되기 직전까지 보유하다가 주가를 보고 공모가의 90% 이상으로 오르면 매도하고, 여전히 공모가의 90% 밑이라면 환매청구권을 행사해서 되판다.

공모주 환매청구권 행사하는 방법

환매청구권을 행사하는 방법은 본인이 공모주를 받은 증권사 영업점을 방문하거나 고객센터로 전화하면 됩니다. 하지만 두 방법 모두 시간이 오래 걸리겠죠. HTS(홈트레이딩시스템)나 MTS(모바일트레이딩시스템)와 같은 온라인을 통해서도 가능합니다. 이때 주의할 점! 공모주를 절대 본인이 직접 먼저 매도하면 안 된다는 것입니다. 환매청구권 행사는 주식을 팔아 놓고 신청하는 게 아니라, 팔기 전에 본인이 증권사 메뉴를 통해 신청하는 것입니다.

이렇게 환매청구권을 행사하면, 행사 당일 환불 금액이 투자자 계좌로 들어옵니다. 당연히 환매청구권을 행사한 주식은 더는 본인 소유가 아니겠죠.

또 하나 주의할 점! 공모가격의 90%라는 환매청구권 가격은 절대 변하지 않는 값이 아닙니다. 만약 해당 기업은 별일 없이 사업을 잘했는데, 때를 잘못 만나서 주식시장이 폭락하는 시기에 상장했다면 어떻게 할까요? 이때는 해당 종목만의 문제가 아니라 시장 전체에 문제가 있다고 판단해, 시장지수가 떨어진 만큼을 감안해서 환매청구권 행사 가격도 낮춘다는 점 기억해두시기 바랍니다.

공모주 환매청구권에 대한 요점 정리

1	본인이 투자할 공모주의 〈증권신고서〉나 〈투자설명서에〉서 '환매' 두 글자를 검색해본다.
2	'환매청구권을 부여한다'는 문구가 있으면 공모가의 -10%인 90% 가격에 되팔 수 있다.
3	단, 본인이 공모주를 받은 계좌에 그대로 주식을 보유하고 있어야 한다.
4	상장 이후 주가가 공모가 90% 밑으로 떨어졌더라도 절대 직접 팔지 말아야 한다.
5	환매청구권을 행사해 공모가의 90%로 되팔거나, 환매청구권 행사 종료 직전까지 주가를 관찰해서 공모가의 90% 이상 올랐으면 직접 팔고, 여전히 공모가 90% 밑이라면 환매청구권을 행사한다.

통계적으로 보면 공모주는 이미 상장해 있는 기업과 비교해 소액투자자들이 상대적으로 낮은 위험 부담을 안고 주식시장에 참여할 기회입니다. 그래서 공모주를 '저위험 중수익 시장'이라고 표현합니다. 최근 균등배정 제도 시행, 그리고 SK바이오사이언스나 SKIET처럼 대형 공모주 청약이 이어지면서, 공모주 시장의 문턱이 많이 낮아졌습니다.

하지만 많은 사람이 관심을 보인다고 해서 반드시 수익이 보장된다는 뜻은 아닙니다. 공모주 열기에 편승해 소위 '급'이 안 되는 기업이 무리한 공모가격을 결정해 상장하려 할 때, 제도적으로 완벽하게 걸러낼 방법이 없습니다. 그리고 상장공모에 나서는 기업을 도와주는 증권사는 기본적으로는 투자자 보호 의무를 지지만, 어디까지나 상장공모 기업으로부터 수수료를 받는 곳이라는 점에서 공모가격을 산정할 때 투자자보다는 기업의 편에 더 가까울 수 있다는 점도 기억해야 합니다.

이 순간에도 많은 기업이 상장을 위해 예비심사를 받고, 〈증권신고서〉를 제출하고, 공모 청약을 안내하고 있습니다. 수많은 공모주가 모두 수익을 안겨줄 수 없는 만큼 차분하게 분석하고 작은 흔들림에 일희일비하지 않는 마음으로 여러분의 지식과 역량을 쌓아 가시길 바랍니다.

어떤 공모주가 환불되나요?

<증권신고서>에서 '환매' 두 글자를 검색해보면 본인이 투자하려는 공모주에 환매청구권이 있는지 없는지 알 수 있다고 했습니다. 다만 조금 더 호기심이 있는 독자를 위해 어떤 공모주가 환불되는지 알아보겠습니다.

환매청구권은 「자본시장법」의 하위 규정인 '증권 인수업무 등에 관한 규정'에 나오는 개념입니다. 증권사들이 기업의 주식이나 채권 매매를 주선할 때 꼭 이행해야 하는 규칙이지요. 이 규정에는 환불받을 수 있는 공모주의 기준을 설명하는 문구가 들어 있습니다. 법률이나 규정이라는 게 어려운 용어투성이잖아요. 가능한 최선을 다해서 한 줄씩 풀어보는 방식으로 살펴보겠습니다.

국내 주식시장에 상장하는 기업 중 「자본시장법」의 '증권 인수업무 등에 관한 규정'에 나오는 다섯 가지 기준 가운데 하나라도 해당하면 환매청구권이 부여된다.

먼저 환매청구권은 국내 주식시장에 상장하는 기업이 대상입니다. 해외에 상장하는 회사는 우리나라 금융감독기관 소관이 아니니깐 그쪽에서 할 일! 환매청구권은 다음과 같이 다섯 가지의 사례 중 어느 하나라도 해당하면 부여합니다. 반대로 다섯 가지 사례 중 어느 하나라도 해당하지 않으면 환매청구권이 없습니다. 2020년 투자자들로부터 '환불' 요구를 받았던 빅히트엔터테인먼트 공모주가 환불되지 않는 이유는, 바로 다섯 가지 사례 중 어느 하나에도 해당하지 않았기 때문입니다.

환매청구권 부여 기준

1. 공모 예정금액이 50억 원 이상이고, 공모가격을 단일 가격으로 정하는 경우

해석 공모 예정금액이 50억 원 이상이라는 조건은 대부분 상장예정기업이 해당합니다. 하지만 뒤에 나오는 조건이 중요합니다! 공모가격을 상장예정기업과 증권사가 협의해서 단일 가격으로 딱 정하는 경우입니다. 예를 들어 "우린 1만 원으로 팔기로 결정했어" 이렇게 미리 정해놓으면 환매청구권이 있습니다.

그런데 대다수 상장예정기업은 이런 식으로 공모가격을 정하지 않습니다. 단일 가격이 아닌 1만 원~1만 5000원식으로 대략적인 희망공모가격 범위를 설정해놓고, 나중에 기관투자자를 대상으로 사전 검증(수요 예측)을 거쳐서 최종 가격을 결정합니다. 이렇게 하면 단일 가격으로 정하는 게 아니니까, 환매청구권이 없습니다.

2. 기관투자자 수요 예측을 통해 공모가격을 정하더라도 창업투자회사나 학교법인 등을 수요 예측에 참여시키는 경우

해석 기관투자자 수요 예측을 거쳐서 공모가격을 결정하더라도 중소기업창업투자조합, 학교법인 등을 수요 예측에 참여시키면 환매청구권이 있습니다. 왜 그러냐고요? 주식시장에서 기관투자자란 개념은 기업 평가에 전문성을 갖춘 금융회사를 의미합니다. 상장예정기업에 대한 분석 능력을 갖춰 신뢰를 바탕으로 적정 공모가를 검증할 것으로 기대하는 곳이지요. 그러나 창업투자조합이나 학교법인은 금융회사가 아니어서 상대적으로 전문성이 떨어진다고 봅니다.

그래서 이런 곳도 수요 예측에 참여시키는 건 원칙적으로 가능하지만, 공모가 검증 단계에서 신뢰성이 떨어질 수 있으니 투자자 보호 차원에서 환매청구권이 필요하다고 보는 것입니다.

다만 이 역시 흔하지 않은 사례입니다. 최근 공모 시장을 보면 수요 예측에 참여하는 기관투자자(금융회사)가 1000여 곳에 달하는데, 굳이 창업투자회사나 학교법인까지 수요 예측에 참여시키는 무리수를 두면서 환매청구권 부담을 떠안으려 하지 않기 때문입니다.

3. 금융감독원이 정한 기준에 따라 공모가격 산정 근거를 <증권신고서>에 기재하지 않은 경우

해석 공모가격을 어떻게 산정했는지 설명하지 않거나, 부실하게 설명했을 경우 공모가격 산정 과정을 신뢰할 수 없다고 판단해 환매청구권을 보장해줍니다. 환매청구권 보장은 엄밀히 말하면 상장예정기업의 의무가 아니라 상장을 도와주고 수수료를 받은 증권회사의 의무입니다. 증권회사가 아무리 수수료 욕심이 나더라도 이런 꼼수까지 쓰면서 자신들이 환매청구권 의무를 짊어지려 하진 않겠죠.

결론적으로 ①~③에 해당하는 사례는 상장일로부터 무려 1개월간 환매청구권 의무가 발생하지만, 흔한 사례는 아닙니다. 하지만 뒤에 나오는 사례는 자주 나타나기 때문에 꼭 알아둬야 합니다.

4. 성장성만 보고 증권사가 추천해 특례 입학하는 경우

해석 주식시장 상장 심사 때 모두 똑같은 시험을 치르지 않습니다. 믿기지 않겠지만 정말입니다. 우선 직접 상장하는 곳과 다른 회사를 통해 우회상장하는 사례가 있습니다. 우회상장은 정상적으로 시험을 보지 않고 돈만 있으면 다 되는 '기여 입학' 같은 제도니까 논외로 보더라도, 직접 상장하는 회사들도 시험 방법이 다릅니다.

주식시장에 상장하려면 무엇보다 경영성과라는 시험 과목이 중요합니다. 한마디로 사업을 해서 돈을 벌어들이고 있다는 걸 숫자로 증명해야 합니다. 하지만 미국의 테슬라처럼 상장 전에는 돈을 못 벌고 있지만, 나중에 돈을 왕창 벌 수 있다는 기대를 받는 회사도 상장할 수 있도록 별도의 특례입학제도를 두고 있습니다. 다만 이런 방법은 남들처럼 시험 문제를 다 풀고서 입학하는 것이 아닌 만큼, 의무도 이행해야 합니다. 그런 의무 중 하나가 바로 환매청구권입니다.

코스닥시장에 상장하는 방법 중에는 상장주선인(증권사)이 해당 기업의 성장성만 보고 추천하는 방법이 있습니다. 물론 이 경우에도 적정 감사의견을 받고, 자기자본 10억 원, 시가총액 90억 원 등 최소한의 요건은 갖춰야 합니다. 하지만 어려운 시험(경영성과 평가)을 면제받는 엄청난 혜택이 있습니다. 이런 방법을 '성장성 추천 특례'라고 합니다. 2018년 11월 코스닥에 상장한 바이오벤처 셀리버리가 성장성 추천 특례로 상장한 1호 기업이고, 지금까지 총 10개 회사가 이러한 방법으로 코스닥에서 거래 중입니다.

성장성 추천 특례는 상장을 도와주는 증권회사의 추천서 한 장 믿고 상장 심사를 통과시켜주기 때문에 추천인의 책임을 강화하고 투자자를 보호하기 위해 환매청구권 의무가 뒤따릅니다. 상장일로부터 6개월 동안 주가가 하락하면 추천한 증권사는 공모가의 90%로 일반투자자의 주식을 사줄 책임이 있지요.

최근 상장한 기업 중 성장성 추천 특례에 해당하는 곳은 코로나19 진단 장비를 만드는 진시스템입니다. 이 회사를 상장의 길로 이끈 주선인은 삼성증권입니다. 삼성증권은 공모 청약의 흥행을 위해 규정상 6개월까지만 보장하면 되는 환매청구권 행사 가능 기간을 3개월 더 늘린 9개월로 제시했습니다.

5. 한국형 테슬라 요건(이익미실현 기업)으로 특례 입학하는 경우

해석 코스닥 상장 입학시험 종류에는 우리나라도 테슬라 같은 기업을 키워보자는 취지에서 만든 '한국형 테슬라 요건(이익미실현 기업 특례)'이란 것도 있습니다. 지금 당장은 이익을 못 내는 적자기업이지만, 미래에 크게 성장할 가능성이 높다고 판단하는 벤처기업에게도 상장 기회를 주는 것이죠. 2018년 2월 코스닥에 상장한 인터넷쇼핑몰 솔루션업체 카페24가 테슬라 요건으로 상장한 1호 기업입니다.

앞서 환매청구권 사례로 살펴본 제주맥주 역시 테슬라 요건으로 상장한 사례입니다. '전기차 만드는 테슬라와 맥주회사, 그것도 OB맥주도 아닌 제주맥주를 비교하는 게 말이 되느냐?'고 의문을 품으실지도 모르겠네요. 하지만 두 회사는 상장 당시 이익이 나지 않는 회사였다는 상당한 공통점을 갖고 있습니다.

이런 방법으로 상장하는 것 역시 상장을 옆에서 도와주는 증권회사의 분석을 믿고 상장시켜주는 것이어서 증권사의 책임 강화 및 투자자 보호를 위해 환매청구권 의무가 부여됩니다. 상장일로부터 3개월간 일반투자자가 보유 중인 공모주를 90% 이상 가격에서 되사줄 의무가 있습니다.

그런데 A회사를 테슬라 요건으로 상장하도록 도와준 증권사가 최근 3년 이내에 다른 B회사의 테슬라 요건 상장을 도운 경험이 있다고 해보지요. 당시 B회사는 환매청구권 행사 요건에 해당할 정도로 주가가 하락하지 않았다면, 이야기가 좀 달라집니다.

이때는 A회사에 대한 환매청구권 의무를 면제해줄 수 있습니다. 즉 A회사 〈증권신고서〉나 〈투자설명서〉에는 '환매청구권을 부여하지 않습니다'라는 문구가 적힐 수 있습니다. 이건 테슬라 요건 기업의 상장을 장려하는 차원에서 우수한 실적이 있는 증권사의 부담을 덜어주기 위해서 존재하는 예외 조항입니다.

물론 투자자 입장에서는 고개가 갸웃거려지긴 하지요. '내가 투자한 곳은 A회사인데, 왜 나랑 무관한 B회사 사례를 들먹이며 환매청구권을 안 주는 것이냐?' 아무튼, 지금은 규정이 그렇답니다.

지금 당장 이익을 못 내는 적자기업이지만, 미래에 크게 성장할 가능성이 높다고 판단하는 기업에 상장 기회를 주는 것이 '테슬라 요건'이다. 테슬라 요건으로 상장을 도와주는 증권회사에는 환매청구권 의무가 부여된다.

Chapter 3

전지적 투자자 시점에서 본 유상증자

회사의 사업 밑천인 자본금은 '발행주식수×액면가'로 계산합니다. 액면가는 동전이나 지폐 표면(액면)에 적힌 500원, 5000원, 5만 원처럼 주식증서에 적힌 금액입니다. 회사를 처음 만들 때는 주식증서에 적힌 금액이 곧 주식의 가치입니다. 나중에 회사가 성장하면 주식 가치는 액면가 이상으로 커집니다. 그래서 우리가 주식시장에서 거래하는 금액(주가)은 액면가격이 아닌 주식의 시장가치입니다.

주식회사를 처음 설립할 때 주식 1만 주를 1주당 액면가 5000원에 발행하면 회사 자본금은 5000만 원(1만 주×5000원)입니다. 설립 후 몇 년이 지나 사업을 확장하기로 했습니다. 주식을 더 찍어서 투자자에게 팔아서 필요한 돈을 마련하기로 했습니다.

회사가 설립할 때보다 덩치가 커졌기 때문에, 1주당 가격을 액면가(5000원)의 2배인 1만 원으로 정하고 1만 주를 추가 발행했습니다. 그럼 새로 찍어내는 주식은 총 1억 원(1만 주×1만 원)입니다. 자본금은 '발행주식수×액면가'라고 했으니 이번 주식 발행으로 자본금은 5000만 원(1만 주×5000원) 늘어나, 총 1억 원이 됩니다. 나머지 액면가 초과 금액 5000만 원(1만 주×5000원)은 회계에서 '주식발행초과금'이라고 부릅니다.

이렇게 주식회사가 주식을 추가로 찍어서 자본금을 늘리는 행위를 '증자(增資)'라고 합니다. 한자를 그대로 풀면 자본금을 늘린다는 뜻이죠. '유상증자'는 회사가 자본금을 늘리기 위해 주식을 추가로 발행하면서 어떤 보상을 받는다는 뜻입니다. 즉, 회사가 추가 발행하는 주식을 투자자로부터 보상(=돈)을 받고 파는 행위가 유상증자입니다.

기업은 왜 유상증자를 할까?

원리금 부담 없이 자금을 조달할 수 있는 유상증자

기업이 주식시장에 상장하는 첫 번째 목적은 자금 조달이 편리하기 때문입니다. 사업을 키우려면 좋은 설비를 갖추고 원재료를 구매해서 좋은 물건을 만들어야 하죠. 이렇게 만든 물건을 팔아서 직원 월급도 밀리지 않게 꼬박꼬박 줘야 하고, 더 많은 물건을 만들기 위해 재투자도 해야 합니다. 전부 돈 들어가는 일이네요! 물건을 팔아서 번 돈으로 모두 충당할 수만 있다면 좋겠지만, 큰 비용이 들어가는 설비투자 등은 돈이 부족할 수 있습니다. 그렇다고 하늘에서 돈이 뚝딱 떨어질 리 만무하고, 어딘가에서 돈을 마련해야겠죠.

기업이 돈을 마련하는 방법은 ① 은행 등 금융회사로부터 대출받는 것 ② 채권을 발행해 투자자에게 파는 것 ③ 주식을 찍어내 투자자에게 파는 것(유상증자) 크게 세 가지입니다.

이 가운데 대출이나 채권 발행은 때가 되면 원금과 이자를 갚아야 해서 기업 입장에서는 '빚(부채)'입니다. 그러나 주식을 찍어내면 원리금(원금과 이자)을 갚아야 할 의무가 없습니다. 투자자에게 돈을 받고 주식만 건네주면 정산 끝! 심지어 주식을 찍어내면 발행주식수가 늘어나 자본금 규모까지 커지는 효과가 있습니다. 이처럼 유상증자는 기업이 자금을 마련하고자 할 때, 원리금 부담이 없고 자본금도 늘릴 수 있다는 장점이 있습니다.

유상증자는 주식시장에 상장한 회사가 누리는 특권입니다. 상장하지 않은 기업도 물론 유상증자를 할 수는 있습니다. 그러나 주식은 영원히 가지고 있을 수 없고 언젠가는 팔아서 손익을 확정해야 하는 재

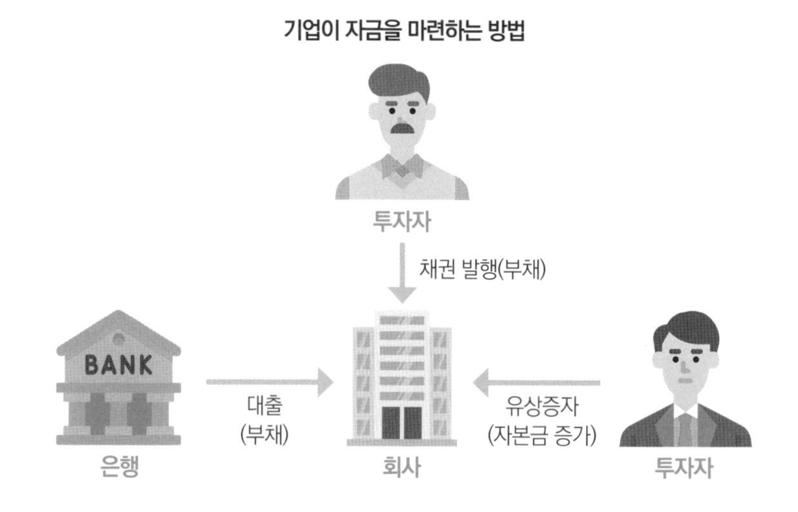

산인 만큼 쉽게 사고팔 수 있는 상장회사 주식이 가장 잘 팔리겠죠.

앞서 살펴본 상장공모도 사실 유상증자의 한 종류입니다. 상장을 준비하는 과정에서 '첫 번째로 실시하는 공개적인 유상증자'가 바로 상장공모입니다. 회사는 상장한 이후에도 자금이 필요하면 계속해서 유상증자로 자금을 조달할 수 있습니다.

지분가치 하락 주범 vs. 주식을 싸게 살 기회

다만 세상 대부분 일이 그렇듯, 유상증자에도 장점만 있는 것은 아닙니다. 유상증자로 주식수가 늘어나면 기존 주주들이 가진 주식가치는 떨어집니다.

예를 들어 청과물 시장에서 판매하는 사과가 총 100개이고, 우리 점포에 10개가 있다면 점유율은 10%입니다. 시장에 사과가 100개 더 들어와서 총 200개가 되면 우리 점포가 가지고 있는 사과 10개의 점유율은 5%로 줄어듭니다. 사과를 주식으로 바꾸면 점유율은 지분율이 되겠죠. 이렇게 지분의 비중이나 가치가 줄어드는 것을 '주식가치 희석'이라고 표현합니다.

유상증자는 기업이 원리금 상환 부담 없이 간편하게 자금을 조달할 수 있는 방법이지만, 주식가치를 희석시키는 단점이 있습니다. 보통 기업에서 주식을 가장 많이 가진 주주는 '사장님'인데, 돈이 필요할

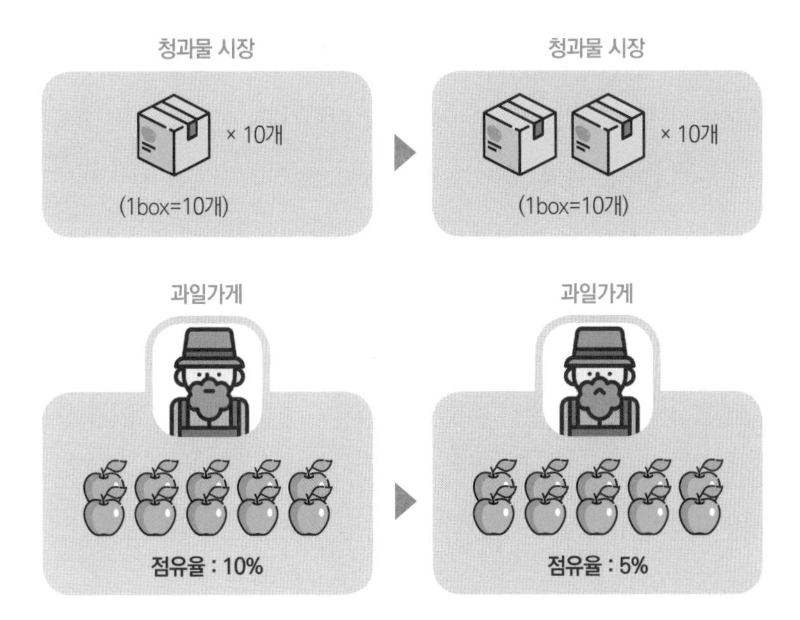

그림 속 상인의 점유율 변화는 유상증자로 인한 기존 주주의 지분율 변화와 같다. 새로 주식을 발행해 투자자에게 파는 유상증자는 회사 입장에서는 원리금 상환 없이 간편하게 자금을 조달할 수 있는 수단이지만, 주주 입장에서는 주식가치를 희석시키는 단점이 있다.

때마다 유상증자를 하면 사장님의 지분가치도 계속 떨어질 수 있겠죠. 유상증자가 언제나 꺼내 쓸 수 있는 만능 카드는 아니란 뜻입니다!

또한 사장님 외에 수많은 소액주주의 주식가치도 떨어질 수 있습니다. 한쪽만 일방적으로 손해를 본다면 공정하지 않은 법이죠. 그래서 유상증자를 하는 회사는 보통 시세보다 할인한 가격에 주식을 판매합니다. 주식가치 희석에 대한 일종의 보상 성격이자 투자자의 관심을 끌기 위한 서비스 개념입니다.

최근 대한항공이 유상증자로 발행한 주식은 시세 대비 25%의 할인율을 적용했고, BTS 소속사 하이브(빅히트)도 유상증자로 발행한 주식을 시세보다 15% 싸게 내놨습니다. 따라서 유상증자는 주식투자자가 시세보다 싼 값에 주식을 살 기회이기도 합니다. 물론 주식은 원금을 보장하는 금융상품이 아니어서 유상증자로 산 주식이 시세보다 싼 값에 나왔다고 무조건 이익을 본다고 장담할 순 없습니다.

또한 기업이 유상증자로 조달한 돈을 어디에 사용하는지도 매우 중요합니다. 주식을 추가 발행해 기존 주주의 주식가치를 희석시키는 것처럼 보이지만, 증자로 조달한 돈으로 새로운 사업 기회를 마련한다면 장기적으로 봤을 때 주식가치가 올라갈 수 있으니까요. 그래서 투자자라면 내가 투자한 기업이 유상증자를 발표했을 때 공시 자료를 읽어보고 종합적으로 판단할 수 있어야 합니다.

자, 이제는 유상증자에 대해 좀 더 심층적으로 알아보겠습니다. 자세히 설명한다는 건, 그만큼 전지적 투자자 시점에서 봤을 때 아주 중요한 공시라는 뜻입니다! 중요한 내용이니 복습하고 더 깊이 있는 내용으로 넘어가겠습니다.

유상증자의 특징

기업이 은행에서 돈을 빌리거나 채권을 발행해 자금을 조달하면, 원리금 상환 의무가 있다. 반면 유상증자는 원리금 상환 부담이 없고, 자본금을 늘려 재무구조를 튼튼하게 만든다. 하지만 주식 추가 발행으로 최대주주를 포함해 기존 주주의 주식가치가 떨어질 수 있다. 즉, 유상증자가 만능열쇠는 아니다. 다만, 유상증자 시 주식가치 희석에 대한 보상 개념으로 시세보다 싼 값에 주식을 팔기 때문에, 투자자에게는 좋은 매수 기회가 되기도 하다.

새로 발행하는 주식을 누구에게 파는가?

주주가 가진 지분율만큼 살 수 있는 주주배정

유상증자는 새로 발행하는 주식(신주)을 어떤 방식으로 누구에게 파느냐에 따라 명칭이 달라집니다. 주주배정, 제3자배정, 일반공모 세 가지로 구분합니다. 이 가운데 회사의 주주는 주주배정과 일반공모에 참여할 수 있고, 주주가 아니라면 일반공모만 참여할 수 있습니다. 제3자배정은 특정인을 대상으로 하는 것이어서, 회사와 사전에 협의하지 않았다면 기존 주주라도 참여할 수 없습니다. 한 걸음 더 나아가 세 가지 유상증자 방식의 구체적인 특징을 살펴볼까요?

먼저 주주배정 유상증자입니다. 회사가 유상증자로 발행하는 신주를 기존 주주를 대상으로 판매하는 방법인데요. 이때 주주가 가지고 있는 지분율을 기준으로 신주를 배정합니다.

예를 들어 어떤 회사가 유상증자로 신주 400만 주를 찍어서 판매하는데, 지분율 30%를 가진 주주(통상 최대주주), 지분율 1%를 가진 주주가 있다면 각각 신주의 30%, 1%씩만 살 권리가 있습니다. 이 권리를 '신주인수권'이라고 합니다.

참고로 주주배정과 이란성 쌍둥이 같은 개념으로 '주주우선공모'라는 방법이 있습니다. 주주우선공모는 주주들을 대상으로 '우선하여' 신주를 판매한다는 점은 같지만, 지분율만큼 배정하지 않아도 됩니다. 따라서 신주인수권 개념이 없습니다.

다만 실제 기업이 유상증자를 할 때 주주배정과 주주우선공모를 엄격하게 구분하진 않습니다. 법적으로 개념을 구분하고 있을 뿐이

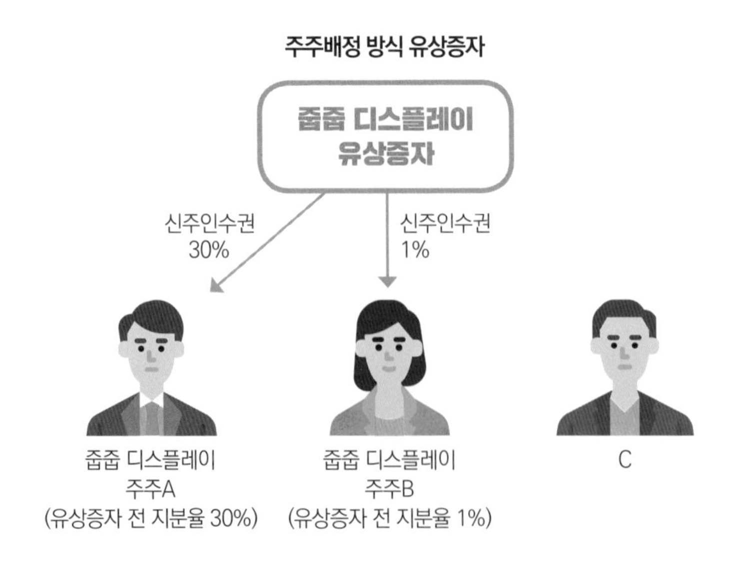

죠. 대부분 기업은 주주의 지분율만큼 신주를 살 권리를 먼저 주는 주주배정으로 진행하면서, 이를 주주우선공모라고 부르기도 합니다.

제3자배정, '특정인 배정'이란 단어가 어울려요

제3자배정은 특정인 몇몇만 콕 집어서 신주를 판매하는 방식입니다. 회사가 새로운 기술 도입, 재무구조 개선 등 경영상 필요 때문에 빠르게 자금을 모을 때 주로 사용하는 방법입니다.

'제3자'란 단어 때문에 회사와 전혀 무관한 사람만 대상으로 하는 방식이라고 생각할 수 있는데요. 기존 주주이든 회사와 전혀 무관한 사람이든 관계없습니다. 따라서 관행적으로 사용하는 '제3자배정'보다는 '특정인 배정'이란 단어가 더 어울리긴 합니다. 법에서도 제3자라고 하지 않고 '특정한 자'라고 설명하고 있습니다.

> 신기술의 도입, 재무구조 개선 등 회사의 경영상 목적을 달성하기 위해 필요한 경우 특정한 자(회사 주식을 소유한 자를 포함)에게 신주 청약 기회를 부여하는 방식
>
> — 「자본시장법」 제165조의6 제1항 2호

제3자배정 방식의 유상증자는 신주를 누가 사느냐에 따라 주가가 출렁입니다. 주식을 사는 제3자가 유명인이거나, 탄탄한 재력을 갖춘

기업이라면 호재로 인식합니다. 반대로 투자자에게 생소한 이들이 참여한다면 악재로 인식하기도 합니다.

실제로 제3자배정 유상증자는 투자자가 증자 대금을 제때 납입하지 않아서 증자 일정을 여러 번 미루는 사례도 속출하고, 가끔은 증자 대금을 내지 않고서 낸 것처럼 속이는 일(가장납입)도 나타납니다. 가장납입은 사기 범죄여서 엄격하게 처벌합니다!

제3자배정 유상증자 참여자에 따른 시장 반응

애플이 유상증자에 참여한데.

줌줌 디스플레이 제3자배정 유상증자

토마토가 유상증자에 참여한데.

호재

악재

제3자배정 유상증자 시 주식을 사는 제3자가 유명인이거나, 탄탄한 재력을 갖춘 기업이라면 호재로 인식하고 반대로 투자자에게 생소한 이들이 참여한다면 악재로 인식하기도 한다.

일반공모, 소문난 맛집처럼 '가까이하기에 너무 먼~'

세 번째 유상증자 방법인 일반공모는 주주이든 제3자이든 제4자이든 누구에게나 유상증자로 발행하는 신주 청약 기회를 주는 것입니다. 다시 말하면 일반공모는 '수많은 제3자'를 대상으로 증자하는 방법입니다. 얼핏 보면 무척 자유롭고 공정한 방법처럼 보이죠. 하지만 여기에는 함정이 있습니다!

공모주에서 살펴본 상장공모도 일반공모 방법인데요. 다만 상장할 때와 달리 상장한 이후에 일반공모를 한다는 것은 조금 더 생각해봐야 할 점이 있습니다. 상장할 때 하는 일반공모는 의무 사항입니다. 상장공모를 하면서 제3자배정 또는 상장하기 전 주주만을 대상으로 주주배정 방식으로 공모주를 배정할 수는 없습니다. 그럴 거면 기업을 대외적으로 공개(기업공개)해서도 안 되겠죠. 그러나 상장 이후 유상증자를 할 때는 일반공모가 의무가 아닌 '선택'입니다. 따라서 기업이 일반공모 방식의 유상증자를 한다면, 왜 그런 선택을 했을까 생각해 봐야 합니다.

기업이 일반공모 방식의 유상증자를 한다면, 왜 그런 선택을 했을까 생각해 봐야 한다.

상장한 이후에는 수많은 소액주주가 존재하고, 주주의 신뢰를 받는 회사라면 당연히 주주배정 방식으로 유상증자하는 것이 맞습니다. 그렇게 해야 회사에 관심을 가지고 투자한 주주들에게 우선하여 신주인수권을 보장해줄 수 있고, 주식가치 희석 우려도 낮아지기 때문입니다.

이론적으로 주주배정 유상증자를 하면 각자 지분율만큼 신주를 배정받아 유상증자 이후에도 주식가치는 전혀 희석되지 않습니다(실권주가 없거나, 실권주가 있어도 추가로 팔지 않는다는 조건일 때). 그런데 상장 이후 일반공모 방식으로 유상증자하면, 새로 발행하는 많은 신주가 불특정 다수에게 뿌려지면서 기존 주주는 적지 않은 주식가치 희석 부담을 떠안아야 합니다. 기존 주주도 증자에 참여해 신주를 사면 되지 않느냐고요? 주주배정 방식처럼 안정적으로 신주인수권을 받고 지분율만큼 참여하는 개념과 완전히 다릅니다.

〈골목식당〉이라는 프로그램을 떠올려보세요. 여러분 동네에 괜찮은 맛집이 있어요. 동네주민만 아는 진짜 맛집이요. 줄을 서지 않고도 언제나 생각날 때면 이용할 수 있고, 단골손님이라고 사장님이 서비스도 많이 주셨죠. 그런데 어느 날 〈골목식당〉에 소개된 이후 손님이 넘쳐나요. 동네 주민들도 이제는 줄을 길게 서야 하고, 바쁜 사장님은 더는 서비스도 주시지 않아요.

주주배정은 단골손님에게 서비스 반찬을 내어주듯 주주들에게 지분율만큼 신주를 살 우선권을 보장하는 방법입니다. 그러나 일반공모는 누구나 신주를 살 수 있어서 식당에서 대기표를 뽑고 줄을 서듯 청약자금을 가지고 주식을 사는 것과 같습니다.

따라서 여러분이 투자한 주식이 만약 일반공모 방식의 유상증자를 발표했다면 한 번쯤 의심해 봐야 합니다. 왜 회사에 남다른 관심을 가지고 투자해온 주주를 놔두고 굳이 일반공모 방식을 택한 건지, 기존 주주들의 우선권을 존중하지 않고 '패스'한 것인지 말이죠.

아울러 주주가 아닌 일반투자자라도 마냥 일반공모를 반길 수만은 없습니다. 일반공모는 주주배정보다 좀 더 많은 할인율을 적용해서 신주를 발행하지만, 어떤 이유로 인해서 무작정 주식이 싸다고만 볼 수 없기 때문입니다. 〈골목식당〉에 소개된 맛집이라고 찾아갔는데 명성만큼 맛이 없어 실망만 하는 것과 같습니다.

주식회사는 주주들이 지분율만큼 권리와 책임을 지는 방식이어서, 회사가 증자하는 이유를 주주에게 자신 있게 설득할 수만 있다면 굳이 일반투자자에게까지 손을 벌릴 이유가 없습니다. 그래서 일반공모는 주주배정보다 더 유심히 증자 목적을 비롯한 투자 위험 요소를 파악해야 합니다.

유상증자 방식에 따른 주식가치 희석

주주배정

증자 전 지분율	신주 배정 방식	증자 후 지분율
주주A(30%)	지분율만큼 신주 배정	주주A(30%)
주주B(20%)		주주B(20%)
주주C(10%)		주주C(10%)

* 실권주를 따로 팔지 않는다면 이론적으로 기존 주주 지분율 희석 없음
* 실권주를 일반투자자에게 판다면 기존 주주도 약간의 지분율 희석은 있음

일반공모		
증자 전 지분율	신주 배정 방식	증자 후 지분율
주주A(30%)	일반투자자가 다수의 신주를 인수해 기존 주주의 지분율 희석	주주A(30%-α)
주주B(20%)		주주B(20%-α)
주주C(10%)		주주C(10%-α)
	+	일반투자자가 새로운 주주로 등장

제3자배정		
증자 전 지분율	신주 배정 방식	증자 후 지분율
주주A(30%)	특정인이 신주를 인수해 기존 주주의 지분율 희석	주주A(30%-α)
주주B(20%)		주주B(20%-α)
주주C(10%)		주주C(10%-α)
	+	특정인(제3자)이 새로운 주주로 등장

3자배정 방식도 기존 주주의 주식가치 희석을 동반합니다. 다만 제3자배정은 불특정 다수가 아닌 특정인 몇몇을 대상으로 하고 증자에 참여하는 명단을 공시에 밝혀야 해서 유상증자 성격을 더 명확히 파악할 수 있습니다. 또한 일정 기간 신주를 팔지 못하도록 하는 장치(보호예수)도 있다는 점에서 일반공모와 다릅니다.

결론적으로 상장회사가 일반공모로 유상증자를 진행한다는 것은 아주 특별한 사례를 제외하면 ① 주주의 신뢰를 얻지 못하거나 ② 별도의 투자자를 구하지 못해서 주주배정이나 제3자배정 방식이 아닌 최후의 수단을 쓴다는 측면도 있습니다. 물론 반드시 이렇다는 것은 아닙니다. 증자 방식만으로 모든 것을 판단할 수는 없고 증자의 목적·규모, 기업의 재무성과 등을 종합해서 판단해야 합니다.

유상증자는 호재예요? 악재예요?

호재와 악재를 판단하는 첫 번째 힌트, 증자 규모

여러분이 투자한 기업이 유상증자를 발표했다면 가장 먼저 이런 생각이 들겠죠. '호재일까? 악재일까?'

정답은 없지만 몇 가지 힌트를 찾아볼 수 있습니다. 첫 번째 힌트는 증자의 규모입니다. 기존 주주 입장에서 나의 주식이 얼마나 희석되는지를 보는 것이지요. 두 번째 힌트는 자금 조달 목적입니다. 내가 투자한 기업이 유상증자를 왜 하는지, 또한 증자로 확보한 돈을 허투루 쓰지 않는지 알아보는 것입니다.

먼저 증자의 규모를 판단할 때 주식투자자의 대표적인 오해는 증자의 총금액만 보고 규모가 크다 작다 가늠한다는 점입니다. 증자의 규모를 가늠할 때는 총금액 아니라 기존 발행주식 대비 신주 발행 규모가 어느 정도인지 봐야 합니다.

예를 들어 발행주식이 1000만 주로 같은 A전자와 B자동차가 유상증자를 한다고 해보지요. A전자는 1주당 10만 원에 50만 주(총금액 500억 원), B자동차는 1주당 5000원에 400만 주(총금액 200억 원)를 발행해서 자금을 조달한다고 가정해볼게요. 그럼 어느 회사의 증자 규모가 더 크다고 봐야 할까요?

유상증자 총금액만 보면 A전자가 더 크지만, 기존 발행주식 대비 유상증자로 찍어내는 주식 비율(신주 발행 비율)을 보면 A전자는 5%에 불과한 반면 B자동차는 40%에 달합니다.

유상증자를 규모를 판단하는 기준은 무엇일까?

구분	총발행 주식수 (①)	신주 (②)	신주 발행가 (③)	증자 총금액 (②×③)	증자 비율 (②÷①×100)
A전자	1000만 주	50만 주	10만 원	500억 원	5%
B자동차	1000만 주	400만 주	5천 원	200억 원	40%

B자동차의 유상증자는 기존 주주의 주식가치를 40%나 희석시키기 때문에 대체로 증자 발표 이후 주가에 부담으로 작용할 가능성이

높습니다. 이론적으로 그렇다는 얘기입니다.

주식가치를 평가하는 여러 지표 중에 가장 기본으로 삼는 주당순이익(EPS)이란 개념을 볼까요. EPS는 기업이 벌어들인 순이익을 기업의 총발행주식수로 나눈 값입니다. 주식 1주당 얼마나 벌었느냐는 것입니다.

B자동차의 순이익이 100억 원이라면 총발행주식이 1000만 주니까, EPS는 1000(100억 원/1000만 주)입니다. 즉 1주당 1000원을 버는 주식이란 의미가 되죠. '일당백'도 아닌 '일당천'입니다.

기업의 이익은 유상증자를 했다고 당장 획기적으로 늘어나지 않습니다. 그러나 유상증자를 하면 총발행주식수는 늘어납니다. 따라서 B자동차처럼 유상증자로 400만 주를 추가로 발행하면, 증자 후 이 회사의 EPS는 714(100억 원/1400만 주)가 됩니다. 즉 1주당 714원을 벌어들이는 주식으로 바뀝니다. 1주당 1000원을 버는 주식과 1주당 714원을 버는 주식, 어느 것의 가치가 높은지는 딱 나오죠? EPS가 높다는 것은 경영실적이 좋거나 주식의 배당 여력이 많다는 뜻으로 해석합니다.

이런 EPS 공식에 주식가격(주가) 하나를 덧붙이면 흔히 '퍼(PER)'라고 얘기하는 주가수익비율도 나옵니다.

이처럼 주식의 가치를 평가할 때 가장 기본이 되는 숫자 두 가지는 기업의 '이익'과 '총발행주식수'입니다. 그리고 유상증자는 즉각적으로 기업의 이익에 영향을 미치지는 않지만, 당장 총발행주식수에 영향을 미치는 변수여서 중요하다는 점을 다시 한 번 말씀드립니다. 물론 유상증자도 나중에 기업의 이익에 높은 영향을 미칠 수 있습니다. 이 부분은 '자금 조달 목적'에서 알아보기로 해요.

유상증자로 최대주주가 바뀔 수도 있다고?

앞서 예로 든 총발행주식수 1000만 주의 B자동차가 주주배정이 아닌 제3자배정 방식으로 유상증자를 진행할 때를 더 살펴볼게요. B자동차는 1주당 5000원에 400만 주(총금액 200억 원)를 제3자배정 방식으로 유상증자합니다. 이때 최대주주가 바뀔 가능성이 있습니다.

B자동차의 기존 최대주주가 지분 30%를 가진 상황에서 제3자배정 방식으로 유상증자를 진행하면, 기존 최대주주 지분율은 증자 이후 21.4%로 낮아지는 반면, 제3자배정으로 400만 주를 통째 인수한 투자자의 지분율은 28.6%가 됩니다.

유상증자는 최대주주를 바꿀 수도 있다!

구분	B자동차 총발행 주식수	최대주주 주식	최대주주 지분율	증자 참여자 주식	증자 참여자 지분율
증자 전	1000만 주	300만 주	30%	0주	0%
증자 후	1400만 주	300만 주	21.4%	400만 주	28.6%

물론 유상증자는 회사 이사회에서 결정하는 것이어서 뜬금없이 최대주주가 바뀌지는 않습니다. 이미 경영권을 넘기기로 사전에 계약한 상황에서 이뤄지는 것이죠. 그리고 유상증자 결과, 최대주주가 바뀐다면 〈유상증자〉 공시 외에 〈최대주주 변경〉 공시도 함께 등장합니다.

호재와 악재를 판단하는 두 번째 힌트, 자금 조달 목적

증자의 성격을 판단하는 두 번째 힌트, 자금 조달 목적을 알아보겠습니다. 자금 조달 목적은 유상증자 공시에 반드시 적어야 하는 내용입니다. 투자자에게 주식을 팔아 돈을 마련하려고 하면서 돈을 어디에 쓸지 알려주지 않으면 안 되겠죠.

자금 조달 목적은 주관식 서술 항목이 아니라 6지선다형 객관식 선택 항목입니다. 시설자금, 영업양수자금, 운영자금, 채무상환자금, 타법인증권취득자금, 기타자금 6개 가운데서 한 개 또는 여러 개를 복수로 선택해서 항목별로 쓸 금액을 따로 적어냅니다.

대체로 운영자금에 사용하겠다는 기업들이 많은 편입니다. 원재료를 구입하고, 직원 월급을 주는 등 회사 운영에 필요한 기본적인 돈이 부족해서 주식을 찍어낸다는 의미이죠.

자금 조달 목적에 '채무상환자금'이라고 적어내는 곳도 적지 않습니다. 회사가 빚을 많이 지고 있는데 이자 부담이 너무 커서 유상증자로 마련한 돈으로 빚을 갚겠다는 것이죠. 이런 경우 유상증자 자금을 회사의 성장에 투자하는 것이 아니고 빚을 갚는 데 쓰기 때문에 통상 부정적인 의미로 해석되곤 합니다.

그렇다고 유상증자 자금을 채무상환자금으로 쓰겠다는 게 반드시 부정적인 시그널이기만 한 건 아닙니다. 회사가 지금은 영업활동을 적절하게 잘하는 상황인데 과거 어려울 때 빌린 돈에 대한 이자 부담이 너무 커서 힘든 상황이라면 얘기가 달라집니다. 회사가 유상증자로 마련한 돈으로 빚을 잘 갚아서 이자 부담을 확 줄인다면, 지금의 영업활동이 더욱 빛을 발휘할 수 있겠죠. 어두운 과거를 유상증자로 깔끔하게 청산하고 새 출발 하는 거죠. 따라서 운영자금이나 채무 상환용 유상증자라도 기업의 현재 실적이나 수주 상황이 좋은지 나쁜지에 따라 해석이 달라진다는 점 유념해주세요!

시설자금은 말 그대로 유상증자로 확보한 자금을 공장 기계설비 등을 늘려서 더 많은 물건을 생산하거나, 새로운 물건을 만들기 위한 기술을 도입하는 밑천으로 쓰겠다는 것입니다. 보통 이 경우는 호재로 인식합니다. 유상증자가 '성장의 씨앗'이 될 수 있다는 기대감이 반영되는 것이지요.

타법인증권취득자금은 다른 회사의 주식을 사려고 한다는 뜻입니다. 흔히 얘기하는 인수합병(M&A)을 의미합니다. 영업양수자금은 타법인증권취득자금과 비슷한 성격인데, 약간 다릅니다. 새로운 사업을 해보려는데 회사 하나를 통째로 인수하긴 어렵고, 다른 회사의 특정 영업 부분만 떼어내서 인수하는 사례로 보면 됩니다. 타법인증권취득자금이나 영업양수자금 마련을 자금 조달 목적이라고 공시하는 경우 어떤 기업의 주식, 어떤 영업 부분을 인수하려는 것인지에 따라 주가에 미치는 영향이 달라집니다.

마지막으로 기타자금이란 1~5번까지 답을 고르지 못했을 때 찍는 항목입니다. 여기에 들어가는 대표적인 내용으로 '출자전환'이 있

한일현대시멘트 〈주요사항보고서(유상증자 결정)〉

2021년 3월 16일

<table>
<tr><td rowspan="2">1. 신주의 종류와 수</td><td>보통주식(주)</td><td>1,085,323</td></tr>
<tr><td>기타주식(주)</td><td>-</td></tr>
<tr><td colspan="2">2. 1주당 액면가액(원)</td><td>5,000</td></tr>
<tr><td rowspan="2">3. 증자 전
발행주식총수(주)</td><td>보통주식(주)</td><td>16,821,290</td></tr>
<tr><td>기타주식(주)</td><td>-</td></tr>
<tr><td rowspan="6">4. 자금 조달의 목적</td><td>시설자금(원)</td><td>-</td></tr>
<tr><td>영업양수자금(원)</td><td>-</td></tr>
<tr><td>운영자금(원)</td><td>-</td></tr>
<tr><td>채무상환자금(원)</td><td>-</td></tr>
<tr><td>타법인 증권
취득자금(원)</td><td>-</td></tr>
<tr><td>기타자금(원)</td><td>36,032,723,600</td></tr>
<tr><td colspan="2">5. 증자 방식</td><td>제3자배정증자</td></tr>
<tr><td rowspan="2">6. 신주 발행가액</td><td>보통주식(원)</td><td>33,200</td></tr>
<tr><td>기타주식(원)</td><td>-</td></tr>
<tr><td colspan="2">7. 기준주가에 대한 할인율 또는 할증율(%)</td><td>할인율 10%</td></tr>
<tr><td colspan="2">8. 제3자배정에 대한 정관의 근거</td><td>제8조 2항 8호
금융기관 등 회사 채권자의 출자전환에 의한 자본 참여로 신주를 발행하는 경우</td></tr>
<tr><td colspan="2">9. 납입일</td><td>2021년 4월 22일</td></tr>
<tr><td colspan="2">10. 신주의 배당 기산일</td><td>2021년 1월 1일</td></tr>
<tr><td colspan="2">11. 신주권 교부 예정일</td><td>2021년 5월 13일</td></tr>
<tr><td colspan="2">12. 신주의 상장 예정일</td><td>2021년 5월 14일</td></tr>
</table>

습니다. 금융회사에 돈을 빌렸는데 갚기가 어려워졌을 때, 서로 합의해서 돈 대신 주식으로 갚는 것을 출자전환이라고 합니다. 즉 빚(부채)과 주식을 서로 바꾸는 것입니다.

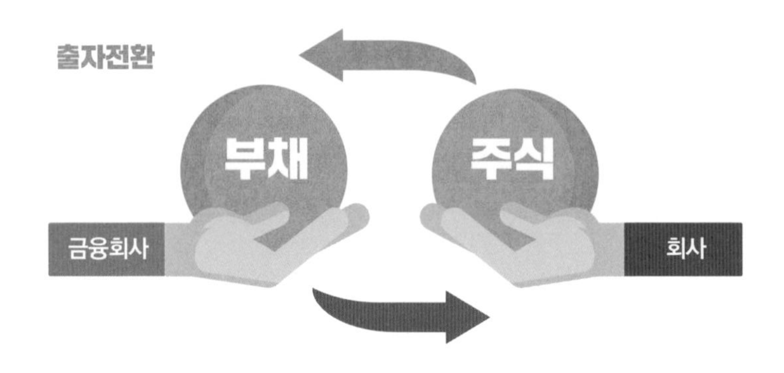

곰곰이 생각하면 앞서 설명한 채무상환자금과 비슷한 성격이죠. 다만 차이점은 채무상환자금은 일단 회사에 유상증자 대금이 입금된 후에 빚을 갚는 것이고, 출자전환은 회사에 유상증자 대금이 들어오지 않고 빚과 주식을 곧바로 직거래하는 것이라는 점입니다.

한일현대시멘트가 2021년 3월 16일 발표한 〈제3자배정 유상증자〉 공시(153쪽)를 살펴보면 '4. 자금 조달의 목적 > 기타자금' 항목에 360억 원을 조달한다고 밝혔습니다. 이 자금은 회사에 입금되는 것이 아닙니다. 금융회사가 신주를 받고 대신 주식의 값어치만큼 빚을 탕감해준다는 출자전환입니다.

주주배정, 일반공모처럼 다수의 투자자가 참여하는 증자를 할 때는 〈증권신고서(지분증권)〉 공시를 통해서 다시 한 번 증자 대금을 어떻게 쓸 계획인지를 구체적으로 밝혀야 합니다.

아무리 바빠도 유상증자 공시에서 이건 꼭 보자!

유상증자 공시, 핵심만 콕콕 짚어 분석 1 (feat. 대한항공)

지금까지 유상증자의 이론적인 내용을 살펴봤습니다. 좀 딱딱하고 지루하셨죠? 소림사 스님이 아닌 이상, 이론만 공부할 수는 없어요. 이제 하산해서 배운 것을 실전에 적용해봐야죠. 몇 가지 사례를 통해 실제 유상증자 공시가 어떤 형식으로 나오고 단어 하나하나가 뜻하는 의미가 무엇인지 낱낱이 살펴볼 텐데요. 먼저 대한항공 사례를 보겠습니다.

대한항공은 2020년 11월 16일 2조 5000억 원 규모의 주주배정 유상증자를 발표했습니다. 다트를 열고 '공시서류검색 > 공시통합검색' 메뉴로 들어갑니다. 회사명 '대한항공'을 입력하고 기간은 '10년'으로 설정하고, 보고서명에 '유상증자'를 입력합니다. 팝업창이 뜨면 〈주요사항보고서(유상증자결정)〉 체크 후 '검색' 버튼을 클릭합니다! (또는 보고서명을 입력하지 않고 곧바로 〈주요사항보고〉를 클릭해서 검색해도 됩니다.)

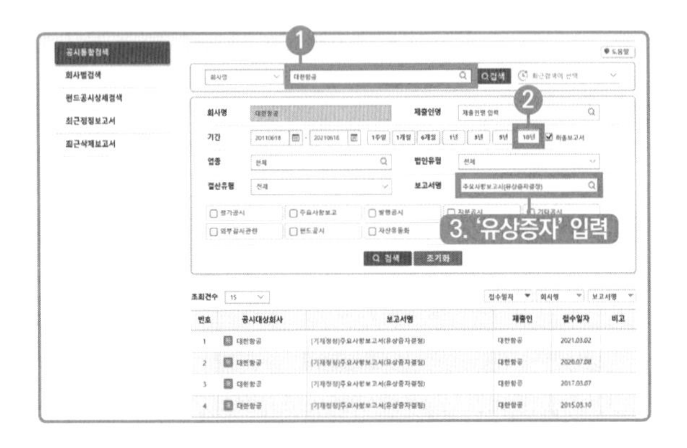

검색을 완료하면 〈주요사항보고서(유상증자결정)〉란 제목의 공시가 몇 개 나옵니다. 최근 대한항공이 여러 번 유상증자를 발표했다는 뜻이죠. 그중 최근 날짜인 2021년 3월 2일자 공시를 열어보지요.

이 공시는 처음 제출일이 2020년 11월 16일입니다(최초공시). 이 날 대한항공 이사회가 유상증자를 결정하고 곧바로 공시한 것입니다. 이후 여러 번의 수정을 거쳐 최근 공시가 화면에 먼저 등장합니다.

다만 투자자들이 처음 보는 유상증자 공시는 '최초공시'인 만큼, 2020년 11월 16일 유상증자 발표 공시를 보겠습니다. 이후 이 공시

대한항공 〈주요사항보고서(유상증자결정)〉 공시

2020년 11월 16일

항목			내용
1. 신주의 종류와 수		보통주식(주)	173,611,112
		기타주식(주)	-
2. 1주당 액면가액(원)			5,000
3. 증자 전		발행주식총수(주)	174,209,713
		기타주식(주)	1,110,794
4. 자금 조달의 목적		시설자금(원)	-
		영업양수자금(원)	-
		운영자금(원)	-
		채무상환자금(원)	1,000,000,012,800
		타법인증권취득자금(원)	1,500,000,000,000
		기타자금 (원)	-
5. 증자 방식			주주배정 후 실권주 일반공모
6. 신주 발행가액	확정발행가	보통주식(원)	-
		기타주식(원)	-
	예정발행가	보통주식(원)	14,400
		기타주식(원)	-
7. 발행가 산정 방법			23. 기타 투자 판단에 참고할 사항 가. 신주 발행가액 산정 방법 참조
8. 신주 배정 기준일			2021년 1월 26일
9. 1주당 신주 배정주식수(주)			0.7921999108
10. 우리사주조합원 우선배정비율(%)			20.0
11. 청약 예정일	우리사주 조합	시작일	2021년 3월 4일
		종료일	2021년 3월 4일
	구주주	시작일	2021년 3월 4일
		종료일	2021년 3월 5일
12. 납입일			2021년 3월 12일
13. 실권주 처리 계획			23. 기타 투자 판단에 참고할 사항 나. 신주의 배정 방법 참조
14. 신주의 배당 기산일			2021년 1월 1일
15. 신주권 교부 예정일			-
16. 신주의 상장 예정일			2021년 3월 24일
17. 대표주관회사(직접공모가 아닌 경우)			미정
18. 신주인수권 양도 여부			예
- 신주인수권증서의 상장 여부			예

내용이 시간이 지날수록 어떻게 바뀌는지도 알아볼 것입니다. 최초 공시는 공시창을 열고 왼쪽 상단에 있는 '본문'을 눌러서 해당 공시를 클릭하면 찾을 수 있습니다.

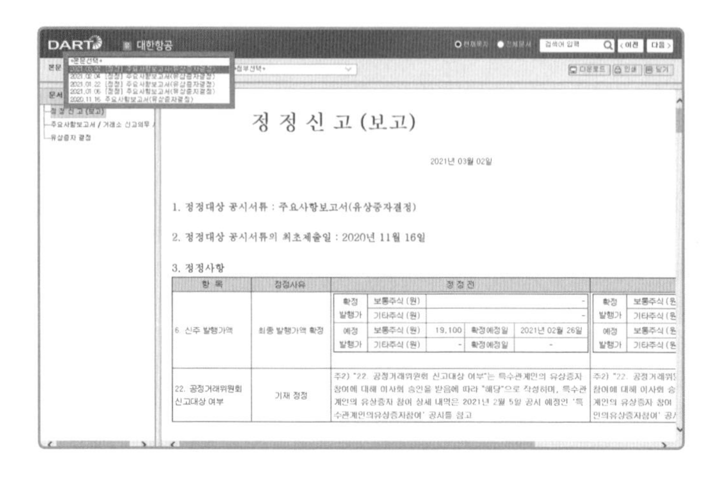

2020년 11월 16일 대한항공이 이사회를 열어서 2500억 원 규모의 유상증자를 결정하고 공시한 내용입니다(157쪽). 유상증자 공시에 가장 먼저 봐야 할 내용은 '증자 규모'와 '자금 조달 목적'이라고 했습니다.

먼저 증자 규모를 파악해볼까요. '1. 신주의 종류와 수'를 보면 신주로 발행하는 주식의 종류는 보통주, 주식수는 1억 7361만 1112주입니다. 보통주만 발행하는 증자이니, 증자 전 발행주식총수도 보통주만 보면 되겠죠. '3. 증자 전 발행주식총수'에 1억 7420만 9713주라고 나옵니다. 두 숫자를 비교하면 증자로 발행할 신주는 기존 발행주식의 99.7%에 해당한다는 것을 알 수 있습니다. 즉 기존 주식과 맞먹는 규모죠. 증자 규모가 대단히 크다는 것을 알 수 있습니다.

대한항공이 이번 증자로 마련한 돈을 어디에 쓰려고 하는지는 '4. 자금 조달의 목적'에 나옵니다. 6지선다형 객관식 항목에 대한항공은 채무상환자금(1조 원), 타법인증권취득자금(1조 5000억 원)이라고 복수 응답을 했습니다. 일단 빚을 갚기 위해 1조 원이 필요하고, 다른 회사의 주식을 사는데 1조 5000억 원이 더 필요해서 증자를 결정했다는 얘기입니다. 다른 회사 주식이란, '아시아나항공'을 가리킵니다(이 내용은 당시 각종 언론보도 또는 별도로 공시한 〈증권신고서〉에도 자세히 나옵니다).

'5. 증자 방식'에 '주주배정 후 실권주 일반공모'라는 표현이 등장합니다. 주주배정은 앞서 살펴봤듯이 회사가 유상증자로 발행하는 신주를 기존 주주 대상으로 판매한다는 뜻이고, 이때 주주가 가지고 있는 지분율만큼 신주를 배정하는 방법이에요. 그리고 주주들이 자신에게 배정된 신주를 다 사지 못하고 남은 재고(실권주)는 일반공모, 즉 주주이든 제3자이든 누구나 살 수 있도록 재고 처리한다는 얘기죠.

다음에 볼 항목은 '6. 신주 발행가액'. 유상증자로 발행하는 주식을 1주당 1만 4400원에 팔겠다고 하네요. 다만 이 가격은 확정가격은 아니에요. 그래서 '확정 발행가' 항목은 빈칸으로 놔두고 '예정 발행가' 항목에 숫자를 적어놓은 것입니다. 신주 발행가격을 어떻게 결정하는지는 '7. 발행가 산정 방법' 항목에서 다시 '23. 기타 투자 판단에 참고할 사항-신주 발행가액 산정 방법'을 참고하라고 적혀 있습니다. 이 내용은 조금 뒤에 구체적으로 살펴보겠습니다.

'8. 신주 배정 기준일' 항목도 매우 중요합니다. 말 그대로 대한항공이 이번 유상증자로 발행하는 신주를 주주에게 배정할 때 기준을 언제로 삼느냐는 것입니다. 상장회사 주식은 하루에도 수없이 많이 거래되죠. 그래서 주주배정 유상증자를 할 때는 특정 날짜를 딱 정해서 주주의 기준을 잡아야 해요. 그렇게 하지 않으면 주식을 사고판 수백, 수천만 명의 과거와 현재 주주들에게 모두 신주를 배정해야 하는 사태가 발생하니까요.

대한항공의 이번 유상증자 신주 배정 기준일은 2021년 1월 26일입니다. 이 날짜에 주식을 가지고 있는 주주에게만 신주를 살 권리(신주인수권)를 준다는 의미입니다. 여기서 주의할 점! 신주 배정 기준일은 1월 26일이지만, 우리나라 주식결제시스템(매수일+2일)을 생각하면 이틀 전(주말 제외)까지 주식 매수를 마쳐야 합니다. 대한항공의 경우 신주 배정 기준일의 이틀 전은 1월 22일(금요일)이었어요. 이때까지 주식을 매수하고 보유해야 증자 참여 권리를 보장받을 수 있었죠(1월 24일과 25일은 주말=주식을 살 수 없는 날이어서 날짜 계산에서 제외).

1월 22일까지 산 주식에는 신주인수권이 주어지는데, 이후 주말을 제외한 1월 25일부터 산 주식은 신주를 인수할 권리가 없으므로 신주 배정 기준일 하루 전날은 인위적으로 가격을 내려서 거래를 시작합니다. 이를 두고 '신주를 인수할 권리가 떨어졌다'는 뜻으로 권리락(權利落)이라고 표현합니다(권리락과 비슷한 개념의 배당락은 258쪽에서 알아보도록 해요).

'9. 1주당 신주 배정주식수' 항목도 중요합니다. 내가 가진 주식

1주당 몇 주의 신주를 인수할 권리가 있느냐는 얘기인데요. 다른 말로 '신주 배정비율'이라고 합니다. 대한항공의 '1주당 신주 배정주식수'는 대략 '0.79'입니다. 가령 신주 배정 기준일에 대한항공 주식을 100주 보유한 주주라면 유상증자 신주 79주(100주×0.79)를 살 권리가 있다는 뜻이에요. 바꿔 말하면 신주인수권 79개를 확보한다는 얘기죠.

그런데 조금 이상한 점을 포착하셨나요? 맨 처음 대한항공 증자비율이 99.7%라고 했어요. 그렇다면 100주를 가진 사람은 당연히 99주를 살 권리를 줘야 하는데, 왜 79주만 살 수 있도록 했을까요? 그 이유가 바로 뒤에 나옵니다.

'10. 우리사주조합원 우선배정비율(%)'은 유상증자로 발행하는 신주의 20%를 대한항공 임직원 모임인 우리사주조합에 먼저 배정한다는 얘기입니다. 따라서 우리사주조합 배정분을 제외한 나머지를 가지고 주주에게 배정하기 때문에 100주당 99주가 아닌 79주의 신주인수권을 받는 것이지요.

그다음 항목으로 '11. 청약 예정일'이 나옵니다. 이 날짜는 신주인수권을 가진, 즉 신주 배정일인 1월 26일 기준으로 주주명부에 이름을 올린 주주들이 신주를 사겠다는 뜻을 밝히는 청약 날짜입니다(청약 방법은 뒤에서 구체적으로 살펴보겠습니다).

'12. 납입일'은 청약 대금을 내는 날짜가 아닙니다. 아니, 분명 '납입일'이라고 쓰여 있는데 무슨 소리냐고요? 상장공모주든 유상증자든 주식 청약을 할 때는 청약 신청하는 날에 증권계좌에 돈을 같이 넣어둬야 합니다. 그럼 '청약신청' 버튼을 누르는 동시에 돈이 빠져나갑니다. 즉 청약일이 곧 납입일이죠. 그런데 왜 공시에는 헷갈리게 청약일이 아닌 납입일을 별도로 적어놨느냐? 이날은 유상증자 청약을 주관한 증권사가 청약자금, 즉 유상증자 대금을 회사에 납입하는 날입니다. 회사 입장에서 납입일이라는 점이죠!

'13. 실권주 처리 계획'에서는 다시 '23. 기타 투자 판단에 참고할 사항-신주의 배정 방법'을 참고하라고 나옵니다(실권주는 잠시 후에 자세히 살펴보겠습니다).

'14. 신주의 배당 기산일'은 무엇일까요? 먼저 '기산(起算)'은 기준점으로 계산한다는 뜻입니다. 즉 배당의 기준점으로 계산하는 날짜가 배당 기산일입니다. 참고로 이 내용은 바로 다음에 나오는 항목인 '16. 신주의 상장 예정일'과 함께 보면 이해가 쉽습니다. 신주 상장 예정일이란, 청약으로 받은 유상증자 신주가 주식시장에 상장되는 날짜입니다. 상장이라고 해서 주주가 별도로 등록 절차를 거쳐야 하는 것은 아니고, 이 날짜가 되면 자동으로 청약 받은 주식이 본인의 증권계좌로 들어옵니다. 증권계좌에 주식이 들어와 있으니 이제 주식을 마음대로 팔 수 있지요.

대한항공의 경우 신주 상장 예정일이 '3월 24일'입니다. 즉 유상증자 신주는 3월 24일에 새로 발행한 주식이라는 이야기입니다. 그런데 배당의 기준점인 배당 기산일은 '1월 1일'입니다. 이 얘기는 3월 24일에 발행한 신주도 1월 1일부터 존재해온 것으로 간주하고 기존의 주식(신주의 반대말로 구주)과 같은 배당 권리를 준다는 뜻입니다. 만약 대한항공이 2021년 연말에 1주당 1000원의 배당을 실시한다면, 3월 24일에 발행한 신주에 대해서도 1월 1일부터 3월 23일까지 기간을 빼지 않고 동일하게 1000원의 배당을 주겠다는 의미입니다. 이런 내용은 대한항공을 비롯한 여러 상장회사의 정관(회사의 규칙)에도 담겨있는 내용입니다.

'18. 신주인수권 양도 여부, 신주인수권증서의 상장 여부'에 모두 '예'라고 표시되어 있습니다. 주주배정 유상증자에서는 기존 주주(정확히는 신주 배정 기준일에 주주명부에 있는 주주)에게 신주인수권이 주어진다고 했습니다.

이번 내용은 신주인수권을 다른 사람에게 양도, 즉 팔 수 있다는 뜻이고 팔기 위해서 주식처럼 상장을 시켜서 거래할 수 있게 한다는 문구입니다. 신주인수권을 팔 수 있어도 '당근마켓'에 물건 파는 것처

신주 배정 기준일 vs. 신주 배당 기산일

다시 한 번 정리해볼게요. 유상증자 신주를 살 권리를 확보하는 주주의 자격과 관련한 것이 신주 배정 기준일입니다. 이 날짜에 주주명부에 주주로 등재되어야 청약이 가능합니다.

이후 유상증자에 청약해서 신주를 확보했다면, 그 신주는 3월이든 4월이든 언제 발행했더라도 1월 1일부터 존재한 것으로 간주하고 기존 주식과 똑같이 배당을 준다는 개념이 신주 배당 기산일입니다.

유상증자 공시를 볼 때는 사실 배당 기산일은 크게 신경 쓰지 않아도 되지만, 신주 배정 기준일만큼은 꼭 체크해야 합니다.

럼 직접 만나서 거래할 수 없으니까 주식처럼 상장시켜놓고 편리하게 사고팔 수 있도록 하는 것이죠. 앞서 신주 배정 기준일에 대한항공 주식 100주를 가진 사람은 신주인수권 79개를 받는다고 했어요. 이 79개의 신주인수권 전부 또는 일부를 팔 수도 있다는 이야기입니다.

정리해보면 대한항공의 유상증자 일정은 다음과 같습니다.

대한항공 유상증자 일정

2020년 11월 16일
유상증자 결정 및 발표(이사회개최)

2021년 1월 22일
유상증자 참여 권리 확보 위한 주식 매수 마지막 날

2021년 1월 25일
유상증자 권리락

2021년 1월 26일
유상증자 신주 배정 기준일

2021년 2월 16~22일
신주인수권 매매일

2021년 3월 2일
확정 발행가 발표

2021년 3월 4~5일
주주 청약

2021년 3월 9~10일
실권주 일반공모 청약

2021년 3월 24일
유상증자 신주 상장

유상증자 공시, 핵심만 콕콕 짚어 분석 2 (feat. BTS & 하이브)

완벽한 실전 연습을 위해 유상증자 공시를 두 개만 더 읽어보겠습니다. 이미 대한항공을 통해 기본 개념을 알아봤으니, 복습 차원에서 빠르게 살펴보겠습니다. 이번에는 좀 더 두근거리고 설레는 마음으로 BTS(방탄소년단) 소속사 하이브(과거 이름 빅히트) 공시를 준비했습니다.

하이브는 2021년 4월 2일 1810억 원 규모의 제3자배정 유상증자, 4400억 원 규모의 주주배정 유상증자를 동시에 발표했습니다. 증자 방식이 달라서 따로따로 공시한 것이죠.

먼저 제3자배정 유상증자 공시를 보겠습니다.

하이브 〈주요사항보고서(유상증자결정)〉 공시 : 제3자배정 증자

2021년 4월 2일

1. 신주의 종류와 수	보통주식(주)	863,209
	기타주식(주)	-
2. 1주당 액면가액(원)		500
3. 증자 전 발행주식총수(주)	보통주식(주)	35,623,760
	기타주식(주)	-
4. 자금 조달의 목적	시설자금(원)	-
	영업양수자금(원)	-
	운영자금(원)	-

	채무상환자금(원)	-
	타법인증권 취득자금(원)	181,798,721,072
	기타자금(원)	-
5. 증자 방식		제3자배정 증자
6. 신주 발행가액	보통주식(원)	210,608
	기타주식(원)	-
7. 기준주가에 대한 할인율 또는 할증율(%)		10%
8. 제3자배정에 대한 정관의 근거		제10조(신주인수권)
9. 납입일		2021년 6월 17일
10. 신주의 배당 기산일		2021년 1월 1일
11. 신주권 교부 예정일		-
12. 신주의 상장 예정일		2021년 6월 30일
13. 현물출자로 인한 우회상장 해당 여부		아니오
14. 우회상장 요건 충족 여부		해당 없음
15. 이사회 결의일(결정일)		2021년 4월 2일
16. 증권신고서 제출 대상 여부		아니오
17. 제출을 면제받은 경우 그 사유		면제(보호예수 1년)
18. 공정거래위원회 신고 대상 여부		미해당

증자 규모는 기존 발행주식 대비 2.4%(86만 3209주/3562만 3760주)로 크지 않습니다. 자금 조달 목적은 다른 회사 주식을 산다는 의미의 '타법인증권취득자금'입니다. 공시에서는 더 자세히 설명하지 않지만, 공시에 첨부한 '이사회의사록 등 증빙서류'를 읽어보면, 이타카홀딩스라는 미국회사와 합병을 위한 자금 확보라는 내용이 나옵니다. 물론 이런 내용은 당시 언론보도에도 많이 등장했지만, 하이

브처럼 유명하지 않은 기업들은 언론보도가 없는 경우도 많으므로 공시의 첨부서류까지 꼼꼼히 읽어볼 필요가 있습니다.

증자 방식은 제3자배정, 즉 특정인에게 신주를 파는 것이어서 특정인이 누군지 알아보는 것이 중요합니다. 이 내용은 공시에 자세히 나와 있습니다. 스쿳 브라운(이타카홀딩스 대표), 스쿳 보세타(이타카홀딩스 자회사인 빅머신 레이블 대표), 그리고 최정상급 팝스타 아리아나 그란데와 저스틴 비버가 바로 그 '특정인'입니다. 이들이 하이브의 유상증자에 참여해 신주를 사간다는 내용입니다.

제3자배정 유상증자에서 중요한 내용 중 하나는 '보호예수(정해진 기간 동안 매매할 수 없도록 제한이 걸린 것)' 항목입니다. 공시 하단을 보면 '16. 증권신고서 제출 대상 여부'에 '아니오', '17. 제출을 면제받은 경우 그 사유'에 '면제(보호예수 1년)'라는 표현이 나옵니다. 이 내용은 하이브의 제3자배정 유상증자는 〈증권신고서〉를 제출해야 하는 증자임에도 면제를 받은 것이고, 면제 이유가 '보호예수 1년을 약속했기 때문'이란 뜻입니다. 즉 아리아나 그란데, 저스틴 비버 등이 사들이는 하이브 신주는

하이브의 제3자배정 유상증자에서 신주를 인수하는 특정인은 스쿳 브라운(이타카홀딩스 대표), 스쿳 보세타(빅머신 레이블 대표), 아리아나 그란데, 저스틴 비버였다. 이들이 인수한 신주는 보호예수 기간이 1년이다.

1년간 팔 수 없는 조건이 붙어있다는 이야기입니다.

따라서 해당 공시에서 신주 상장 예정일은 2021년 6월 30일이라고 나와 있지만, 실제 이 주식들이 시장에 매물로 나올 가능성이 있는 시점은 그로부터 1년이 지난 2022년 6월 30일 이후라는 것이죠. 이런 내용은 기존 하이브 주주에게는 무척 중요하겠죠!

두 번째로 하이브가 같은 날 발표한 주주배정 유상증자 공시를 읽어보겠습니다.

하이브 〈주요사항보고서(유상증자결정)〉 공시 : 주주배정 증자

2021년 4월 2일

<table>
<tr><td rowspan="2">1. 신주의 종류와 수</td><td>보통주식(주)</td><td>2,227,848</td></tr>
<tr><td>기타주식(주)</td><td>-</td></tr>
<tr><td colspan="2">2. 1주당 액면가액(원)</td><td>500</td></tr>
<tr><td rowspan="2">3. 증자 전 발행주식총수(주)</td><td>보통주식(주)</td><td>35,623,760</td></tr>
<tr><td>기타주식(주)</td><td>-</td></tr>
<tr><td rowspan="6">4. 자금 조달의 목적</td><td>시설자금(원)</td><td>-</td></tr>
<tr><td>영업 양수 자금(원)</td><td>-</td></tr>
<tr><td>운영자금(원)</td><td>189,999,980,000</td></tr>
<tr><td>채무상환자금(원)</td><td>250,000,000,000</td></tr>
<tr><td>타법인증권취득자금(원)</td><td>-</td></tr>
<tr><td>기타자금(원)</td><td>-</td></tr>
<tr><td colspan="2">5. 증자 방식</td><td>주주배정 후 실권주 일반공모</td></tr>
</table>

<table>
<tr><td rowspan="4">6. 신주 발행가액</td><td rowspan="2">확정 발행가</td><td>보통주식(원)</td><td colspan="3">-</td></tr>
<tr><td>기타주식(원)</td><td colspan="3">-</td></tr>
<tr><td rowspan="2">예정 발행가</td><td>보통주식(원)</td><td>197,500</td><td>확정예정일</td><td>2021년 5월 27일</td></tr>
<tr><td>기타주식(원)</td><td>-</td><td>확정예정일</td><td>-</td></tr>
<tr><td colspan="3">7. 발행가 산정 방법</td><td colspan="3">23. 기타 투자 판단에 참고할 사항
가. 신주 발행가액 산정 방법 참조</td></tr>
<tr><td colspan="3">8. 신주 배정 기준일</td><td colspan="3">2021년 4월 19일</td></tr>
<tr><td colspan="3">9. 1주당 신주 배정주식수(주)</td><td colspan="3">0.0625382609</td></tr>
<tr><td colspan="3">10. 우리사주조합원 우선배정비율(%)</td><td colspan="3">-</td></tr>
<tr><td rowspan="4">11. 청약 예정일</td><td rowspan="2">우리사주 조합</td><td>시작일</td><td colspan="3">-</td></tr>
<tr><td>종료일</td><td colspan="3">-</td></tr>
<tr><td rowspan="2">구주주</td><td>시작일</td><td colspan="3">2021년 6월 1일</td></tr>
<tr><td>종료일</td><td colspan="3">2021년 6월 2일</td></tr>
<tr><td colspan="3">12. 납입일</td><td colspan="3">2021년 6월 9일</td></tr>
<tr><td colspan="3">13. 실권주 처리 계획</td><td colspan="3">23. 기타 투자 판단에 참고할 사항
나. 신주의 배정 방법 참조</td></tr>
<tr><td colspan="3">14. 신주의 배당 기산일</td><td colspan="3">2021년 1월 1일</td></tr>
<tr><td colspan="3">15. 신주권 교부 예정일</td><td colspan="3">-</td></tr>
<tr><td colspan="3">16. 신주의 상장 예정일</td><td colspan="3">2021년 6월 22일</td></tr>
<tr><td colspan="3">17. 대표 주관회사(직접공모가 아닌 경우)</td><td colspan="3">NH투자증권(주)</td></tr>
<tr><td colspan="3">18. 신주인수권 양도 여부</td><td colspan="3">예</td></tr>
<tr><td colspan="3">- 신주인수권증서의 상장 여부</td><td colspan="3">예</td></tr>
<tr><td colspan="3">19. 증권신고서 제출 대상 여부</td><td colspan="3">아니오</td></tr>
</table>

증자 규모는 기존 발행주식 대비 6.25%(222만 7848주/3562만 3760주)입니다. 다만 하이브는 같은 날 두 개의 유상증자를 발표한 특이한 사례여서, 전체적인 증자 규모는 두 개의 유상증자로 발행한 신주 규모를 더해서 보는 게 정확합니다.

자금 조달 목적은 운영자금 1899억 원, 채무상환자금 2500억 원이라고 나와 있습니다. 아니! 무려 BTS 소속사인 하이브가 빚을 갚기 위해 유상증자를 한다고요? 사실 이 내용은 별도의 공시인 〈증권신고서〉에 자세히 나와 있습니다. 앞서 3자배정 유상증자 목적처럼 이타카홀딩스라는 미국회사를 인수하기 위한 자금인데요. 인수가 먼저 이뤄지고, 유상증자 대금은 나중에 들어오다 보니 일단 금융회사에서 돈을 빌려서 쓰고, 나중에 증자 대금이 들어오면 갚는다는 뜻입니다.

증자 방식은 주주배정 후 실권주 일반공모입니다. 이때는 신주를 배정할 주주명단을 확정하기 위한 날짜가 있어야 한다고 했습니다. 바로 그 날짜를 뜻하는 신주 배정 기준일은 4월 19일입니다. 우리나라 주식결제시스템(매수일+2일)을 생각하면 이틀 전(주말 제외)까지 실제 주식 매수를 완료해야 합니다. 4월 19일까지 주주명단에 이름을 올리려면 4월 15일까지 하이브 주식을 매입해야 한다는 얘기(4월 17일과 18일은 주말)입니다.

1주당 신주 배정주식수(신주 배정비율)는 0.06주입니다. 즉 신주 배정 기준일에 100주를 가진 주주는 6주의 신주인수권을 보유합니다. 대한항공과 달리 우리사주조합 우선배정이 없어서 증자비율

(6.25%) 그대로 신주 배정비율을 결정했다는 점을 알 수 있습니다.

청약일은 6월 1~2일, (주주 입장에서는 의미가 별로 없는) 납입일은 6월 9일, 신주 상장 예정일은 6월 22일입니다. 배당 기산일은 2021년 1월 1일로 대한항공과 같습니다.

'19. 증권신고서 제출 대상 여부' 항목에 '예'라고 표기되어 있습니다. 하이브가 제출한 〈증권신고서(지분증권)〉까지 읽어보면 더욱 자세한 내용을 알 수 있습니다.

한 가지 더 살펴볼 내용은 1주당 신주 발행가격입니다. 앞서 하이브의 제3자배정 유상증자 신주 발행가격은 21만 608원이었는데, 주주배정 유상증자 신주 발행가격은 19만 7500원(최종적으로는 20만 원으로 확정)이라고 적혀있습니다.

같은 날, 같은 회사가 발표한 유상증자인데 왜 가격이 다를까요? 궁금한 건 참지 못하는 여러분을 위해 곧이어 알아보겠습니다. Right Now!

주주배정
19만 7500원

유상증자 가격은 누가 어떻게 결정하는가?

신주 매수 대상 따라 달라지는 유상증자 할인율

주주이든 일반투자자이든 유상증자 참여를 고민할 때 가장 중요한 내용 중 하나는 바로 얼마에 신주를 살 수 있느냐는 점입니다. 앞서 유상증자를 할 때는 보통 시세보다 할인한 가격에 주식을 판매한다고 했습니다(137쪽). 그렇다면 얼마나 할인할까요?

이번에는 먼저 정답부터 공개하고 설명을 시작하겠습니다.

유상증자 신주 가격을 결정하는 방법

증자 방식	신주 가격 결정 방법
① 주주배정 증자	자율결정. 단, 실권주를 버리지 않고 판매하는 경우 기준주가에서 최대 40% 할인한 가격
② 제3자배정 증자	기준주가에서 최대 10% 할인한 가격
③ 일반공모 증자(주주우선공모 포함)	기준주가에서 최대 30% 할인한 가격

주주배정은 원칙적으로 회사가 신주 발행가격을 마음대로 정할 수 있습니다. 단돈 1원에 팔아도 되고 1만 원에 팔아도 상관없습니다. 이렇게 자유로운 규정을 둔 이유는 앞서 '유상증자 방식에 따른 주식가치 희석(145~146쪽)에서 알아봤듯이 이론적으로 주주배정은 기존 주주의 주식가치를 희석하지 않기 때문입니다. 주주들이 각자 지분율만큼 돈을 내고 신주를 배정받는 방식이어서 증자 전후 지분율 변화가 없는 게 정상입니다.

다만 이를 위해서는 주주배정으로 다 팔지 못하고 남은 재고(실권주)를 재판매하지 않고 버린다는 전제 조건에 뒤따라야 합니다. 그런데 실권주를 재판매한다면, 새로운 주주들이 등장하는 것이어서 '비포 앤 애프터'가 달라지겠죠. 앞서 살펴본 대한항공과 하이브 모두 주주배정 후 실권주 일반공모 방식의 유상증자를 진행했습니다. 주주배정을 하고 남은 주식을 일반투자자에게 재판매한다는 얘기죠. 그래서 이때는 주식가치 희석이 예상되기 때문에 할인율을 반드시 적용합니다. 최대 40% 이내에서 할인율을 자율 적용하도록 합니다

(참고로 대한항공은 25%, 하이브는 15%의 할인율 적용).

또한 대부분 회사는 주주배정을 하더라도 시장 혼란을 우려해서 과거부터 사용해온 관행에 따라 몇 단계에 걸쳐 수시로 시세를 반영해서 발행가격을 조정합니다. 조금 복잡한 내용이지만, 간단히 살펴볼게요.

발행가격 조정 과정

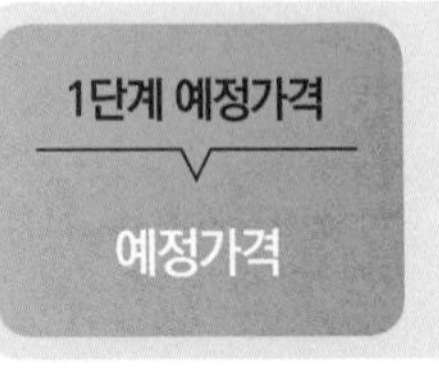

맨 처음 유상증자 공시를 발표할 때 적는 가격. 이사회에서 유상증자를 결정하고 공시한 날에 발표하는 금액. 이때는 이사회 개최일로부터 1개월, 1주일, 최근일 주가 흐름을 평균을 내서 기준주가를 구하고 여기에 할인율 적용.

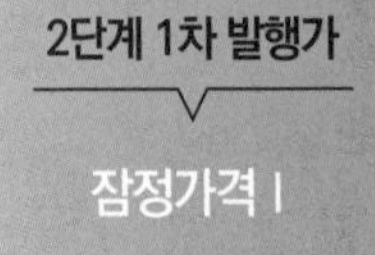

증자에 참여할 권리를 확정하는 신주 배정 기준일 3일 전을 기준으로 1개월, 1주일, 당일 주가 흐름을 평균 내서 기준주가를 구하고 할인율 적용.

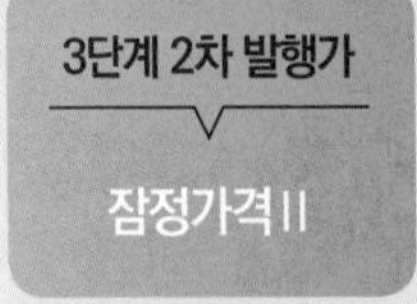

주주가 청약을 시작하는 청약일 3일 전을 기준으로 1주일, 당일 주가 중 낮은 금액에 할인율 적용해서 결정.

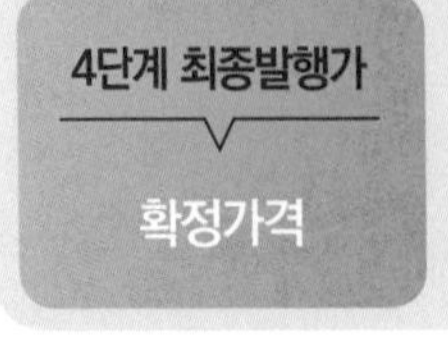

1차 발행가와 2차 발행가 중 낮은 가격으로 결정.

발행가격 조정은 총 4단계로 이뤄지지만 사실상 3, 4단계는 동시에 판단하는 것이어서 총 3단계라고 볼 수도 있습니다. 이런 과정은 주주나 일반투자자들이 유상증자에 참여할 때 투자 판단에 중요한 역할을 하는 것이어서 단계별로 의무적으로 공시해야 합니다.

대한항공을 보면 2020년 11월 16일 처음 유상증자 공시를 하면서 예정가격(1주당 1만 4400원)을 발표했고, 이후 2021년 1월 22일 1차 발행가(1주당 1만 9100원), 2021년 3월 2일 확정 발행가(1주당 1만 9100원)를 각각 발표했습니다.

이런 공시는 맨 처음 발표한 〈주요사항보고서(유상증자 결정)〉, 〈증권신고서(지분증권)〉 두 가지 공시 앞에 '정정'이라는 이름을 붙여서 재공시합니다. 그래서 다트에서 대한항공 유상증자 공시 화면을 열어봤을 때 여러 가지 문서가 함께 나왔던 것이죠.

조회건수 15 접수일자 회사명 보고서명

번호	공시대상회사	보고서명	제출인	접수일자	비고
1	유 대한항공	[기재정정]주요사항보고서(유상증자결정)	대한항공	2021.03.02	
2	유 대한항공	[기재정정]주요사항보고서(유상증자결정)	대한항공	2021.02.04	정
3	유 대한항공	[기재정정]주요사항보고서(유상증자결정)	대한항공	2021.01.22	정
4	유 대한항공	[기재정정]주요사항보고서(유상증자결정)	대한항공	2021.01.06	정
5	유 대한항공	주요사항보고서(유상증자결정)	대한항공	2020.11.16	정

또한 별도로 〈유상증자 신주 발행가액(안내 공시)〉이라는 제목으로 한 번 더 발표합니다. 따라서 이런 제목의 공시가 나오면 반드시 확인할 필요가 있습니다.

참고로 대한항공의 유상증자 발행가격 조정 과정에서 예정가격보다 1차 발행가격이 높아졌다는 것이 의미하는 바는 유상증자 발표

이후에 주가가 올랐다는 뜻입니다. 그리고 1차 발행가격과 확정 발행가격이 같다는 것은 2차 발행가격이 1차보다 높았다는 의미가 됩니다. 앞서 확정 발행가격은 1차 발행가와 2차 발행가 중 낮은 가격으로 결정한다고 했으니까요.

하이브가 같은 날 발행가격이 다른 두 개의 유상증자 공시를 낸 이유

지금까지 살펴본 내용은 주주배정 유상증자의 가격 결정 방법입니다. 또 다른 유상증자 방식인 제3자배정에서는 최대 10%만 할인율을 적용할 수 있습니다. 제3자배정은 '특정인'에게만 판매하는 방식이니까 특혜를 주지 말고 최대한 시세와 가까운 가격으로 신주를 발행하라는 취지입니다.

마지막으로 일반공모 방식의 유상증자에서는 최대 30%까지 할인율을 적용할 수 있습니다. 제3자배정보다 할인율 허용 폭이 큰 이유는 주식가치 희석효과 때문입니다.

앞서 일반공모 방식을 설명할 때 '새로 발행하는 주식이 불특정 다수에게 뿌려지면서 기존 주주들은 적지 않은 주식가치 희석 부담을 떠안아야 한다'고 했습니다. 증자비율이 같다고 가정하면 기존 주주 입장에서 희석효과가 가장 큰 방식이 일반공모라고 볼 수 있습니다(제3자배정은 보호예수라도 걸릴 수 있는데 일반공모는 그런 것도 없기 때문입니다).

유상증자 대상에 따른 주식가치 희석효과

일반공모 > 제3자배정 > 주주배정

그래서 "일반공모 방식을 막아놓지는 않겠지만, 주주의 피해가 크다는 점을 고려해서 시세보다 할인을 많이 해서 좀 더 싼 값에 주식을 살 수 있도록 배려하라"는 의미가 담겨있습니다.

지금까지 유상증자 신주 발행가격 결정 방법을 알아봤습니다. 하이브가 같은 날 발표한 두 개의 유상증자 공시 발행가격이 왜 다른지 궁금증이 풀리셨나요? 네 맞습니다. 제3자배정 증자에서는 할인율을 최대한도인 10%까지만 적용했고, 주주배정 증자에서는 할인율 15%를 적용했기 때문입니다.

제3자배정
21만 608원

주주배정
19만 7500원

유상증자의 대상이 달라지면 신주 발행가격에 적용하는 할인율이 달라지는 거구나.
하이브가 같은 날 발표한 두 건의 유상증자 발행가격이 달랐던 이유는 제3자배정은 10% 주주배정은 15%라는 할인율을 적용했기 때문이야! 하이브, 의심해서 미안!

투자자들이 가장 궁금해하는 유상증자 궁금증 8

유상증자의 이론적인 내용을 살펴봤고, 실전 연습을 통해서 대한항공과 하이브의 유상증자 공시도 분석해봤습니다. 그래도 당연히 헷갈리는 내용이 있을 겁니다. 유상증자 관련해 아리송한 내용을 Q&A로 점검해보는 시간을 가져보려 합니다.

Question 1 신주인수권을 가지고 있어요. 그럼 가만히 있으면 되나요?

A 유상증자 신주를 인수할 권리(신주인수권)를 확정하는 날이 신주 배정 기준일이라고 했습니다. 신주인수권은 별도의 신청 없이도 자동 배정됩니다.

만약 유상증자 공시에서 1주당 신주 배정주식수(신주 배정비율)가 0.8주로 나와 있고, 여러분이 해당 주식을 100주 가지고 있다면 신주 80주(100주×0.8주)를 살 권리가 있습니다. 즉 신주인수권 80개가 자동으로 주어집니다. 다만 실제 신주를 받으려면 주주 청약일에 본인이 거래하는 증권사를 통해 '청약 신청'을 꼭 해야 합니다.

다음에 알아볼 무상증자는 청약 절차 없이 신주 배정 기준일에 주주명단에 이름을 올리면 자동으로 신주가 주어지지만, 유상증자는 투자자 본인이 직접 '돈을 내고 신청하는' 청약을 해야 합니다. 이것이 무상과 유상 증자의 차이입니다.

따라서 청약 신청을 하지 않으면 신주인수권은 사라집니다. 또한 청약 신청 때 꼭 청약금액의 100%(청약 수량×확정 발행가격)를 계좌에 넣어둬야 합니다. 이를 '청약증거금'이라고 합니다. 상장공모 주식의 청약증거금은 50%지만, 유상증자 청약증거금은 100%라는 점 주의하셔야 합니다. 청약 신청 때 증거금을 계좌에 넣어둬야 청약 신청이 완료되고, 증거금이 부족하면 청약이 진행되지 않습니다.

Question 2  **유상증자하는 회사의 주주인데, 몇 주나 청약할 수 있나요?**

A 주주배정 증자 때는 기본적으로 지분율만큼 청약할 수 있습니다. 이를 '본청약' 또는 '본배정'이라고 합니다. 그 기준이 신주 배정비율이고요. 1주당 신주 배정주식수(신주 배정비율)가 0.8주로 나와 있고, 여러분이 해당 주식을 100주 가지고 있다면 신주 80주(100주×0.8주)를 청약할 수 있습니다.

추가로 더 많은 수량을 청약하는 방법도 있습니다. 이를 초과청약이라고 합니다. 초과청약은 정해진 신주 배정비율을 초과해서 청약할 수 있는 것으로, 통상 1주당 0.2주씩 초과청약이 가능합니다.

초과청약 가능 물량을 계산하는 방법이 중요한데요. 본인이 가진 주식에서 0.2를 곱하는 방식이 아니라, 본인이 청약할 수 있는 신주인수권 수량에서 0.2주를 곱하는 방식이라는 점을 주의해야 합니다.

신주 배정비율이 0.8주라면 100주를 가진 사람은 신주 80주를 청약할 수 있다고 했어요. 그럼 초과청약 가능 수량은 80주에 0.2를 곱한 16주가 됩니다. 따라서 100주를 가진 사람이 초과청약까지 마무리한다면 최대 96주(신주인수권 80주+초과청약 16주)를 청약할 수 있습니다. 다만 신주인수권은 말 그대로 신주를 인수할 권리를 완벽하게 보장하는 것이어서 80주를 그대로 살 수 있지만, 초과청약은 보너스 개념이라 만약 다른 주주의 신청이 몰린다면 경쟁률에 따라 나누는 몫이 줄어들어서 원하는 수량을 다 확보하지 못할 수도 있습니다. 이때는 잔액을 돌려줍니다.

Question 3

유상증자 청약을 어떻게 하는지 모르겠어요.

A 중요한 질문이에요. 마음의 준비가 됐고, 청약자금도 준비했는데 청약 방법을 찾기 어려워서 못 한다면 낭패겠죠.

유상증자 청약 방법은 앞서 살펴본 공모주 청약과 비슷해요. 다만 한 가지 크게 다른 점이 있는데 바로 어느 증권사를 통해서 청약할 수 있느냐는 것입니다. 주식시장에 처음 상장하는 공모주 투자에서는 청약 가능한 증권사가 딱 정해져 있다고 했습니다. 상장을 도와주는 '주관증권회사', 그리고 공모주 판매를 도와주는 '인수증권회사' 계좌를 통해서만 청약할 수 있어요.

주주배정 유상증자를 할 때도 증자를 도와주는 주관증권회사와 신주 판매를 도와주는 인수증권회사가 있긴 합니다. 그러나 유상증자는 이미 상장해 있는 주식에 투자하는 것이어서 본인이 마음에 드는 증권사 아무 곳이나 선택해서 청약하면 됩니다.

참고로 대한항공 유상증자를 도와준 증권사는 7개(NH, 한국, KB, 키움, 삼성, 유진, DB)였습니다. 만일 여러분이 이 7개 증권사에 포함되지 않는 미래에셋대우 계좌를 통해 대한항공 주식과 신주인수권을 보유하고 있다면 어떻게 해야 할까요? 미래에셋대우 계좌에서 그대로 청약하면 됩니다.

청약 방법은 미래에셋대우 영업점을 방문하면 됩니다. 하지만 대기 시간이 무척 길겠죠. 홈페이지나 HTS, MTS를 통해도 청약할 수 있습니다.

유상증자 청약 Step 1

MTS를 열어서 전체 메뉴 검색에서 '유상' 또는 '청약'이라는 단어를 검색하면 [유상 청약]이라는 메뉴가 있고, 이 메뉴를 클릭하면 해당 시점에서 청약할 수 있는 유상증자 목록이 나옵니다. 그 아래에는 실권주 청약 메뉴도 나오죠.

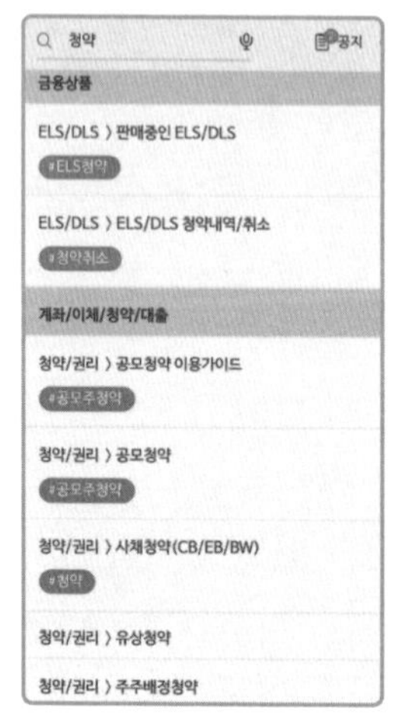

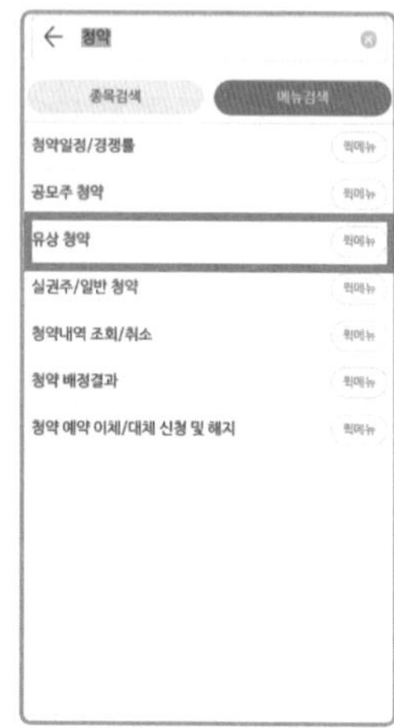

유상증자 청약 Step 2

2021년 3월에 진행한 대한항공 유상증자 청약 당시 MTS 실제 화면을 보여드릴게요. MTS 검색 기능으로 대한항공 유상증자 청약을 찾았습니다.

유상증자 청약 Step 3

해당 메뉴를 클릭해서 청약을 진행하면, 다음과 같은 화면이 등장합니다. 대한항공 유상증자는 신주 배정비율이 0.8주(100주를 가진 사람은 신주 80주를 청약)였습니다. 여기에서 다시 16주를 초과청약할 수 있었습니다. 그럼 '본배정청약수량' 항목에 80주, '초과청약수량' 항목에 16주를 각각 입력하면 됩니다.

물론 여러분의 자금 사정에 따라 전부 다 입력하지 않고 일부만 입력해도 상관없고, '본배정' 즉 처음부터 주어진 신주인수권 수량만 청약하고, 초과청약은 하지 않아도 상관없습니다. 청약이란 행위는 선택이지 의무는 아니니까요. 그리고 이제는 당연한 얘기지만 이렇게 청약할 수량을 누르는 순간, 증권계좌에 청약자금이 없으면 청약이 진행되지 않는다는 점 다시 한 번 말씀드립니다.

신주인수권을 가지고 있지만, 청약할 생각은 없는데 어떻게 해야 하죠?

A 이런 경우가 많아요. 유상증자에 반드시 참여할 필요는 없으니까요. 신주인수권은 받았는데 증자에 참여하고 싶지 않다면 무시하고

가만히 있으면, 절대 안 되고요! 신주인수권을 팔아야 합니다. 물론 본인의 선택이니까 팔지 않아도 상관없지만, 신주인수권을 팔지 않으면 그냥 권리만 없어지는 것이고, 팔면 권리는 없어져도 부수입이 생긴다는 차이가 있습니다.

앞서 대한항공과 하이브 유상증자 공시를 보면 둘 다 '신주인수권 양도 여부'와 '신주인수권증서 상장 여부'에 모두 '예'라고 적혀 있었습니다. 다른 회사의 유상증자 공시에서도 이 부분을 확인해야 합니다. 신주인수권을 다른 사람에게 팔 수 있고, 편리하게 팔 수 있게 하려고 주식처럼 상장을 시켜서 거래할 수 있다는 내용입니다.

Question 5  신주인수권은 언제, 어떻게 거래할 수 있나요?

A 유상증자 공시를 보면 신주인수권 상장 기간이 안내되어 있습니다. 다시 한 번 대한항공 공시를 예시로 살펴보면 이런 내용이 공시 하단에 나옵니다.

대한항공 〈주요사항보고서(유상증자결정)〉 공시

2020년 11월 16일

마. 신주인수권증서에 관한 사항

1. 「자본시장과 금융투자업에 관한 법률」 제 165의 6조 3항 및 '증권의 발행 및 공시 등에 관한 규정' 제5-19조에 의거하여 주주에게 신주인수권증서를 발행합니다.

2. 신주인수권증서는 한국거래소에 상장 예정입니다.
3. 신주인수권증서 상장 기간 : 2021년 2월 16~22일(5영업일)
4. 금번 유상증자 시 신주인수권증서는 전자증권제도 시행일(2019년 9월 16일) 이후에 발행되고 상장될 예정으로 전자증권으로 발행됩니다. 주주가 증권사 계좌에 보유하고 있는 주식(기존 '실질주주' 보유주식)에 대하여 배정되는 신주인수권증서는 해당 증권사 계좌에 발행되어 입고되며, 명의개서대행기관 특별계좌에 관리되는 주식(기존 '명부주주' 보유 주식)에 대하여 배정되는 신주인수권증서는 명의개서대행기관 내 특별계좌에 보유자별로 발행 처리됩니다.

신주인수권 증서가 한국거래소에 상장할 예정이라는 내용과 함께 상장 기간은 2021년 2월 16일부터 22일까지(5영업일)이라는 내용이 나옵니다. 상장 기간은 곧 신주인수권 거래 가능한 기간을 뜻합니다.

공시를 찾아보지 않더라도, 신주인수권을 가진 주주라면 거래하는 증권사에서 문자 또는 카카오톡 등으로 신주인수권이 있다는 점을 다음과 같은 내용으로 알려줍니다. 이제는 이런 문자를 받으면 당황하지 마세요. 신주인수권 상장 기간에 MTS에 접속해서 '신주인수권'을 검색하면 거래 가능한 신주인수권이 나오고, 그다음부터는 일반 주식처럼 매도할 수 있습니다.

[Web발신]
신주인수권 입고 안내
종목명 : 대한항공 46R

신주인수권 상장(예정)일 :
2021. 2. 16~22(5영업일)

※ 신주인수권을 매도하시면
유상청약 권리가 소멸됩니다.
자세한 사항은 영업점으로
문의하여 주시기 바랍니다.

같은 방법으로 신주 배정 기준일에 주식을 보유하지 못해서 신주인수권은 없는데 나중에라도 증자에 참여하고 싶다면, 신주인수권 상장 기간 동안 '신주인수권'을 매수할 수 있습니다.

Question 6  신주인수권은 얼마에 사고파는 게 좋나요?

A 신주인수권은 주식은 아닌데 주식처럼 사고파는 것입니다. 특정 기간(보통 5일)에만 딱 사고팔 수 있어서, 차트 분석 같은 방법으로 흐름을 가늠할 수 있는 일반 주식과 달리 적정가격이 얼마인지 추정하기 쉽지 않습니다.

그렇다고 실망할 필요는 없어요. 신주인수권을 거래할 때 등장하는 '이론가격'이란 개념을 알아두면 가격을 추정하는 데 도움이 됩니다. 신주인수권은 진짜 주식이 아니라 주식을 살 권리라는 점에서 착안해 나온 개념이 바로 이론가격입니다. 현재 주가에서 신주 발행가격을 뺀 금액이 신주를 인수할 수 있는 권리, 즉 신주인수권의 이론가격입니다.

신주인수권 이론가격

현재 주가 - 신주 발행가격

예를 들어 현재 주가는 2만 원. 신주 발행가격은 1만 5000원이라면 신주인수권 가격은 그 차액인 5000원이 합리적 가격입니다. 왜냐하면 5000원에 신주인수권을 산 후 나중에 청약을 통해 1만 5000원을 주고 신주를 보유하면 현재 주가인 2만 원과 딱 맞아떨어지기 때문이죠. 다만, 신주인수권 사고팔기가 가능한 시점에는 유상증자 확정 발행가격이 정해지지 않는 상황이어서 1차 발행가격을 기준으로 삼아야 합니다.

아무튼 신주인수권의 이론가격이 5000원이라면, 신주인수권을 파는 사람은 이론가격보다 비싸게 팔면 좋고, 반대로 사는 사람이라면 이론가격보다 싸게 사는 게 남는 장사가 되겠죠. 다만 신주인수권을 파는 사람은 반드시 이론가격보다 높은 가격에 팔지 않아도 돼요. 기존 주주는 주주의 자격으로 신주인수권을 공짜 즉 0원으로 받은 것이어서 신주인수권을 판 금액이 그대로 본인의 수익금이기 때문이죠. 비싸게 팔면 좋지만 싸게 판다고 손해는 아닌 셈입니다.

반면 신주인수권을 사는 사람은 이론가격보다 낮은 가격 또는 최대한 근접한 가격에 사는 게 유리해요. 이론가격보다 많이 비싼 가격에 사는 건 정말 바람직하지 않습니다. 그럴 바에는 차라리 번거롭게 신주인수권을 사고 청약하는 절차를 밟지 말고, 주식시장에서 직접 해당 주식을 매수하는 게 좋아요. 왜 그런지 계산해볼까요?

현재 주가가 2만 원이고, 유상증자 신주 발행가격은 1만 5000원이면, 신주인수권의 이론가격은 5000원이라고 했습니다. 그런데 실제로는 신주인수권이 이론가격을 뛰어넘어서 8000원에 거래 중이라고 가정해보겠습니다. 이 상황에서 여러분이 신주인수권을 8000원 주고 샀다고 해볼까요. 그리고 나중에 청약을 통해 1만 5000원의 신주 발행가격을 지불하고 1주를 받았어요. 그러면 신주 1주를 확보하기 위해 투자한 돈은 총 2만 3000원(신주인수권 8000원+신주 발행가격 1만 5000원)이 되겠죠. 맙소사! 주식시장에서 정상적으로 샀더라면 단돈 2만 원에 살 수 있는 걸 3000원이나 웃돈을 주면서 샀네요. 그것도 번거롭게 신주인수권을 사고, 청약하는 등 여러 단계를 고생스럽게 거치면서 말이죠.

그래서 유상증자를 진행 중인 회사의 신주인수권을 사고자 할 때는 '신주인수권 가격+신주 발행가격'을 더한 돈이 실제 본인이 투자하는 '최종 가격'이라는 점을 잘 생각해서 손익 계산을 따져야 합니다.

유상증자 실권주 청약은 어떻게 하나요?

A 대한항공과 하이브처럼 주주배정 유상증자를 하는 회사는 주주청약 이후 다 팔지 못한 주식(실권주)을 재판매하는 사례가 많습니다. 그래서 '주주배정 후 실권주 일반공모'라는 표현이 공시에 등장한다는 점을 살펴봤습니다.

대한항공 유상증자 실권주 공모 내용

발행사	(주)대한항공
공모 방식	주주배정 후 실권주 일반공모
증권의 구분	기명식 보통주
일반공모 주식수(예정)	137,466주
발행가액(예정)	19,100원
청약 단위	50주 이상~100주 이하 10주 100주 초과~500주 이하 50주 500주 초과~1,000주 이하 100주 1,000주 초과~5,000주 이하 500주 5,000주 초과~10,000주 이하 1,000주 10,000주 초과~50,000주 이하 5,000주 50,000주 초과~100,000주 이하 10,000주
최고 청약 한도	137,466주
청약증거금률	100%
청약일	2021년 3월 9일(화)~10일(수) (청약 당일 오전 8시부터 오후 4시까지)
납입·환불일	2021년 3월 12일(금)

주주청약은 신주 배정 기준일에 주식을 보유했거나 이후에 신주인수권을 산 사람들만 참여할 수 있지만, 실권주 일반공모 청약은 주주 또는 신주인수권 보유 여부와 관계없이 누구나 청약할 수 있습니다.

앞서 주주 청약은 본인이 거래하는 증권사 어디에서 청약해도 상관없다고 했는데요. 주의할 점은 주주 청약과 다르게 실권주 청약은 아무 증권사에서 할 수 없고 유상증자를 도와주는 증권사(주관회사,

인수회사)에서만 가능하다는 점입니다.

또한 주주청약은 본인이 신청한 수량을 다 받아요(신주인수권 수량만큼 받을 수 있다는 뜻이며, 초과청약으로 신청한 수량은 다 못 받을 수 있어요). 반면 실권주 청약은 신청한 수량만큼 다 못 받을 확률이 매우 높습니다. 보통 실권주 청약경쟁률이 높은 편이기 때문이죠. 이때는 청약 때 낸 증거금만큼 배정받지 못하면 자동으로 환불받습니다.

다만 실권주 청약은 상장공모주와 달리 청약증거금 비율이 100%입니다. 즉 청약증거금 면에서는 실권주 청약은 주주청약과 같은 방식이죠. 당연한 얘기지만 주주청약과 실권주 청약은 같은 주식을 사는 것인데 증거금 비율이 제각각 다를 순 없으니까요.

청약으로 받은 신주는 언제 거래하나요?

A 주주배정이나 실권주 청약을 통해서 받은 유상증자 신주를 거래할 수 있는 날짜는 똑같습니다. 증자 공시에서 '신주 상장 예정일'이라고 나오는 날짜가 바로 거래를 시작하는 첫날입니다. 신주 상장일에는 별도의 절차 없이 본인 증권계좌에 자동으로 주식이 들어와 있습니다.

유상증자 신주가 상장하는 날의 주가 흐름을 예측하는 건 쉽지 않습니다(물론 이날뿐만 아니라, 주가를 예측하는 건 매일매일 어렵지만요). 시세보다 할인한 가격에 발행한 신주가 한꺼번에 상장하는 만큼 시세

주가 흐름을 예측하는 것은 언제나 어렵다. 유상증자 신주 상장일에는 주가가 부진할 가능성을 열어두고 주가 추이를 살펴야 한다.

차익을 노린 매물이 나올 가능성이 높기 때문입니다. 반드시 유상증자 신주 상장일에 주가가 부진할 것이라고 단정하긴 어렵지만, 가능성은 열어두고 주가 추이를 살펴봐야 합니다.

참고로 포스코케미칼은 2021년 1월 1조 2000억 원 규모의 주주배정 유상증자를 실시했고, 신주 발행가격이 7만 7300원이었습니다. 이 가격은 신주 상장일(2월 3일) 전날 종가(13만 5000원)의 절반 수준이어서 신주 상장 당일 대량의 차익매물이 쏟아져 주가에 부담을 줄 것이라는 예상이 있었습니다. 그러나 막상 뚜껑을 열어보니 신주 상장일에 오히려 3.7% 상승한 채 마감했습니다.

신주가 상장한 날 주식시장의 전반적인 분위기가 좋았고(코스피지수 1.06% 상승), 신주를 받은 주주들도 당장 매물을 내놓지 않고 추가 상승을 기대하며 좀 더 지켜보자는 투자 심리가 작용했기 때문입니다.

Chapter 4

전지적 투자자 시점에서 본 무상증자

이번에서 알아볼 내용은 '증자(增資)' 앞에 '무상(無償)'이란 단어가 붙은 '무상증자'입니다. 앞서 살펴본 유상증자의 반대말이죠.

증자는 회사의 자본금을 늘리는 행위이고, 자본금은 '발행주식수×액면가'입니다. 따라서 증자를 하려면 주식을 더 찍어내야 한다는 점을 살펴봤었죠. 새로 찍어낸 주식을 돈을 받고 팔면 유상증자, 공짜로 나눠주면 무상증자입니다.

회사가 유상증자를 하는 이유는 이자 부담 없이 사업에 필요한 자금을 마련하기 위해서라고 했습니다. 유상증자와 달리 무상증자는 새로 찍어낸 주식을 돈을 받지 않고 공짜로 나눠주는 것이라 회사로 돈이 한 푼도 들어오지 않습니다. 즉, 자금을 조달하기 위해 무상증자를 하는 게 아니란 얘기죠. 돈도 못 받는데 회사는 왜 무상증자를 하려고 할까요? 자선사업이라도 하려는 걸까요?

무상증자를 발표하는 회사는 보통 '주주가치 제고', '주주이익 환원'을 이유로 듭니다. 또한 무상증자를 발표하면 대체로 주식시장에서는 주가에 긍정적 영향을 준다는 의미에서 호재로 인식합니다.

무슨 이야기인지 하나도 모르겠다고요? 걱정하지 마세요. 지금부터 하나씩 알아볼 테니, 저희만 믿고 따라오세요. Fallow Me~

왜 공짜로 주식을 나눠줄까?

1주 사면 1주를 더 주긴 하는데, 주가는…….

무상증자를 발표하는 기업은 대체로 100% 무상증자를 많이 합니다. 여기서 '100%'는 신주 발행비율을 뜻합니다. 기존 발행주식이 100만 주인 상황에서 새로 100만 주를 더 발행해서 나눠주면 '100% 무상증자'가 되지요.

만약 여러분이 A전자 주식을 100주 보유하고 있는데 회사가 100% 무상증자를 발표했다고 가정해볼까요. 여러분은 현재 가진 100주에 공짜로 주어지는 100주를 더해 총 200주를 보유하게 됩니다. 그래서 100% 무상증자는 다른 말로 '1대1 무상증자'라고도 합니다.

돈을 내고 주식을 추가 매수한 것도 아닌데, 주식수가 갑자기 두 배가 되니까 주주 입장에서는 정말 좋은 일이겠죠. 마트에서 물건 한 개를 사면 한 개를 공짜로 주는 1+1과 같은 거죠. 이게 대체 무슨 일일까요?

세상에 진짜 공짜가 어디 있겠어요. 무상증자에도 다 이유가 있답니다. 100% 무상증자로 발행주식수가 두 배 늘어나면, 강제로 주가를 절반으로 줄입니다. 아니, 공짜로 준다고 해놓고선 알고 보니 공짜가 아니잖아요! 주식수만 두 배 늘고 가격이 절반으로 떨어지면, 그것이 그것이고 저것이 저것 아니더냐. 맞습니다.

그런데 반대로 한번 생각해볼까요. 만약 A전자의 현재 주가가 1만 원인 상황에서 100% 무상증자를 발표했어요. 그럼 A전자의 주식수는 두 배로 늘어나는데 주식가격을 조정하지 않는다면 어떻게 될까요? A전자의 시가총액(전체 주식 가격의 합계)이 두 배로 늘어나겠

죠. 이 얘기는 A전자가 갑자기 사업이 잘되거나 특별한 호재가 있는 것도 아닌데 무상증자 한방으로 기업가치가 하룻밤 사이에 두 배 뛰었다는 얘기예요. 이런 일이 실제로 발생한다면 너도나도 할 것 없이 무상증자를 하려고 하겠죠. 자고 일어나면 주식값이 두 배, 세 배씩 뛰는 마법 같은 일이 일어나니까요.

따라서 현재 주가가 1만 원인 A전자가 100% 무상증자를 실시하면 주식수는 두 배로 늘어나는 만큼 주식가격을 절반으로 내려야 무상증자 전후 기업가치가 같아집니다. 이렇게 무상증자를 한 기업의 주식값을 강제로 줄이는 것을 '권리락(權利落)'이라고 합니다.

권리락? 어렴풋이 기억이 나는 분도, 또렷이 기억이 나는 분도 있을 거예요. 유상증자에 대해 알아보며, 권리락도 살펴봤습니다. 유상증자에서 '신주를 인수할 권리가 떨어졌다(사라졌다)'는 뜻으로 권리락이라는 표현을 쓰는데, 무상증자에도 권리락이 있습니다.

주가가 1만 원인 A전자가 100% 무상증자를 실시하면 권리락을 반영해 주가를 5000원으로 강제 조정합니다. 이렇게 해야 무상증자 전후로 A전자의 시가총액이 같아집니다. 일단 여기까지만 알아보고

A전자 무상증자 전후 시가총액

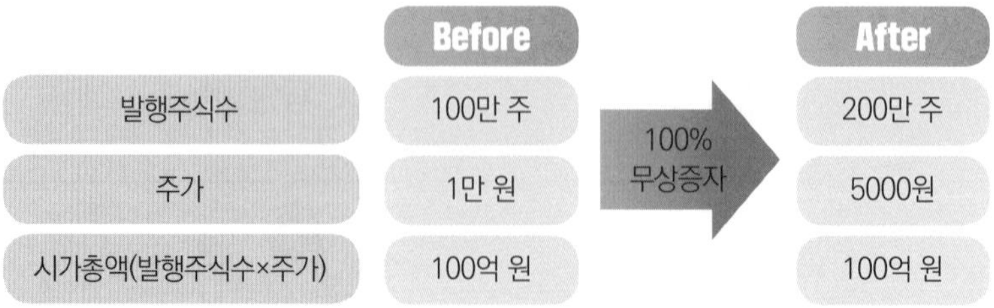

	Before		After
발행주식수	100만 주	100% 무상증자	200만 주
주가	1만 원		5000원
시가총액(발행주식수×주가)	100억 원		100억 원

실전 연습을 통해 권리락을 왜 하는지, 또 권리락이 주가에 어떻게 반영되는지 더 살펴보겠습니다.

무상증자를 왜 호재라고 할까?

무상증자를 발표하는 회사들은 보통 '주주가치 제고(提高)' 즉, '주주가치의 수준을 끌어올리기 위해 무상증자를 하겠다'는 명분을 내세웁니다. 또한 주식시장 참여자들도 무상증자를 발표하면 대체로 호재로 인식합니다.

100% 무상증자를 하면 주식수는 두 배 늘어나서 좋긴 한데 주식값은 강제로 절반으로 줄이면서, 무슨 주주가치가 올라가고 주가에 호재로 작용하느냐? 말뿐인 것 같다고요?

발행주식수가 늘어나는 것에 무게 중심이 있기 때문입니다. 발행주식수가 늘어난다는 의미는 주식 거래량도 늘어날 수 있다는 것입니다.

마트에서 '한 개 사면 한 개 공짜' 행사를 하는 이유는 물건이 남아돌거나 자선사업을 하려는 게 아닙니다. 물건 한 개를 공짜로 줘서 더 많은 고객의 관심을 끄는 게 목적인 판촉행사지요.

마찬가지로 거래가 빈번하지 않은 주식이 무상증자로 인해 주식수가 한꺼번에 늘어나면, 이전보다 거래가 활발해지고 그럼 점차 주

가 상승을 기대할 수 있습니다. 물론 거래가 늘어난다고 무조건 주가 상승으로 이어지지는 않습니다. 그럴 가능성을 기대하고 주식수를 늘린다는 의미지요. 유동인구가 적은 한적한 골목보다는 오가는 사람이 많은 큰길에 식당을 차리면 좀 더 많은 손님이 올 거라고 기대하는 것과 비슷하죠.

앞서 100% 무상증자를 하는 A전자의 주식 100주(1주당 1만 원)를 가지고 있다면, 무상증자 이후 주식수는 200주로 늘어나고 주식가격은 권리락이 적용돼 절반인 5000원으로 떨어진다고 했습니다. 무상증자 후 권리락으로 주식가치의 합계에는 변화가 없습니다. 하지만 이후 A전자가 꾸준히 이익을 내서 주가도 올라가 5000원이 6000원, 7000원이 된다면 투자자가 보유한 주식가치도 결과적으로 올라가게 됩니다.

실전, 무상증자 공시 독해

feat. 씨젠

씨젠의 1:1 무상증자 공시

다트를 열어 공시를 하나 찾아보겠습니다. 회사명에 '씨젠', 기간을 '10년'으로 설정하고, 보고서명에 '무상증자'를 입력하고 'Enter' 버튼을 누릅니다. 팝업창이 나오면 '주요사항보고서(무상증자 결정)'에 체크한 다음 '검색' 버튼을 클릭합니다.

유전자 진단 시약 개발업체 씨젠은 2021년 4월 8일 무상증자를 발표했습니다. 공시를 한 4월 8일은 이사회에서 무상증자를 결정한 날입니다.

씨젠 〈주요사항보고서(무상증자 결정)〉

2021년 4월 8일

1. 신주의 종류와 수	보통주식(주)	25,991,974
	기타주식(주)	-
2. 1주당 액면가액(원)		500
3. 증자 전 발행주식총수	보통주식(주)	26,234,020
	기타주식(주)	-
4. 신주 배정 기준일		2021년 4월 26일
5. 1주당 신주 배정주식수	보통주식(주)	1
	기타주식(주)	-
6. 신주의 배당 기산일		2021년 1월 1일
7. 신주권 교부 예정일		-
8. 신주의 상장 예정일		2021년 5월 20일
9. 이사회 결의일(결정일)		2021년 4월 8일
- 사외이사 참석 여부	참석(명)	2
	불참(명)	-
- 감사(감사위원) 참석 여부		참석

10. 기타 투자 판단에 참고할 사항

1) 무상증자 배정 내역 (단위 : 주)

구 분	무상증자 전	무상증자 배정 내역	무상증자 후
보통주(자기주식 제외)	25,991,974	25,991,974	51,983,948
보통주(자기주식)	242,046	-	242,046
합 계	26,234,020	25,991,974	52,225,994

2) 신주의 배정 방법 및 단주 처리 : 상기 신주 배정 기준일 현재 주주명부에 등재된 주주(자기주식 제외)에 대하여 소유주식 1주당 1주의 비율로 신주를 배정함. 단, 1주 미만의 단주인 경우에는 신주의 상장 초일 종가를 기준으로 현금으로 지급합니다.

3) 신주의 재원 및 전입금액 : 주식발행초과금 12,995,987,000원

4) 신주의 배정권이 없는 주식의 총수 : 자기주식 242,046주

5) 신주권 교부 예정일은 전자증권제도 시행에 따라 해당 사항이 없어 기재를 생략하였습니다.

씨젠 유상증자 공시 낱낱이 분석

공시를 번호 순서대로 읽어볼게요.

'1. 신주의 종류와 수'를 보면 보통주 2599만 1974주를 새로 발행하는 무상증자라는 걸 알 수 있습니다.

'3. 증자 전 발행주식총수'는 2623만 4020주로, 기존 발행주식수와 거의 같은 수의 신주를 발행한다는 것을 알 수 있습니다.

'4. 신주 배정 기준일'은 4월 26일입니다. 신주 배정 기준일은 유상증자를 공부하면서 매우 중요한 개념이라는 것을 확인했죠. 씨젠이 이번 무상증자로 발행하는 신주를 주주에게 배정할 때 기준으로 삼는 날짜를 뜻합니다.

유상증자든 무상증자든 최초 발표일(이사회 결의일) 이후 신주 배정 기준일까지 몇 주의 여유 시간이 있습니다. 이 기간은 투자자들이 유·무상 증자에 대한 투자 판단을 내리는 시간입니다.

씨젠은 4월 8일 무상증자를 결정한 이후, 약 20여 일이 지난 4월 26일 주주명부에 이름을 올린 주주를 대상으로 무상증자 신주를 공짜로 나눠주기로 했습니다.

그런데 우리나라 주식결제시스템(매수일+2일)을 생각하면 이틀 전(주말 제외)까지 실제 주식 매수를 완료해야 합니다. 따라서 씨젠 유상증자의 경우 4월 22일(24~25일은 주말)까지 주식을 매수해야 무상증자 신주를 받을 권리를 확보한다는 점을 기억해주세요.

'5. 1주당 신주 배정주식수'는 1주입니다. 즉 4월 26일 주주명부에 있는 사람들에게 1주당 1주를 나눠준다는 의미입니다. 즉 1대1 무상증자이자, 100% 무상증자입니다.

그런데 약간 이상한 점을 발견했나요? 앞서 1번 항목에서 무상증자로 발행하는 신주는 2599만 1974주인데, 3번 항목에서 증자 전 발행주식총수는 그보다 많은 2623만 4020주라고 나옵니다. 1주당 1주씩 나눠주려면 24만 2046주가 모자랍니다.

이 부분은 공시 하단 '10. 기타 투자 판단에 참고할 사항'에 '4) 신주의 배정권이 없는 주식의 총수 : 자기주식 24만 2046주'라는 표현으로 설명할 수 있습니다. 즉, 회사가 보유하고 있는 자기주식(자사주) 24만 2046주에는 신주를 배정하지 않는다고 했습니다. 그래서 자기주식을 제외한 나머지 모든 주식에는 1주당 1주씩 신주가 돌아갈 수 있죠.

'6. 신주의 배당 기산일'은 2021년 1월 1일입니다. 이 내용은 162쪽에서 살펴봤듯이, 이번 무상증자로 발행한 신주는 1월 1일부터 존재해온 것으로 간주하고 기존의 주식(구주)과 같은 배당 권리를 준다는 뜻입니다.

'8. 신주의 상장 예정일'은 2021년 5월 20일입니다. 무상증자로 발행한 신주가 주식시장에 상장하는 날, 즉 주주들이 신주를 거래할 수 있는 날이죠. 여기까지 살펴보면 유상증자와 조금 다른 점이 있습니다.

유상증자는 증자의 종류, 6지 선다형 자금 조달 목적, 청약일이

란 개념이 있는데 무상증자에서는 그런 것이 아예 없다는 점입니다! 유상증자는 신주를 인수할 권리를 누구에게 주느냐에 따라 주주배정, 제3자배정, 일반공모로 나뉜다고 했지요. 하지만 무상증자는 단 한 가지 주주배정 방식밖에 없습니다. 공짜로 나눠주는 주식인데 특정인에게만 몰아서 주거나, 주주가 아닌 사람에게도 막 퍼줄 수 없는 노릇이니까요. 또한 무상증자는 회사가 자금 조달을 위해 실시하는 게 아니고, 실제 자금이 들어오지도 않기 때문에 자금 조달 목적이란 6지 선다형 문제는 풀 이유가 없는 것이죠.

무엇보다 청약이란 행위도 없습니다. 유상증자는 신주 배정 기준일에 주주명부에 있더라도 실제 청약일에 돈을 내고 청약해야만 신주를 받을 수 있었죠. 그러나 무상증자는 신주 배정 기준일에 주주명부에만 이름을 올려놓으면 자동으로 신주가 배정됩니다. 신주가 들어오는 날은 신주 상장 예정일이 되겠죠. 이 날짜에 본인의 증권계좌에 주식이 딱 들어와 있고, 주식시장 문이 열리는 동시에 거래할 수 있습니다.

주식수가 늘어도 주식가치는 그대로인 이유, 권리락

잠깐! 무상증자를 하면 주식수는 늘어나는 대신 주가는 강제로 끌어내린다고 했어요. 근데 이런 내용이 공시에는 나오지 않습니다. 그럼 씨젠의 무상증자는 주가를 강제 조정하지 않는 것일까요?

그럴 리가요! 권리락은 〈무상증자 결정〉 공시 화면에는 나오지 않지만, 유상증자와 마찬가지로 신주 배정 기준일 하루 전날이 권리락 적용 날짜입니다. 따라서 씨젠은 신주 배정 기준일(26일) 하루 전날인 23일(24~25일은 주말)이 권리락 날짜입니다.

권리락 개념을 다시 한 번 살펴볼까요. 어차피 똑같은 주식인데 하루 차이로 신주인수권이 있는 날(권리락 전날)과 없는 날(권리락 당일)이 달라집니다. 그래서 두 날짜의 형평성을 위해 주식가치를 똑같이 만드는 작업을 하게 됩니다. 권리락 전날의 종가를 기준으로 무상증자 비율을 반영해서 주가를 얼마 떨어뜨릴지 결정합니다.

씨젠은 권리락 전날 종가 19만 5000원에 무상증자 비율(100%)을 반영해 절반인 9만 7500원이 권리락 적용 가격입니다. 그런데 실제로 권리락이 적용된 가격은 9만 8000원이었습니다.

씨젠 무상증자 일정

2021년 4월

일	월	화	수	목	금	토
4	5	6	7	8 **무상증자 발표**	9	10
11	12	13	14	15	16	17
18	19	20	21	22 **무상증자 참여 가능한 주식 확보 마지막 날**	23 **무상증자 권리락**	24
25	26 **신주 배정 기준일**	27	28	29	30	1

세부적인 계산 방법 때문에 권리락 예상가와 실제 적용가격에 차이가 발생했는데요. 궁금한 건 절대 못 참는 여러분을 위해 간략하게 알아보고 넘어가겠습니다. 정확하게 권리락을 적용하는 공식!

권리락 공식

$$\frac{(\text{권리락 전날 종가} \times \text{증자 전 주식수}) + \text{신주 납입금액}}{\text{증자 후 주식수 합계(신주} + \text{구주)}}$$

* 무상증자의 경우 신주 납입금액은 '0'

이 공식에 따라 계산하면 씨젠의 권리락 기준가격은 9만 7951원입니다. 단, 이 가격에서 호가 단위를 반영해서 9만 8000원으로 올려서 계산해, 9만 8000원이 나왔습니다.

호가 단위란 상장 주식 종목별로 거래할 수 있는 최소 단위를 뜻합니다. 씨젠이 속한 코스닥시장의 호가 단위는 5만 원 이상일 경우 100원 단위로 거래할 수 있습니다. 따라서 9만 7951원은 100원 단위로 딱 떨어지지 않아서 거래할 수 없으므로, 9만 8000원으로 잡은 것이죠. 이처럼 호가 단위가 딱 맞아떨어지지 않을 경우, 투자자에게 불리하지 않도록 아래쪽이 아닌 위쪽에 가까운 단위로 기준가격을 결정합니다.

우리 주식시장의 호가 단위

구분	유가증권시장	코스닥시장
~1천 원 미만	1원	1원
1천 원 이상~5천 원 미만	5원	5원
5천 원 이상~1만 원 미만	10원	10원
1만 원 이상~5만 원 미만	50원	50원
5만 원 이상~10만 원 미만	100원	100원
10만 원 이상~50만 원 미만	500원	100원
50만 원 이상	1000원	100원

회사가 자본금을 플렉스하는 방법

돈 받고 주식을 팔지 않아도 Yo!
자본금을 충분히 늘릴 수 있어 Yo!

무상증자를 한다고 반드시 주가가 오른다는 보장은 없지만, 무상증자를 하는 회사들은 비교적 자본 여유가 있는 회사라는 공통점이 있습니다. 회사가 돈이 필요하다면 돈을 받고 주식을 팔아야겠죠. 즉, 유상증자를 해야 합니다. 따라서 무상증자는 우리 회사는 탄탄하고 또 앞으로도 '잘 될 것'이란 자신감을 주주에게 알리는 방법입니다.

무상증자도 결국 주식을 발행해서 자본금을 늘리는 것(증자)이어서 누군가는 대가를 지불해야 합니다. 장부에 자본금이 늘어난다고 적어야 하는데, 정작 무상으로 나눠주는 바람에 들어올 돈은 없

고……. 그렇다고 빈칸으로 놔둘 수도 없고 어떻게 해야 할까요?

유상증자는 주식을 사가는 투자자가 지불한 돈으로 자본금을 늘리지만, 무상증자는 투자자 대신 회사 스스로 자본금을 늘리는 방법입니다. 이게 무슨 소리냐고요? 돈을 어디서 빌려서 오는 게 아니라 회사의 회계장부에 적혀있는 '잉여금', 즉 남아도는 돈을 무상증자에 이용합니다. 좀 더 정확한 용어로 '자본잉여금'이라고 합니다. 그래서 무상증자는 회사가 "돈 받고 주식을 팔지 않아도 자본금을 늘릴 수 있다"며 플렉스(Flex)하는 방법이기도 합니다.

이익잉여금이 뭔가요?

회사가 물건을 팔아서 남기는 돈은 '이익잉여금'이고, 주식을 발행해서 남기는 돈은 '자본잉여금'입니다. 자본잉여금의 대표적인 종류가 주식발행초과금입니다. 주식을 발행했는데 액면가 이상으로 발행했을 때 생기는 돈이지요. 예를 들어 회사가 액면가 5000원 짜리 주식을 1만 원에 발행해서 팔았다면, 액면가 초과금액 5000원(1만 원-5000원)이 주식발행초과금이 됩니다.

비상금통장에서 10만 원을 꺼내서 생활비통장으로 이체하는 원리

아무튼, 회사의 회계장부 중 자본 항목에는 '자본금'과 '자본잉여금' 등이 있습니다. 무상증자를 하려면 오른쪽 주머니(자본잉여금)에 있는 돈을 왼쪽 주머니(자본금)로 슬쩍 옮기면 돼요. 그럼 자본금이 늘어나니까 '증자'인 셈이죠. 이거 회계 조작 아니냐고요? 그건 아니랍니다. 회계 원리상 이렇게 항목을 조정하는 것입니다. 좀 전에 얘기한 주식발행초과금이란 개념도 왼쪽 주머니(자본금)에 다 넣지 못하는 것을 오른쪽 주머니(자본잉여금)에 옮겨다 놓는 것이니까요.

앞서 살펴본 씨젠의 공시(200쪽)를 다시 보면, 공시 하단에 '3) 신주의 재원 및 전입금액 : 주식발행초과금 129억 9598만 원'이라는 표현이 나옵니다. 씨젠은 이번 무상증자로 자본금이 총 129억 9598만 원(무상증자 신주 2599만 1975주×액면가 500원) 늘어납니다. 하지만 실제 돈이 들어오진 않으니까 신주 발행 재원을 주식발행초과금이란 항목에서 끌어다 쓴다는 뜻입니다. 일반적으로 무상증자를 하는 기업은 대부분 주식발행초과금을 끌어다 씁니다.

무상증자를 마무리하면 씨젠의 자본 구성은 주식발행초과금이 129억 원 줄어드는 만큼, 자본금은 129억 원 늘어납니다. 왼쪽 주머니와 오른쪽 주머니의 합계, 그러니까 자본 항목의 총계(자본총계)는 변함없습니다.

조금 어려운가요? 여러분이 당장 사용할 수 있는 현금이 생활비통장과 비상금통장으로 나뉘어 있을 때, 비상금통장에서 10만 원을 꺼내서 생활비통장으로 이체하는 것과 같다고 생각하면 쉽습니다. 비상금통장에 돈이 충분히 있어야 급할 때 생활비로 끌어다 쓸 수 있는 것처럼, 자본잉여금이 충분히 있어야 무상증자도 할 수 있습니다. 따라서 재무구조가 나쁜 회사들은 무상증자를 쉽게 선택할 수 없습니다.

유상증자와 무상증자를 함께 발표하는 기업의 속셈

지금까지 유상증자와 무상증자를 공부했습니다. 그런데 간혹 두 종류의 증자를 함께 발표하는 회사도 있습니다. 이럴 때는 보통 유상증자를 먼저 실시하고 무상증자를 진행합니다. 순서를 바꾸는 경우는 글쎄요? 아직 목격하지 못했습니다.

유상증자에 참여한 주주를 대상으로 무상증자를 한 번 더 진행하겠다는 것은, 유상증자 성공 가능성을 높이기 위한 일종의 '당근'을 제시한다는 의미입니다. 실제 사례를 볼까요.

저가항공사 티웨이항공은 2020년 9월 유상증자와 무상증자를 함께 발표했습니다. 유상증자의 신주 배정 기준일은 9월 29일, 무상증자의 신주 배정 기준일은 약 두 달 뒤인 11월 16일입니다. 그런데 두

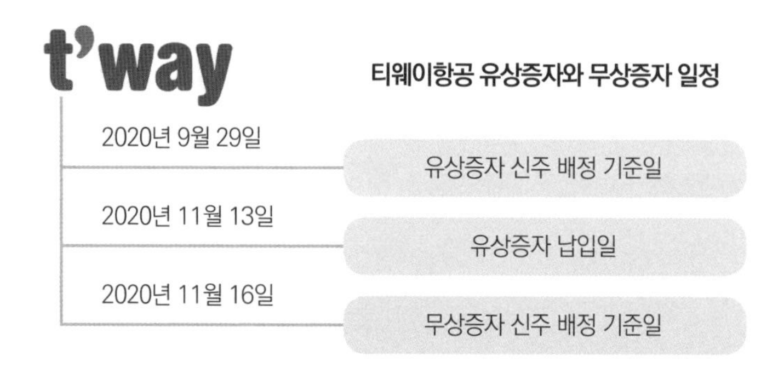

날짜 사이에 유상증자 납입일(11월 13일)을 끼워 넣었습니다.

무슨 속셈일까요? 이 얘기는 유상증자에 참여해 돈을 내고 신주를 배정받은 주주라면, 자동으로 무상증자 참여 권리를 준다는 뜻입니다. 투자자 입장에서는 대가를 지불해야 하는 유상증자가 껄끄럽긴 하지만, 이후 무상증자로 보유 주식수가 더 늘어날 수 있으니 유상증자 참여를 한 번 더 고민할 여지가 있는 것이죠. 실제 티웨이항공은 코로나19 여파로 자금 사정이 좋지 못해서 유상증자 성공 여부를 장담할 수 없는 상황이었고, 투자자의 관심을 끌기 위해 무상증자를 같이 실시했습니다. 결국 티웨이항공은 이 방법으로 총 668억 원을 유상증자로 조달하는 데 성공했어요.

유상증자와 무상증자를 같이 하는 건 마트에서 두부 한 모를 사는데 작은 순두부를 공짜로 준다는 것과 비슷합니다. 소비자 입장에서 두부 한 모를 사는데 비용이 들긴 하지만, 공짜로 순두부를 얻을 수 있으니 두부를 살까 말까 한 번 더 고민하게 하는 것이죠. 다만 순두부를 좋아하지 않거나, 당장 먹을 계획이 없는 사람이라면 애초 이 두부를 살 필요가 없겠죠.

Chapter 5

전지적 투자자 시점에서 본 감자

'덜어낼 감(減)' '재물 자(資)', 감자는 한자 풀이 그대로 자본금을 줄이는 행위입니다. 자본금 공식은 이제 익숙하죠? '발행주식수×액면가격=자본금'입니다. 따라서 자본금을 줄이려면 주식수를 줄이거나 액면가를 낮춰야 합니다.

자본금 = 발행주식수 × 액면가

예를 들어 A전자의 발행주식수가 100주, 액면가가 500원이라면 자본금은 5만 원(100주×500원)입니다. A전자가 2주를 1주로 병합하는(줄이는) 감자를 해서 발행주식수가 50주로 줄면, 자본금도 2만 5000원(50주×500원)으로 감소합니다. 주식수는 그대로 놔두고 액면가를 250원으로 줄여도, 역시 자본금은 2만 5000원(100주×250원)이 됩니다.

회사가 계속 성장하려면 자본금을 늘려도 모자랄 텐데, 멀쩡한 자본금을 줄이는 이유는 무엇일까요? 회사가 감자하는 이유는 크게 ① 재무구조 개선 ② 주주들의 투자자금 회수, 이 두 가지로 나뉩니다.

이번 장에서는 감자의 두 종류 유상감자와 무상감자에 관해 알아볼 것입니다. 실제 감자 사례를 통해 감자의 개념뿐만 아니라 감자로 회사의 재무구조가 어떻게 바뀌는지, 감자가 주가에 어떤 영향을 미치는지까지 꼼꼼히 분석해드릴게요.

기업의 건강 상태를 '30초' 만에 파악하는 법

감자, 공짜로 먹거나 돈을 내고 먹거나

회사가 감자하는 이유는 대부분 재무구조를 개선하기 위해서입니다. 회사가 사업을 잘 못해서 재무구조가 나빠졌습니다. 그래서 장부를 고쳐 쓰기로 마음먹고 자본금을 줄이는 것이죠. 재무구조가 좋아지려면 회사가 돈을 열심히 벌거나 빚을 잘 갚으면 될 텐데, 장부만 고쳐 써서 재무구조가 좋아질까요?

장부상 자본금을 줄이려면 주식수를 줄이면 됩니다. 이때 주주들이 가진 주식수를 줄이면서 따로 보상하지 않는다면, 줄어든 주식만큼의 가치는 회사가 가져가는 것이겠죠. 즉 주주의 주식을 없애버리면서 보상은 안 해주기 때문에 회사가 주주와의 주식 거래로 이득을 본 것이라고 간주하는 것입니다. 회계 용어로 이를 '감자차익'이라고 합니다.

이를 장부에 반영하면 줄어든 주식수만큼 자본잉여금(주식 거래로 발생하는 이익)이 늘어나고, 결과적으로 장부가 좀 더 건전하게 보이는 효과가 나타납니다.

이런 방식을 보상 없이 자본금을 줄인다는 뜻에서 '무상감자'라고 합니다. 드물긴 하지만 줄어드는 주식만큼 주주에게 보상을 해주면서 자본금을 줄이는 '유상감자'도 있습니다.

자본금을 향해 돌진하는 먹성 좋은 누에들

여러분과 무상감자를 공부하기 위해 등판시킬 회사는 아시아나항공입니다. 다트 공시통합검색에서 회사명에 '아시아나항공', 기간 '10년', 보고서명에 '반기보고서'라고 입력한 후 '검색' 버튼을 클릭합니다. 참고로 반기보고서란, 회사의 사업연도(1년) 중 절반이 지났을 때 잠정 결산을 해서 투자자들에게 알리는 정기보고서를 말합니다.

아시아나항공이 2020년 8월 14일 제출한 〈반기보고서(2020.06)〉 공시를 눌러서 왼쪽 문서 목차에서 'Ⅲ. 재무에 관한 사항 > 1. 요약재무정보'를 클릭합니다.

아시아나항공 〈반기보고서〉 중 요약재무정보(연결)〉

2020년 8월 14일 (단위 : 백만 원)

구 분	제33기 반기	제32기	제31기
[유동자산]	1,445,095	1,560,759	1,513,648
당좌자산	1,246,347	1,335,224	1,250,995
재고자산	198,748	225,535	262,654
[비유동자산]	11,955,889	11,942,664	6,677,456
투자자산	956,088	789,503	698,084
유형자산	10,197,043	10,357,685	5,491,680
투자부동산	-	20,445	20,879
무형자산	202,756	204,367	217,843
기타비유동자산	600,002	570,664	248,970
자산총계	13,400,984	13,503,423	8,191,105
[유동부채]	4,797,915	4,558,412	3,369,266
[비유동부채]	8,042,594	8,036,722	3,728,650
부채총계	12,840,509	12,595,134	7,097,915
[자본금]	1,116,176	1,116,176	1,026,176
[자본잉여금]	885,929	585,983	4,901
[기타자본구성요소]	(69,105)	(69,105)	(69,105)
[기타포괄손익누계액]	37,687	40,418	43,465
[이익잉여금(결손금)]	(1,483,212)	(880,552)	(66,244)
[비지배지분]	73,000	115,369	153,995
자본총계	560,475	908,289	1,093,189

이 상태에서 아시아나항공의 재무 상태를 '30초' 만에 진단해볼게요. '제33기 반기'라고 적힌 줄이 2020년 상반기(6월 말 기준) 아시아나항공의 자산·부채·자본 현황(단위: 백만 원)을 요약해 놓은 항목입니다. 자본금은 1조 1161억 원, 자본총계는 5604억 원입니다. 이 숫자가 의미하는 건 회사가 자본금(1조 1161억 원)을 지키지 못하고 갉아먹어서 5604억 원만 남아있다는 뜻입니다.

이처럼 자본금이 자본총계보다 더 많은 상황(=자본총계가 자본금보다 적은 상황)을 '자본잠식'이라고 합니다. 잠식(蠶食)의 '잠'은 누에, '식'은 먹는다는 뜻입니다. 즉 누에가 뽕잎을 먹는 모습을 표현한 것이지요. 누에가 뽕잎을 먹는 영상을 한번 찾아보세요. 사각사각 열심히 먹어치워서, 얼마 지나지 않아 뽕잎에 구멍이 숭숭 생깁니다. 아시아나항공의 회계 장부도 구멍이 숭숭 나 있는 상황입니다.

'자본금'과 '자본총계', 두 가지만 확인하면 건강 상태 진단 끝!

정상적인 회사, 즉 자본잠식이 없는 회사는 자본총계가 자본금보다 더 많습니다. 아시아나항공은 자본금을 갉아먹었으니 회사의 재무적인 건강 상태가 나빠졌다고 할 수 있습니다. 아시아나항공뿐만 아니라 다른 회사의 재무정보도 자본금과 자본총계, 이 두 가지만 간단히 비교해 자본잠식 여부를 쉽게 파악할 수 있습니다.

다만, 자본잠식을 더 정확히 계산하려면 자본총계 바로 윗줄에 있는 '비지배지분' 항목은 제외해야 합니다. 아시아나항공의 자본총계는 비지배지분을 빼고도 4874억 원(5604억 원-비지배지분 730억 원)으로 자본금 1조 1161억 원보다 훨씬 작은 상황이어서, 이리 계산하나 저리 계산하나 자본잠식 상태입니다.

지배지분은 엄마(아시아나항공)가 아들 회사(아시아나항공의 자회사)에 투자한 지분에 해당하는 몫, 비지배지분은 아들 회사(자회사)에 투자한 주주들 가운데 엄마(아시아나항공)를 제외한 다른 주주의 몫이라고 생각하면 됩니다. 따라서 비지배지분에 포함된 자본은 엄마(아시아나항공)의 몫이 아니라고 봅니다. 하지만 숫자가 크지 않다면 무시해도 됩니다.

실전, 무상감자 공시 독해

feat. 아시아나항공

재무구조 개선 위해 3대 1 무상감자 추진한 아시아나항공

이제 본격적으로 무상감자를 알아볼 건데요. 다트 공시통합검색에서 회사명 '아시아나항공', 기간 '10년', 보고서명에 '감자'라고 입력합니다. 팝업창이 나오면 '주요사항보고서(감자 결정)'에 체크 후 '검색' 버튼을 클릭합니다!

아시아나항공이 2020년 11월 3일에 제출한 〈주요사항보고서(감자 결정)〉 공시가 여러분에게 무상감자란 무엇인지 알려줄 실전 연습 문제입니다. 항목별로 하나씩 읽어볼게요.

아시아나항공 〈주요사항보고서(감자 결정)〉

2020년 11월 3일 (단위 : 백만 원)

<table>
<tr><td rowspan="2">1. 감자 주식의 종류와 수</td><td colspan="2">보통주식(주)</td><td colspan="2">148,823,530</td></tr>
<tr><td colspan="2">기타주식(주)</td><td colspan="2">-</td></tr>
<tr><td colspan="3">2. 1주당 액면가액 (원)</td><td colspan="2">5,000</td></tr>
<tr><td colspan="3" rowspan="2">3. 감자 전후 자본금</td><td>감자 전(원)</td><td>감자 후(원)</td></tr>
<tr><td>1,116,176,470,000</td><td>372,058,823,333</td></tr>
<tr><td rowspan="3">4. 감자 전후 발행주식수</td><td colspan="2">구 분</td><td>감자 전(주)</td><td>감자 후(주)</td></tr>
<tr><td colspan="2">보통주식(주)</td><td>223,235,294</td><td>74,411,764</td></tr>
<tr><td colspan="2">기타주식(주)</td><td>-</td><td>-</td></tr>
<tr><td rowspan="2">5. 감자비율</td><td colspan="2">보통주식(%)</td><td colspan="2">66.67</td></tr>
<tr><td colspan="2">기타주식(%)</td><td colspan="2">-</td></tr>
<tr><td colspan="3">6. 감자 기준일</td><td colspan="2">2020년 12월 28일</td></tr>
<tr><td colspan="3">7. 감자 방법</td><td colspan="2">액면가액 5,000원의 기명식 보통주식 3주를 동일 액면금액의 보통주식 1주의 비율로 무상 병합함(무상균등감자)</td></tr>
<tr><td colspan="3">8. 감자 사유</td><td colspan="2">결손금 보전 및 재무구조 개선</td></tr>
<tr><td rowspan="8">9. 감자 일정</td><td colspan="2">주주총회 예정일</td><td colspan="2">2020년 12월 14일</td></tr>
<tr><td colspan="2">명의개서 정지 기간</td><td colspan="2">-</td></tr>
<tr><td rowspan="2">구주권 제출 기간</td><td>시작일</td><td colspan="2">-</td></tr>
<tr><td>종료일</td><td colspan="2">-</td></tr>
<tr><td rowspan="2">매매거래 정지 예정 기간</td><td>시작일</td><td colspan="2">2020년 12월 24일</td></tr>
<tr><td>종료일</td><td colspan="2">2021년 1월 14일</td></tr>
<tr><td colspan="2">신주권 교부 예정일</td><td colspan="2">-</td></tr>
<tr><td colspan="2">신주 상장 예정일</td><td colspan="2">2021년 1월 15일</td></tr>
</table>

'1. 감자 주식의 종류와 수'는 1억 4882만 3530주입니다. 자본금을 줄이려면 주식수를 줄이거나 액면가를 낮춰야 한다고 했습니다. 아시아나항공은 액면가는 그대로 두고 주식수를 1억 4882만 3530주 줄이는 방법을 선택했다는 설명입니다.

이렇게 하면 '감자 주식수 1억 4882만 3530주×액면가 5000원=7441억 1765만 원'입니다. 이 금액이 바로 아시아나항공이 이번 감자로 줄이는 자본금 규모입니다.

'3. 감자 전후 자본금'을 볼까요. 감자 전 자본금 1조 1161억 7647만 원이 감자 후 3720억 5882만 원으로 줄어든다는 내용입니다. 감자 전 자본금에서 앞서 계산한 7441억 1765만 원을 빼면 감자 후 자본금과 일치합니다.

'4. 감자 전후 발행주식수'를 보시죠. 이번 감자로 주식 1억 4882만 3530주를 줄이니까, 감자 전에 2억 2323만 5294주였던 발행주식수는 감자 후 7441만 1764주로 감소하겠죠.

'5. 감자 비율'은 66.67%입니다. 이 숫자는 이번 감자로 줄어드는 자본금(7441억 1765만 원)이 감자 전 자본금(1조 1161억 7647만 원)의 66.67%에 해당한다는 뜻입니다. 아울러 이번 감자로 줄어드는 주식수(1억 4882만 3530주)도 감자 전 발행주식수(2억 2323만 5294주)의 66.67%에 해당한다는 의미입니다. 감자 전 자본금이나 주식수를 100으로 놓고 볼 때 얼마를 줄이느냐는 것입니다.

'6. 감자 기준일'입니다. 유상증자, 무상증자를 공부할 때 신주 배정 기준일이 중요하다고 했는데요. 감자를 할 때는 감자 기준일이 있습니다. 당연히 매우 중요한 일정입니다.

감자 기준일이란 이 날까지 주주명부에 있는 주주는 무상감자 대상이 된다는 뜻입니다. 신주 배정 기준일과 개념은 거의 같지만, 주주가 체감하는 의미는 완전 다르겠죠. 신주 배정 기준일은 신주를 확보할 권리를 획득하는 날이지만, 무상감자 기준일은 주식이 강제로 줄어드는 의무가 발생하는 날이어서 주주 입장에서는 달갑지 않습니다.

바꿔 말하면 감자 기준일 이전에 주식을 팔아버리면 무상감자 대상이 되지 않겠죠. 그런데 감자 기준일 하루 전에는 주식을 팔 수 없다는 점을 주의해야 합니다! 감자 기준일 하루 전부터 주식 거래가 정지되기 때문이죠.

이를 확인하기 위해서 먼저 '9. 감자 일정'을 봐야 합니다. 매매거래 정지 예정 기간은 '2020년 12월 24일부터 1월 14일'이라고 되어 있습니다.

2020년 12월 아시아나항공 무상감자 일정

2020년 12월

일	월	화	수	목	금	토
20	21	22	23 **주식 매매정지 전 마지막 거래일**	24 **주식 매매정지 시작**	25 크리스마스	26 주말
27 주말	28 **감자 기준일**	29	30	31	1	2

감자 기준일(12월 28일)은 무상감자 대상 주주 명단을 확정하는 날입니다. 그런데 우리나라 결제시스템(매수일+2일)을 생각하면, 공휴일과 주말을 제외한 23일(25~27일은 공휴일과 주말)이 실질적인 기준일이 되는 셈이죠. 그래서 23일까지만 매매할 수 있게 해놓고, 24일부터 주식 거래를 정지시킵니다. 2020년 12월 24일부터 1월 14일까지 주식 거래를 정지시키고 1월 15일 거래를 다시 시작합니다. 거래를 재개할 때 주식의 가격이 어떻게 바뀌는지는 조금 뒤에 다시 살펴볼게요.

'7. 감자 방법'을 보면, 액면가액 5000원의 보통주 3주를 동일 액면금액의 보통주 1주의 비율로 무상 병합한다고 되어있습니다. 만약 감자 기준일에 아시아나항공 주식 300주를 가진 주주가 있다면 감자 후 3분의 1인 100주로 줄어든다는 뜻입니다. 그래서 이런 감자를 '3대1 감자'라고 합니다. 또는 앞서 살펴본 감자비율을 인용해서 '66% 감자'라고도 부릅니다.

그런데 만약 아시아나항공 주식 100주를 가지고 있어요. 그럼 100주의 3분의 1은 33.333333주가 되죠. 딱 떨어지지 않아서 소수점 이하가 무한대로 반복되는 매우 난감한 상황입니다. 이때는 감자 후 주식은 33주가 되고, 소수점 이하 0.333333주는 '단수주(단주)'라고 해서 나중에 현금으로 돌려줍니다.

이를 설명하는 문구는 공시 하단 '14. 기타 투자 판단에 참고할 사항'에 '주식병합으로 인해 발생하는 1주 미만 단수주식은 신주 상장 초일(주식 거래재개 첫날을 의미)의 종가를 기준으로 계산하여 현금으로 지급할 예정입니다'라고 나와 있습니다.

아시아나항공의 주식 거래를 재개한 2021년 1월 15일 종가는 1만 8000원이었습니다. 그럼 감자 전 100주를 가진 주주는 감자 후 주식 33주+현금 5999원(1만 8000원×0.333333)을 받는 것이죠. 5999원은 투자자 본인의 증권계좌에 '감자 단수주 대금'이라는 이름으로 들어옵니다.

감자하는데 주주를 차별하지 않고 공평하게 대해서 불만 속출

참고로 '7. 감자 방법'에 '무상균등감자'라는 단어가 나옵니다. '균등'이라는 단어가 무척 공평하다는 인상을 주지만, 사실 아시아나항공 감자는 균등(?)해서 불만이 많았습니다.

감자를 할 때 주식을 줄이는 비율에 차등을 두지 않는다고 해서 '균등감자'라는 용어를 사용하는데요. 아시아나항공은 기업 경영을 잘못해서 재무구조가 나빠졌고, 이 때문에 주주들의 주식이 강제로 병합 당하는(감소하는) 상황을 겪게 됐습니다. 따라서 경영진이나 대주주는 더 많은 책임을 져야 하는 것 아니냐는 반론이 나온 것이죠.

그래서 대주주 주식을 더 많이 줄여야 한다는 목소리가 컸습니다. 감자를 할 때 경영에 책임이 큰 최대주주 등 대주주의 지분을 소액주주보다 많이 감자하는 것을 '차등감자'라고 합니다. 다만, 아시아나항공은 실제로 차등감자를 요구하는 목소리는 반영하지 않은 채 균등감자를 그대로 진행했습니다.

주식회사는 각자 가진 지분율만큼 책임을 지는 구조입니다. 따라서 대주주와 소액주주는 균등하지 않는 책임이 있는데, 감자할 때만 균등하게 주식을 줄인 셈이죠. 권한은 더 많이 가지고 책임을 질 때는 균등하게! 무책임하다는 비판이 나올 수밖에 없었죠.

반대로 생각하면 감자 공시에서 '차등감자'라는 단어가 나오면, 대주주가 좀 더 많은 책임을 진다는 의미로 볼 수 있습니다. '균등'과 '차등'의 단어를 액면 그대로 받아들이지 말고 뒤집어서 생각해야 합니다.

마지막 '8. 감자 사유'를 보면 '결손금 보전 및 재무구조 개선'이라고 적혀있습니다. 이건 무상감자를 하는 기업들이 '답정너(답은 정해져 있고, 너는 대답만 하면 돼)'처럼 적는 문구인데요. 감자를 하면 재무구조가 어떻게 좋아진다는 것일까요? 바로 이어 살펴보겠습니다.

틀에 박힌 감자 사유, 재무구조 개선

감자만 했다 하면,
왜 너나 할 것 없이 재무구조 개선을 외칠까?

이 부분은 다소 어려운 내용이지만, 그래도 차근차근 살펴보겠습니다. 앞서 216쪽에서 아시아나항공이 감자를 결정하기 전 2020년 상반기말 기준 자본총계는 4874억 원(비지배지분 제외), 자본금은 1조 1161억 원이어서 자본잠식 상황이라는 점을 살펴봤습니다. 즉 아시아나항공이 자본금(1조 1161억 원)을 지키지 못하고 갉아먹어서 4874억 원만 남아있었죠.

자본금을 얼마나 갉아먹었는지 비율을 계산해볼까요?

아시아나항공 자본잠식률 계산

(1조 1161억 원-4874억 원)÷1조 1161억 원×100=56.3%

아시아나항공은 자본금을 56.3% 갉아먹었습니다. 이 비율을 '자본잠식률'이라고 합니다. 다시 말해서 자본잠식률이 56.3%라는 얘기는 자본금이 100이라면 이 가운데 56.3을 까먹고 43.7만 남았다는 뜻입니다. 자본금이 100인데 딱 절반인 50을 까먹으면 자본잠식률 50%가 되겠죠. 상장회사가 이런 상태가 되면 상장 규정에 따라 '관리종목' 도장이 '쾅쾅!' 찍히고, 자본금을 모두 잠식하면 상장폐지 심사 대상에 오릅니다.

유가증권시장 상장 규정

① 연말 기준 자본잠식률 50% 이상 → 관리종목 지정
② 연말 기준 자본금 전액 잠식(완전자본잠식) → 상장폐지 심사
③ 연말 기준으로 2년 연속 자본잠식률 50% 이상 → 상장폐지 심사

다만 표에서 보듯이 관리종목 또는 상장폐지 심사 대상에 선정하는 기준은 지금 살펴보고 있는 '반기'가 아닌 '연말' 기준입니다.

아시아나항공의 자본잠식률은 상반기말 기준으로 56.3%이지만, 만약 하반기(7~12월)에 사업을 잘해서 이익을 왕창 남기면 자본잠식률을 떨어뜨릴 수 있습니다. 그러나 2020년 하반기는 코로나19로 국제여객이 사실상 올스톱하면서 항공산업 전반에 어려움이 이어지던 상황이었습니다. 따라서 아시아나항공은 하늘에서 돈벼락이 떨어

지지 않는 이상 그대로 자본잠식률 50% 이상으로 관리종목 지정 날짜만 기다리는 상황이었습니다.

'관리종목'은 상장폐지 심사 이전 단계를 말하는 것이어서, 여차하면 상장폐지 심사 대상까지 오를 가능성이 있었던 것이죠. 결국 아시아나항공은 자본잠식률을 줄이기 위해 감자, 정확히는 무상감자를 선택한 것입니다.

무상감자가 어떻게 자본잠식률을 줄이나?

무상감자를 하면 왜 자본잠식률이 줄어들까요? '감자차익(주식 액면가×줄이는 주식)'이란 게 발생하기 때문입니다. '차익'이라고 하지만 회사가 실제로 벌어들이는 돈은 아닙니다. 주주들의 주식을 강제로 없애는데 보상을 안 해주는 건 회사가 주주와의 주식 거래로 이득을 본 것이라고 간주해 회계학적으로 장부에 반영하는 개념이 감자차익입니다. 맞아요. 사실 숫자놀음입니다.

감자차익 금액은 회사가 주식을 줄여서 발행하는 자본금 감소 규모와 같습니다. 앞서 아시아나항공이 이번 감자로 줄이는 자본금 규모는 7441억 원(액면가 5000원×감자주식수 1억 4882만 3530주)입니다. 바로 이 금액이 감자차익입니다. 감자를 완료하면 아시아나항공의 자본 구조는 대략 다음처럼 바뀝니다.

아시아나항공의 무상감자 전후 자본 구조 변화

	무상감자 전	무상감자 후
① 자본총계	4874억 원	4874억 원 (변동 없음)
② 자본금	1조 1162억 원	3721억 원 (자본금 7441억 원 줄어듦)
③ 자본잉여금	8859억 원	1조 6300억 원 (감차차익 7441억 원 보태짐)
④ 결손금	-1조 4832억 원	-1조 4832억 원 (변동 없음)
⑤ 기타자본	-314억 원	-314억 원 (변동 없음)
	자본총계 < 자본금	**자본총계 > 자본금**

* ① 자본총계는 ②~⑤의 합계

변화가 느껴지나요? 자본총계는 4874억 원으로 변동이 없지만, 자본금이 3721억 원으로 줄었습니다. 자본금보다 자본총계가 더 작은 상황이 자본잠식인데, 이제는 반대로 자본금보다 자본총계가 더 많은 상황, 즉 자본잠식에서 탈출한 것이죠. 마법 같죠? 이런 마법을 가능하게 한 것이 바로 자본금이 줄어든 만큼 감자차익(자본잉여금)이 발생했기 때문입니다. 쉬운 내용은 아니지만 개념 정리 차원에서 한번 알아두면 좋을 내용입니다. 실제 감자를 완료한 이후 2021년 1분기 말(3월 말) 아시아나항공의 재무구조를 보면 자본 총계 6383억 원, 자본금 3721억 원으로 자본잠식에서 탈피했다는 점을 분기보고서를 통해 확인할 수 있습니다.

무상감자 후 주가는 어떻게 바뀔까?

무상감자비율만큼 인위적으로 주가 UP!

아시아나항공은 감자 기준일(2020년 12월 28일) 하루 전인 12월 24일(공휴일과 주말 제외)부터 주식 거래가 정지됐고, 이듬해 1월 15일 주식 거래를 다시 시작했습니다. 무상감자로 거래정지 상태였다가 다시 거래를 시작할 때는 인위적으로 주가를 높여서 시작합니다. 이는 194쪽에서 살펴본 무상증자 때 인위적으로 주가를 낮춰서 시작하는 것의 반대 개념으로 이해하면 됩니다.

아시아나항공처럼 주주들의 주식을 3분의 1로 줄이는 작업을 하면 주식가치(주가×보유 주식)의 3분의 2는 허공에 날아가 버릴 수 있습니다. 무상감자도 억울한데 앉은 자리에서 자신의 주식가치 3분의 2를 날려버린다면, 억울함이 세 배가 되겠죠. 따라서 감자 전후 주주들이 가진 주식가치의 합계가 변하지 않도록 인위적으로 주가를 높이는 작업을 합니다.

이때 기준점이 되는 주가는 거래정지 직전 날짜의 종가입니다. 아시아항공은 거래정지 직전 날짜인 2020년 12월 23일 '4210원'으로 마감했습니다. 주식수를 3분의 1로 줄이니까 감자 전후 주식가치의 합계를 똑같이 만들려면 주가를 세 배 높여야겠죠. 그래서 '4210원×3=1만 2630원'이 나옵니다.

이렇게 해야만 감자 전후 주주들의 주식가치가 같아집니다. 예를 들어 아시아나항공 300주를 가진 주주 A가 있다고 해보지요. A가 보유한 아시아나항공 주식가치는 감자 전에는 300주×4210원=12만

아시아나항공 주주의 무상감자 전후 주식가치

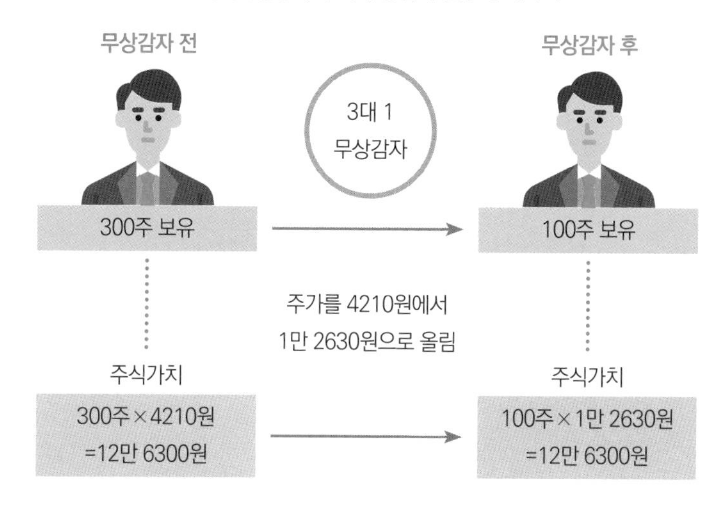

6300원, 감자 후에는 100주×1만 2630원=12만 6300원입니다.

다만 1만 2630원이란 숫자는 유가증권시장에서 거래할 수 없는 단위입니다. 무상증자 때 알아본 주식 호가 가격 단위에 따라 1만 원 이상 5만 원 미만은 50원 단위로만 거래 가능합니다(206쪽 우리 주식 시장의 호가 단위 참조). 따라서 십 원 단위를 올려서 '1만 2650원'이란 기준주가를 결정합니다.

즉 아시아나항공이 감자하기 직전 거래정지 상태에서 주가는 4210원이었지만, 거래를 다시 시작할 때 기준주가는 1만 2650원입니다. 이렇게 결정한 기준주가 1만 2650원이 곧바로 거래재개 당일 출발가격(시초가)이 되는 것이 아니라, 한 번의 절차를 더 거칩니다.

감자 후 거래를 다시 시작할 때는 주식시장이 열리기 전인 8시 30분부터 9시 사이에 사전 주문을 받아서, 이 결과를 반영해 오전 9시 개장 때 출발가격을 결정합니다. 이때 사전 주문이 가능한 가격은 기준주가의 최저 50%에서 최고 150%까지입니다. 즉 아시아나항공은 기준주가 1만 2650원의 50%(6325원)에서 150%(1만 8975원)가 사전 주문 가능한 가격 범위가 되겠죠.

다만 호가 가격 단위(5000원~1만 원 미만은 10원, 1만 원~5만 원 미만은 50원 단위로만 거래가 가능)를 따져서 실제로는 최저 6330원~최고 1만 9000원 범위에서 사전 주문을 받아서 출발가격을 결정합니다. 이후 출발가격을 기준으로 상한가와 하한가 각 30% 범위에서 거래재개 첫날 주가가 움직이게 되는 것이죠.

무상감자로 아시아나항공은 웃었지만, 다른 기업은 글쎄…….

실제로 아시아나항공은 감자 후 거래를 다시 시작한 2021년 1월 15일 사전 주문(동시호가)을 통해 주가가 1만 8000원에 출발해 장중 2만 450원까지 치솟기도 했습니다.

무상감자 후 거래를 재개하는 기업은 인위적으로 기준가격을 높이더라도 실적 개선이나 인수합병, 중요한 계약 체결 등 특별한 호재가 없으면 주가 흐름이 지지부진한 사례가 많습니다.

다만 아시아나항공은 당시 감자를 통해 자본잠식률을 50% 아래로 떨어뜨리면서 관리종목 지정 위기에서 탈출하는 한편, 정부 정책에 따라 대한항공과의 합병을 앞두고 있다는 점이 변수였습니다. 이러한 변수가 거래재개 초반 주가에 호재로 작용했습니다. 하지만 무상증자 시 주가가 반드시 이렇게 흘러간다는 보장은 없습니다.

호재인 감자는 없을까?

투자자가 두 팔 벌려 환영하는 유상감자

회사가 감자를 하는 이유는 ① 재무구조 개선 ② 주주들의 투자자금 회수 두 가지라고 했습니다. 지금까지 살펴본 아시아나항공의 무상감자는 ①번 사유로 하는 것이었습니다. 드물지만 ②의 사유로 하는 감자도 있습니다. 주주가 투자자금을 회수하려면 무상이 아닌 유상으로 해야겠죠. 그래서 이번에 알아볼 감자는 '유상감자'입니다.

무상감자는 주식을 무상으로 줄여서 얻은 감자차익으로 재무구조를 개선하는 반면, 유상감자는 줄여버린 주식만큼 주주들에게 대가를 지불하는 방식입니다. 돈을 써야 하는 작업인 만큼 재무구조가 좋

금호피앤비화학 〈감자 결정〉 공시

2020년 8월 20일

1. 감자 주식의 종류와 수	보통주(주)	1,476,000	
	우선주(주)	-	
2. 1주당 액면가액 원)		5,000	
3. 감자 전후 자본금		감자 전(원)	감자 후(원)
		143,712,000,000	136,332,000,000
4. 감자 전후 발행 주식수	구분	감자 전(주)	감자 후(주)
	보통주(주)	22,476,000	21,000,000
	우선주(주)	-	-
5. 감자 비율	보통주(%)	6.567	
	우선주(%)	-	
6. 감자 기준일		2020년 9월 23일	
7. 감자 방법		유상감자(주식소각)	
8. 감자 사유		자본금 규모의 적정화 및 주주가치 제고	
9. 감자 일정	주주총회 예정일	2020년 8월 20일	
	명의개서 정지 기간	-	
	구주권 제출 기간	2020년 8월 21일~9월 22일	
	매매거래 정지 예정 기간	-	
	신주권 교부 예정일	-	
	신주 상장 예정일	-	
10. 채권자 이의 제출기간	시작일	2020년 8월 21일	
	종료일	2020년 9월 22일	

11. 기타 투자 판단에 참고할 사항
- 매수 방법 : 장외 취득
- 1주당 매수가격 : 35,510원(외부평가기관의 평가 결과에 따라 산출한 금액임)
- 자본 감소에 따른 채권자 이의 및 주권제출공고는 당사 홈페이지에 공고
- 감자 기준일은 당사 홈페이지에 공고한 채권자 이의절차 및 주권 제출 절차 후 주식 매매계약서 작성일임
- 상기 내용은 관련 법령 및 진행 상황에 따라 변동될 수 있으며, 기타 세부적인 사항의 결정에 대한 권한은 대표이사에게 위임함.

지 않은 회사는 유상감자를 실시하기 어렵겠죠? 무상감자는 재무구조가 좋지 않은 기업이 하지만, 유상감자는 재무구조가 비교적 탄탄한 기업이 할 수 있습니다.

비상장회사인 금호피앤비화학은 2020년 8월 20일 전체 발행주식 2247만 6000주 중 147만 6000주로 줄이는 유상감자를 발표했습니다(235쪽).

'7. 감자 방법'에 '유상감자(주식소각)'라는 단어가 보이죠. 금호피앤비화학의 감자 전 발행주식은 2247만 6000주였는데, 감자 후에는 2100만 주로 줄어듭니다. 즉, 유상감자로 147만 6000주를 줄이기로 한 것입니다. 그런데 유상감자라고 했으니 1주당 보상해 줘야 하는 가격이 있겠죠. 그 내용은 '11. 투자 판단에 참고할 사항'에 나오는 '1주당 매수가격 : 3만 5510원'입니다.

즉 금호피앤비화학이 147만 6000주를 줄이면서 1주당 3만 5510원, 총 524억 원의 보상을 주주들에게 해준다는 뜻입니다. 참고로 금호피앤비화학은 주식시장에 상장하지 않은 회사이고, 회사 지분 100%를 금호석유화학이 가지고 있습니다. 따라서 금호피앤비화학이 유상감자로 보상하는 금액 524억 원은 모두 금호석유화학이 가져가는 것이죠. 금호피앤비화학은 유상감자의 이유로 '자본금 규모의 적정화 및 주주가치 제고'라고 밝혔습니다.

사실 자본금 규모가 어느 정도가 적정하냐는 정답이 없는 항목이고, 주주가치 제고가 목적인 셈입니다. 즉 자신의 모회사인 금호석유화학에게 보상을 해주기 위한 유상감자였습니다. 참고로 금호피앤비화학은 비상장회사이지만, 금호석유화학은 상장회사입니다. 따라서 금호석유화학 주주들에게는 좋은 소식이죠.

투자자가 반색하는 유상감자가 실제로는 드문 이유

금호석유화학의 사례를 보면 유상감자가 주주에게 마냥 좋은 제도로만 보이는데요. 사실 우리나라는 유상감자에 대한 뼈아픈 추억이 있습니다. 바로 먹튀 사건으로 유명한 론스타입니다!

미국계 사모펀드 론스타는 2003년 극동건설을 인수했는데요. 이후 배당, 유상감자를 통해 투자자금을 회수했습니다. 이를 통해 수천억 원의 자금을 가져간 것도 모자라, 2007년 웅진그룹에 극동건설을 6600억 원을 받고 팔아버렸습니다.

극동건설을 인수한 웅진그룹은 2008년 세계금융위기와 건설 경기 불황으로, 결국 극동건설에 대한 법정관리를 신청했습니다. 사모펀드가 배당, 유상감자로 영양가는 다 취하고 남은 뼈만 국내 기업에 안겨준 사례입니다. 소뼈는 사골국이라도 끓여 먹지만, 뼈만 남은 기업으론…….

아울러 유상감자는 상장회사에서는 드문 사례입니다. 대신· 상장회사는 무상증자 또는 자사주 소각 등을 대표적인 주주가치 제고 방법으로 선택합니다. 자사주 소각은 뒤에서 자세히 알아보겠습니다.

Chapter 6

전지적 투자자 시점에서 본 주식분할(병합)

'주식분할'은 말 그대로 주식을 쪼개는 것이죠. 반대말로 '주식병합', 즉 주식을 합치는 것도 있습니다. 주식을 쪼개거나 합칠 때는 액면가격을 조정하기 때문에 '액면분할', '액면병합'이라고도 합니다. 다만 공시에서는 '주식분할(병합)'이라고 표기하고 있어서, 정식 명칭을 사용해 설명하겠습니다.

주식분할은 오락실에서 지폐를 동전교환기에 넣고 동전으로 바꾸는 걸 생각하면 쉽게 이해할 수 있습니다. 가령 1주당 100만 원인 주식을 1주당 10만 원짜리 10개로 쪼갭니다. 이때 투자자가 보유한 주식가치는 분할 전 100만 원(1주)=분할 후 100만 원(10주×10만 원)으로 변함없습니다. 이런 방식으로 쪼개면 1주당 가격은 낮아지고 주식수는 늘어나서 거래도 좀더 활발해집니다.

반대로 주식병합은 저금통에 가득 들어 있는 동전을 은행에 가지고 가 지폐로 바꾸는 것과 비슷합니다. 1주당 1000원인 주식 10주를 1만 원짜리 1주로 묶어버리는 작업입니다. 역시 투자자가 보유한 주식가치는 병합 전 1만 원(10주×1000원)=병합 후 1만 원(1주)으로 변함없죠. 가격이 너무 낮아서 '싸구려'티가 나는 주식을 병합하면 외형상 그럴듯한 주식으로 바뀝니다.

하지만 지폐를 동전으로 교환하든, 동전을 지폐로 바꾸든 내가 가진 화폐 가치는 변하지 않죠? 주식분할과 주식병합 역시, 기업가치 또는 주식가치에 영향을 주지 않습니다. 만약 내가 투자한 기업이 주식분할(병합)을 발표한다면, 회사의 재무 상태와 주식분할(병합) 앞뒤로 나오는 공시를 면밀히 살펴야 합니다.

'황제주'에서 '국민주'로, 주식분할이 삼성전자에 부린 마법

삼성전자 주식을 쉽게 살 수 있게 된 이유

우리나라 주식시장에서 주식분할로 주목받은 대표적 사례는 삼성전자입니다. 오늘날 삼성전자를 소액주주 약 386만 명의 '국민주'로 만든 일등공신이 주식분할입니다.

'백문불여일견(百聞不如一見)'. 아는 내용이라도 다시 한 번 확인해 보자는 차원에서 삼성전자 공시를 찾아보겠습니다. 다트를 열고 공시통합검색에서 회사명에 '삼성전자' 기간 '10년' 보고서명 '주식분할결정'을 입력하고, '검색' 버튼을 클릭합니다.

삼성전자 〈주식분할 결정〉 공시

2018년 3월 16일

<table>
<tr><th colspan="3">구분</th><th>분할 전</th><th>분할 후</th></tr>
<tr><td rowspan="3">1. 주식분할 내용</td><td colspan="2">1주당 가액(원)</td><td>5,000</td><td>100</td></tr>
<tr><td rowspan="2">발행주식 총수</td><td>보통주식(주)</td><td>128,386,494</td><td>6,419,324,700</td></tr>
<tr><td>종류주식(주)</td><td>18,072,580</td><td>903,629,000</td></tr>
<tr><td rowspan="8">2. 주식분할 일정</td><td colspan="2">주주총회 예정일</td><td colspan="2">2018년 3월 23일</td></tr>
<tr><td rowspan="2">구주권 제출 기간</td><td>시작일</td><td colspan="2">2018년 3월 26일</td></tr>
<tr><td>종료일</td><td colspan="2">2018년 5월 2일</td></tr>
<tr><td colspan="2">매매거래 정지 기간</td><td colspan="2">2018년 4월 30일, 5월 2일, 5월 3일
(3영업일, 5월 1일은 증시 휴장일)</td></tr>
<tr><td rowspan="2">명의개서 정지 기간</td><td>시작일</td><td colspan="2">2018년 5월 3일</td></tr>
<tr><td>종료일</td><td colspan="2">2018년 5월 10일</td></tr>
<tr><td colspan="2">신주권 상장 예정일</td><td colspan="2">2018년 5월 4일</td></tr>
<tr><td colspan="3">3. 주식분할 목적</td><td colspan="2">유통주식수 확대</td></tr>
<tr><td colspan="3">4. 이사회 결의일(결정일)</td><td colspan="2">2018년 1월 31일</td></tr>
</table>

삼성전자가 2018년 3월 16일 발표한 주식분할 공시 내용입니다(최초 공시는 1월 31일이었지만 나중에 일정을 변경).

'1. 주식분할 내용'을 보면, 1주당 가액을 5000원에서 100원으로 분할한다고 나옵니다. 이 금액은 삼성전자의 액면가를 뜻하는 단위입니다.

오락실에서 5000원짜리 지폐를 동전교환기에 넣어서 100원짜리 50개로 바꾸는 것과 같습니다. 그래서 당시 기사를 찾아 보면 "삼성전자 50대 1 주식분할"이란 제목이 나옵니다.

주식 1주를 50주로 쪼개니까 발행주식총수는 주식분할 전보다 50배 늘어납니다. 따라 삼성전자 보통주는 분할 전 1억 2838만 6494주에서 분할 후 무려 64억 1932만 4700주로 불어났습니다.

삼성전자는 주주총회(2018년 3월 23일), 매매거래 정지(2018년 4월 30일~5월 3일까지 3영업일. 5월 1일은 증시 휴장일)를 거쳐 2018년 5월 4일 1주를 50개로 쪼갠 주식을 다시 상장시켰습니다.

주식분할로 콧대 높았던 주식이 친근해졌다!

분할 전후 삼성전자 주가가 어떻게 바뀌었는지 살펴볼까요? 주식분할로 매매거래가 정지되기 직전인 2018년 4월 27일 삼성전자 종가는 1주당 265만 원이었습니다. 그리고 매매거래 정지가 해제된 2018년 5월 4일 삼성전자는 정확하게 265만 원의 50분의 1인 5만 3000원을 기준가격으로 거래를 시작했습니다.

어지간한 직장인이 한 달 월급 대부분을 저축해야만 겨우 1주를 살 수 있었던 과거의 삼성전자 주식이 주식분할 이후 단돈 5만 원에 누구나 살 수 있는 주식이 된 것이죠. '황제주'에서 '국민주'로 성공적으로 변신했습니다.

삼성전자는 당시 공시와 보도자료를 통해 주식분할 목적을 '유통주식수 확대'라고 밝혔습니다. 삼성전자뿐만 아니라 주식분할을 하는 모든 회사는 비슷한 목적을 제시합니다.

비싼 주식을 여러 개로 쪼개서 싸 보이게 만들어 거래를 늘리려는 목적이지요. 그리고 거래가 활발해지면 주가를 끌어올릴 수 있다는 기대감이 작용합니다. 앞서 살펴본 무상증자 효과와 비슷합니다. 인적이 드문 한적한 골목보다는 오가는 사람이 많은 역세권 식당에 더 많은 손님이 찾아올 가능성이 높은 것과 비슷한 이치입니다.

최근에는 카카오가 액면가 500원을 100원으로 쪼개는 주식분할을 결정해서 관심을 모았습니다. 카카오가 공시한 주식분할 목적 역시 유통주식수 확대였습니다. 주식분할로 매매거래가 정지되기 직전 2021년 4월 9일 카카오 종가는 1주당 55만 8000원이었습니다. 그리고 매매거래 정지가 해제된 2021년 4월 15일 카카오는 55만 8000원의 5분의 1인 11만 2000원(정확히는 11만 1600원이지만 최소 거래 단위가 500원이어서 반올림)으로 거래를 시작했습니다.

카카오는 공표했던 주식병합 목적을 달성했을까요? 주식분할 이전 71만 명이던 카카오의 소액주주는 2021년 말까지 최소 두 배 이상 증가할 것으로 예상됩니다. 게다가 주식분할 3개월 뒤인 2021년 7월 15일 카카오의 주가는 종가 기준 15만 9500원이었습니다.

주식분할에 이어 증자 또는 감자를 하는 이유

무상증자+주식분할 (feat. 한국석유공업)

때로는 유통주식수 확대를 극대화하기 위해 무상증자와 주식분할을 함께 하기도 합니다. 2021년 2월 25일 한국석유공업은 액면가 5000원을 500원으로 쪼개는 주식분할, 보통주 1주를 가지면 1주를 공짜로 주는 1대 1 무상증자를 함께 발표했습니다.

한국석유공업 주식 10주를 가진 주주라면 주식분할 이후 주식수는 100주로 늘어나고, 다시 무상증자(비율 1:1)를 적용해 100주를 추가로 더 받습니다. 즉 한국석유공업 주식 10주를 가진 주주의 주식수는 주식분할과 무상증자라는 두 번의 절차를 거쳐 총 200주로 늘어나게 됩니다.

하지만 주식분할이나 무상증자 모두 단순히 유통주식수를 늘리는 것이라 이런 이벤트만으로 지속적인 주가 상승을 기대할 수 없습니다. 아무리 역세권에 위치한 식당이라도 음식이 맛이 없으면 손님이 줄어들고, 한적한 골목에 있는 식당이라도 내공 있는 맛집이라면 대기 줄이 끊기지 않는 것처럼 말이죠. 따라서 주식분할 효과만 기대하고 해당 종목에 투자하는 것은 금물입니다.

동전 몇 개로도 살 수 있는 '동전주'를 왜 쪼갤까? (feat. 판타지오)

아이돌그룹 아스트로(ASTRO) 멤버이자 '얼굴 천재'로 불리는 차은우의 소속사 판타지오는 2021년 3월 28일 액면가 500원을 100원으로 쪼개는 주식분할을 결정했습니다. 판타지오는 애초 1월에도 주식분할을 추진하려고 했다가 주주총회에서 주주들의 반대에 부딪혀 계획을 보류한 전력이 있습니다.

판타지오는 주식분할로 매매거래가 정지되기 직전 1주당 641원이었는데, 매매거래 정지가 풀리면서 1주당 가격이 641원의 5분의 1인 128원을 기준주가로 거래를 시작했습니다.

그런데 뭔가 이상하지 않나요? 앞서 주식분할은 비싼 주식을 여러 개로 쪼개서 저렴하게 보이게 만들어 거래를 늘리는 목적에서 시행한다고 했습니다. 그런데 판타지오는 주식분할 전에도 1주당 641원에 불과했습니다. 절대 비싸지 않은, 오히려 예전에도 너무 저렴해 보이는 가격이었죠. 삼성전자처럼 1주당 가격이 수백만 원에 달할 정도로 너무 비싸서 거래를 활성화할 목적으로 액면분할을 한 사례로 보긴 어렵습니다. 따라서 이런 회사의 주식분할은 다른 이유가 있다는 점을 잊지 말아야 합니다.

판타지오는 재무구조가 좋지 않았습니다. 결손금이 계속 늘어나면서 자본금이 자본총계보다 더 많은 '자본잠식' 상황이었죠. 판타지오의 액면분할은 이번이 처음이 아니었습니다. 이미 2013년 액면가 5000원을 500원(10대 1)으로 쪼갠 바 있습니다. 판타지오는 주식분할 결정 전후 최대주주가 바뀌는 등 회사에 변화가 많았던 종목입니다.

때론 주식분할 이후 감자를 병행하는 회사도 있습니다. 이런 경우에는 주식분할이 감자를 위한 '미끼' 상품이라는 점을 주의해야 합니다. 반도체 후공정 업체인 바른전자는 2021년 1월 13일 두 가지 공시를 동시에 발표했습니다.

주식분할에 연이어 감자를 단행하는 경우, 주식분할은 감자 때문에 불만이 큰 주주들을 달래기 위한 미끼 상품일 수 있다.

하나는 10대 1 감자를 한다는 내

용, 다른 하나는 액면가 500원을 100원으로 쪼개는 5대 1 주식분할을 한다는 내용이었는데요. 감자와 주식분할 발표 전 바른전자의 총발행주식수는 7368만 5994주였습니다. 이 상황에서 우선 10대 1 감자를 해서 주식수가 736만 8647주로 줄어듭니다. 그리고 다시 1주를 5주로 쪼개는 주식분할을 해서 주식수가 3684만 3235주로 늘어납니다. 유통주식수를 늘리기 위해 주식분할을 한다고 했지만, 주식분할 전에 감자를 통해 주식수를 먼저 줄여놓는 작업을 한 것입니다.

앞서 '무상감자가 어떻게 자본잠식률을 줄이나?'(228쪽)에서 살펴봤듯이 감자를 하면 회계적으로 감자차익(주식 액면가×줄이는 주식수)이라는 게 발생해서 재무구조가 좋아집니다. 반면 주식투자자 입장에서는 멀쩡한 주식을 강제로 없애버리면서 보상은 해주지 않는 것이라 반가운 일은 아닙니다. 물론 감자 이후 인위적으로 기준주가를 높이긴 합니다만, 재무구조가 좋지 않아서 실시하는 감자의 경우 특별한 호재가 없으면 주가 흐름이 지지부진한 사례가 많습니다.

따라서 이런 경우 주된 목적은 감자에 있는 것이지 주식분할에 있는 게 아닙니다. 즉 바른전자의 주식분할은 감자로 인한 주주들의 불만을 달래기 위한 카드였던 것이죠. 바른전자의 감자와 주식분할은 결과적으로 주주들을 설득하는 데 실패하면서 임시주주총회에서 부결되고 말았습니다.

주식을 왜 합칠까?

석연치 않은 주식병합 목적 (feat. 우성사료)

이번에는 주식분할의 반대 개념인 주식병합을 알아보겠습니다. 다트를 열어 회사명 '우성사료' 기간 '10년' 보고서명 '주식병합 결정'을 입력하고, '검색' 버튼을 클릭합니다. 2021년 2월 17일 우성사료는 이사회를 열어 주식병합을 결정했습니다. '1. 주식병합의 내용'을 보면, 1주당 가액을 500원에서 5000원으로 병합한다고 나옵니다. 이 금액도 우성사료의 액면가를 뜻하는 단위입니다.

주식분할이 오락실에서 지폐를 동전교환기에 넣어 바꾸는 개념이라면, 주식병합은 저금통에 가득 들어있는 동전을 은행에 가서 지폐

우성사료 〈주식병합〉 공시

2021년 2월 17일

<table>
<tr><td rowspan="4">1. 주식병합의 내용</td><td colspan="2">구분</td><td>병합 전</td><td>병합 후</td></tr>
<tr><td colspan="2">1주당 가액(원)</td><td>500</td><td>5,000</td></tr>
<tr><td rowspan="2">발행주식 총수</td><td>보통주식(주)</td><td>30,900,000</td><td>3,090,000</td></tr>
<tr><td>종류주식(주)</td><td>0</td><td>0</td></tr>
<tr><td rowspan="9">2. 주식병합의 일정</td><td colspan="2">주주총회 예정일</td><td colspan="2">2021년 3월 19일</td></tr>
<tr><td rowspan="2">구주권 제출 기간</td><td>시작일</td><td colspan="2">-</td></tr>
<tr><td>종료일</td><td colspan="2">-</td></tr>
<tr><td colspan="2">신주의 효력발생일</td><td colspan="2">2021년 4월 5일</td></tr>
<tr><td rowspan="2">매매거래 정지 기간</td><td>시작일</td><td colspan="2">2021년 3월 31일</td></tr>
<tr><td>종료일</td><td colspan="2">2021년 4월 16일</td></tr>
<tr><td rowspan="2">명의개서 정지 기간</td><td>시작일</td><td colspan="2">-</td></tr>
<tr><td>종료일</td><td colspan="2">-</td></tr>
<tr><td colspan="2">신주권 상장 예정일</td><td colspan="2">2021년 4월 19일</td></tr>
<tr><td colspan="3">3. 주식병합 목적</td><td colspan="2">적정 유통주식수 유지</td></tr>
<tr><td colspan="3">4. 이사회 결의일(결정일)</td><td colspan="2">2021년 2월 17일</td></tr>
</table>

5. 기타 투자 판단과 관련한 중요 사항
- 본 주식병합은 기업가치가 유지되는 '주식병합'이며, 자본금이 감소되는 '감자'가 아닙니다.
- 주식의 병합으로 발생하는 1주 미만의 단수주는 신주 상장 초일의 종가를 기준으로 현금 지급 예정입니다.
- 본 주식병합 결정은 제51기 주주총회 안건으로 상정되어 있으며, 주주총회 결과에 따라 변경될 수 있습니다.
- 상기 일정 및 세부 내용은 관계기관과의 협의 및 처리 과정에서 변경될 수 있습니다.

로 바꾸는 것과 비슷합니다. 주식 10주를 1주로 합치니까 발행주식 총수는 주식병합 전보다 10분의 1로 줄어듭니다. 이에 따라 우성사료 보통주는 병합 전 3090만 주에서 병합 후 309만 주로 감소했죠.

우성사료는 주식병합의 이유를 '적정 유통주식수 유지'라고 밝혔습니다. 즉 유통주식수가 너무 많아서 줄일 필요가 있다는 것이죠. 하지만 사실 다른 상장회사와 비교해 유통주식수가 많다고 보긴 어렵습니다. 우성사료의 주식분할 전 발행주식수는 3090만 주입니다. 여기에서 자기주식(518만 7770주)과 최대주주 측 주식(1008만 6414주)은 일반적으로 유통주식에 포함시키지 않아서, 최종적인 유통주식수는 1562만 5816주입니다. 유통주식수의 많고 적음에 정답은 없지만, 자기주식(16.8%)과 최대주주 지분(32.6%)을 제외하면 전체 발행주식의 절반 정도만 유통 중인 상황이었습니다.

그렇다면 생각해볼 수 있는 것이 이미지 개선입니다! 보통 주식병합은 '저렴한 주식'이라는 이미지를 탈피하기 위해 하는 경우가 많습니다. 주식병합으로 매매거래가 정지되기 직전 3월 31일 우성사료 종가는 1주당 4085원이었습니다. 그리고 매매거래 정지가 해제된 4월 19일 우성사료는 정확하게 4085원의 10배인 4만 850원을 기준가격으로 거래를 시작했습니다.

우성사료는 또한 주식병합을 완료한 이후 사료 사업을 별도회사로 떼어내는 기업분할을 발표했습니다. 기업분할은 272쪽에서 자세히 알아볼 예정인데요. 회사가 일방적으로 결정할 수 없고, 주주총회를 거쳐야 합니다. 주식병합을 하면 주식수가 줄어드는 만큼 주주의 숫자도 줄어들 개연성이 있다는 점! 따라서 이미지 개선과 함께 기업분할 안건의 주주총회 통과까지 염두에 둔 계획이라고 유추해 볼 수도 있습니다.

주식병합과 감자는 무엇이 다른가?

우성사료는 〈주식병합 결정〉 공시 '5. 기타 투자 판단과 관련한 중요사항'에 "본 주식병합은 기업가치가 유지되는 '주식병합'이며, 자본금이 감소되는 '감자'가 아닙니다"라는 안내 문구를 넣었습니다.

주식병합은 주식수를 줄인다는 점에서 감자와 비슷하지만, 자본금 감소가 없다는 점에서 감자와 완전 다릅니다. 감자는 주식수를 줄이거나 또는 (주식수는 그대로 두고) 액면금액을 낮춰서 자본금을 줄이는 방식입니다. 대부분 주식수를 줄이는 방식으로 감자를 하지요.

액면가는 그대로 두고 주식 10주를 1주로 합치면 10:1 감자가 됩니다. 똑같이 주식 10주를 1주로 합치되, 액면가를 10배로 올리면 주식병합이 됩니다. 액면가는 그대로 두고 주식수만 줄이는 감자와 달리 주식병합은 주식수는 줄이지만 액면가는 올리기 때문에 회사 자본금은 바뀌지 않습니다. 공시 제목에 주식병합은 '주식병합', 감자는 '감자 결정'으로 표기하는 만큼 공시 제목만 잘 확인해도 주식병합과 감자를 헷갈릴 일은 없습니다.

Chapter 7

전지적 투자자 시점에서 본 배당

보통 주식을 사는 이유로 세 가지 정도를 꼽을 수 있을 것입니다. ① 경영권에 관심이 있어서 ② 주가 상승에 따른 시세차익을 얻기 위해서 ③ 배당을 받기 위해서입니다. ①번은 일반투자자들과는 상관없는 내용이지요. 일반투자자에게는 '시세차익'과 '배당'이 중요한 투자의 기준입니다.

시세차익은 산 가격보다 오른 시점에 팔아서 얻는 이익(판 가격-산 가격)을 말합니다. 반면 배당은 주식을 팔지 않은 상태에서 투자한 회사로부터 일정한 금액(또는 주식)을 돌려받는 것을 뜻합니다.

주식시장에는 "찬바람이 불면 배당주에 투자하라"는 격언이 있습니다. 연말 배당에 대한 기대감이 커지는 가을철에 배당주를 사면, 배당금은 물론 시세차익 등 쏠쏠한 이익을 거두는 경우가 많아 생긴 말입니다. 배당은 주는 시기에 따라 연말에 결산하여 주는 '결산배당', 반년에 한 번씩 주는 '반기배당', 분기마다 주는 '분기배당'이 있습니다. 우리나라는 결산배당이 주를 이뤘는데요. ESG(환경·사회·지배 구조) 경영 확대에 따라 반기배당을 도입하는 상장사가 늘어나는 추세입니다.

어떤 주식이 배당을 얼마나 많이 하는지 알려주는 지표가 '배당수익률'입니다. 배당수익률은 주식 1주당 배당금의 비율로, 배당금을 주가로 나누어 구할 수 있습니다. 예를 들어 1만 원짜리 주식의 배당금이 300원이라면, 배당수익률은 3%입니다. 배당수익률이 시중 저축은행 금리의 두 배인 5%를 넘으면 고배당주로 봅니다.

배당주 투자에도 전략이 필요해!

배당을 왜 하나요?

만약 여러분이 작은 가게 하나를 차린다면 대부분 본인이 가진 돈(자본)과 은행 또는 지인에게 빌린 돈(부채)으로 자금을 마련하겠죠? 이때 빌린 돈에 대해서는 장사가 잘 되든 안 되든 이자를 줘야 합니다.

그런데 만약 가게를 차릴 때 돈을 빌리는 게 아니라 '투자'를 받는다고 가정해볼까요. 총 1억 원이 필요한데, 내가 가진 돈이 7000만 원밖에 없어서 나머지 3000만 원을 친구에게 투자받기로 했습니다.

"친구야! 우리 가게에 3000만 원을 투자하면, 가게 지분 30%를 인정해줄게. 지금은 돈이 없어서 이자는 못 주지만, 나중에 장사가 잘 돼서 이익이 나면 이익의 30%는 네 몫으로 떼어 줄게."

실제로 장사가 잘 되어서 이것저것 비용을 빼고 세금도 내고 나니 100만 원의 이익이 남았습니다. 그래서 70만 원은 내가 가지고 30만 원은 투자해준 친구에게 약속대로 줬어요. 이 '30만 원'이 바로 배당금입니다.

돈을 빌리면 장사가 잘 되든 안 되든 이자를 줘야 하죠. 하지만 투자를 받고 장사가 잘 됐을 때 지분만큼 이익을 나누는 게 바로 배당의 개념입니다. '지분(持分)'이라는 말 자체가 영어로 '공유' 또는 '나누다'는 뜻을 가진 'share'입니다. 각자가 권리를 나눠 가지는 것이죠. 주식회사에 투자했다는 것은 그 회사의 주식을 보유하고 있다는 뜻이고, 이익을 나눠 가질 권리가 있다는 의미입니다. 따라서 회사는 투자자들이 가진 지분만큼 이익을 나눠주는 배당이라는 행위를 하는 것입니다.

배당받고 싶다면 달력에 표시해둬야 할 날짜, '연말 폐장일-2일'

배당을 받으려면 당연한 얘기지만 우선 주식이 있어야 합니다. 그런데 주식시장에 상장한 회사는 하루에도 엄청난 양의 사고팔기를 반복하면서 주식의 주인이 수시로 바뀌죠. 삼성전자는 하루 평균

400만 주에 이르는 거래량을 기록하고 있습니다.

그래서 배당을 할 때는 특정날짜를 딱 정해서 주주의 기준을 잡아야 합니다. 그렇지 않으면 그동안 주식을 사고판 수백, 수천만 명의 과거와 현재 주주들에게 모두 배당을 해야 하는 사태가 발생하니까요.

주주의 기준을 정하는 날짜를 '배당 기준일'이라고 합니다. 즉 배당 기준일에 주식을 가진 주주만 배당을 받을 수 있습니다. 앞서 살펴본 유상증자, 무상증자 때 신주 배정 기준일의 개념과 비슷합니다.

배당은 배당하는 시기에 따라 크게 결산배당, 분기배당, 반기배당으로 나뉩니다.

배당 시기에 따른 분류

① 결산배당 : 1년에 한 번 하는 배당
② 분기배당 : 분기마다 하는 배당
③ 반기배당 : 6개월에 한 번 하는 배당

보통 기업이 배당한다면, 1년에 한 번 결산배당을 합니다. '결산(決算)'이란 일정 기간 발생한 수입과 지출을 따져서 얼마를 벌었는지 계산기를 두드려보는 작업이지요. 대부분 상장회사는 1월부터 12월까지 벌어들인 수입과 지출을 따져서 계산합니다. 이런 회사를 '12월 결산법인'이라고 합니다. 12월의 마지막 날은 12월 31일이고, 이 날짜를 기준으로 결산해서 얼마 남았는지 따져본 이후 1~2월 중

주주들에게 나눠줄 배당금을 결정하고, 다음해 3월 주주총회에서 정식 승인을 받고, 4월 배당금을 지급하는 게 일반적인 일정입니다.

그래서 12월 결산법인이 결산배당을 할 때 배당 기준일은 무조건 12월 31일입니다. 다만 12월 31일은 우리나라 주식시장이 쉬는 날(휴장일)입니다.

따라서 연말에 주식 거래를 할 수 있는 마지막 날(폐장일)은 12월 30일입니다. 그런데 12월 30일에 주식을 사면 배당을 받을 수 없습니다! 앞서 유상·무상 증자 때 신주 배정 기준일을 알아보면서 우리나라 주식결제시스템(매수일+2일)을 생각하면 이틀 전(주말 제외)까지 실제 주식 매수를 완료해야 한다고 이야기했던 것 기억하시죠? 따라서 12월 30일까지 주주명부에 이름을 올리려면 12월 28일까지 주식 거래를 완료해야 합니다.

주식시장이 쉬는 날

1. 〈관공서의 공휴일에 관한 규정〉에 나오는 공휴일.
   일요일, 1월 1일, 설 및 추석 연휴, 3·1절, 광복절, 개천절, 한글날, 어린이날, 현충일, 부처님오신날, 크리스마스, 공직선거일(재·보궐선거 제외).
2. 근로자의 날(5월 1일)
3. 토요일(과거에는 토요일도 시장을 운영했으나 1998년 12월 27일부터 쉼)
4. 12월 31일(공휴일 또는 토요일인 경우 직전 매매거래일)
5. 기타 시장 관리상 필요하다고 인정하는 날

2021년 연말 달력을 같이 볼까요?

2021년 12월 결산배당을 받으려면…….

2021년 12월

일	월	화	수	목	금	토
26	27	28	29	30	31	1
		실제 주식 매수를 완료해야 하는 날 **(배당부)**	**배당락**	주식 거래가 가능한 마지막 날	**휴장일**	신정

2021년 연말은 주식 거래가 가능한 마지막 날(12월 30일)이 목요일입니다. 따라서 이틀 전인 12월 28일(화요일)까지 주식을 매매해야 결산배당을 받을 자격이 주어집니다.

배당락일에는 주식을 사봐야 소용없다!

달력에 12월 29일을 '배당락(配當落)'이라고 표기했습니다. 배당락이 적용되는 날짜란 뜻인데요. 유상·무상 증자에서 권리락 개념을 알아봤었죠. 신주를 인수할 권리가 떨어졌다(떨어질 락 : 落)는 뜻으로 권리락이라고 표현하고, 인위적으로 주가를 떨어뜨린다고 했습니다. 마찬가지로 배당에서도 배당받을 권리가 떨어졌다는 뜻으로 배당락이란 표현이 있습니다.

다만 인위적으로 주가를 떨어뜨리는 배당락은 주식배당에만 적용합니다. 이유는 주식배당은 연말 결산 전에 예고하는 반면 현금배당은 연말 결산을 마치고 이듬해 초에 실제 배당을 할지 말지 결정해 발표하기 때문입니다.

현금배당을 할지 말지 결정을 못 했는데 인위적으로 주가를 떨어뜨리면 안 되니까요. 다만 지난해에 현금배당을 한 기업은 올해도 할 가능성이 높다고 보고, 배당락 당일 현금배당이 예상되는 종목들은 주가가 하락하는 경우가 있습니다. 이건 인위적인 하락이 아닌 자연스러운 시장의 수급(수요와 공급)에 따른 하락입니다.

12월 28일에는 '배당부(配當附)'라는 표현을 썼는데요. 말 그대로 배당받을 권리가 붙어있는(붙을 부: 附) 주식을 사는 날짜를 뜻합니다.

배당받는데 주식 보유 기간은 중요치 않다!

그럼 여기서 궁금증! 12월 28일 주식을 사서 배당받을 권리를 확보했다면, 배당금이 실제 들어올 때까지 주식을 쭉 보유하고 있어야 할까요? 앞서 결산배당금은 이듬해 4월에 들어온다고 했습니다. 따라서 배당 한 번 받으려고 3~4개월 더 주식을 가지고 있다가 주가가 하락하면 배보다 배꼽이 더 클 수도 있겠죠. 12월 28일 주식을 사면 이미 배당받을 권리를 확보한 것이어서 바로 다음날 주식을 팔아도 배당금은 들어옵니다.

확인 차원에서 퀴즈를 내볼게요.

A와 B 중 누구에게
결산배당 권리가 있을까?

1월 1일부터 12월 27일까지
거의 1년 가까이 주식을 가지고 있다가
12월 28일 오전에 팔아버렸다.

1년 내내 주식을 갖고 있지 않다가
12월 28일 오후에 주식을 샀다.

정답은 B입니다. 뭔가 얌체 같지만 배당받을 권리를 확정하는 기준일에 주식을 보유하고 있느냐 아니냐만 따지는 것이니까요. 신주배정 기준일도 마찬가지예요.

12월 결산법인의 결산배당 기준일은 한 해의 마지막 날인 12월 31일이라고 했습니다. 그럼 분기배당, 반기배당의 기준일도 해당 분기, 반기의 마지막 날이 되겠죠. 그래서 분기배당의 기준일은 3월 31일(1분기), 9월 30일(3분기)이고, 반기배당의 기준일은 6월 30일입니다.

배당 공시에서 밑줄 치고 봐야 할 내용들

배당 공시에선 뭘 봐야 할까?(feat. 삼성전자)

실제 배당 공시를 보면서 하나하나 알아보도록 해요. 다트를 열어서 공시통합검색에서 회사명 '삼성전자', 기간 '10년', 보고서명 '배당'을 입력하고 나오는 팝업창에서 '현금·현물배당 결정'에 체크한 다음, '검색' 버튼을 클릭합니다. 삼성전자가 2021년 1월 28일 발표한 〈현금·현물배당 결정〉 공시를 열어보겠습니다.

번호	공시대상회사	보고서명	제출인	접수일자	비고
1	유 삼성전자	현금·현물배당결정	삼성전자	2021.04.29	유
2	유 삼성전자	현금·현물배당결정	삼성전자	2021.01.28	유

삼성전자 〈현금·현물배당 결정〉 공시

2021년 1월 28일

1. 배당 구분		결산배당
2. 배당 종류		현금배당
현물자산의 상세 내역		-
3. 1주당 배당금(원)	보통주식	1,932
	종류주식	1,933
4. 시가배당율(%)	보통주식	2.6
	종류주식	2.7
5. 배당금 총액(원)		13,124,259,877,700
6. 배당 기준일		2020년 12월 31일
7. 배당금 지급 예정일자		-
8. 주주총회 개최 여부		개최
9. 주주총회 예정일자		-
10. 이사회 결의일(결정일)		2021년 1월 28일

11. 기타 투자 판단과 관련한 중요 사항
- 상기 내용은 외부감사인의 감사결과 및 주주총회 승인과정에서 변경될 수 있음.
- 금번 결산배당은 기존 결산 배당금(보통주 주당 354원, 우선주 주당 355원)에, 2018~2020년 주주환원 정책에 따른 잔여재원이 발생하여 특별배당금 성격의 1,578원을 더하여 실시함.
- 상기 3, 4항의 종류 주식은 우선주를 의미함.
- 상기 4항의 시가배당율은 배당 기준일 전전거래일(배당부 종가일)부터 과거 1주일간의 거래소 시장에서 형성된 최종가격의 산술평균가격에 대한 1주당 배당금 비율임.
- 상기 7, 9항의 주주총회 예정일자는 미정이며, 배당금지급 예정일자는 「상법」 제464조의 2에 의거, 주주총회일로부터 1개월 이내에 지급할 예정임.
- 상기 10항의 감사는 감사위원회 위원을 의미함.

먼저 '1. 배당 구분'에 '결산배당'이라는 문구가 보이죠. '2. 배당의 종류'는 현금이네요. 주식이나 부동산과 같은 현물이 아닌 현금으로 주주들에게 배당금을 지급한다는 뜻입니다. 따라서 현물자산의 상세 내역은 빈칸으로 남겨뒀습니다.

'3. 1주당 배당금'은 보통주 1932원, 종류주는 1933원입니다. 종류주는 우선주를 가리킵니다. 보통주는 말 그대로 우리가 아는 일반적인 보통주식입니다.

참고로 삼성전자는 이 공시를 발표하면서 '특별배당'이라고 설명했습니다. 바로 배당금 액수가 다른 때보다 컸기 때문입니다.

공시 하단 '11. 기타 투자 판단과 관련한 중요 사항'에 이런 내용이 등장합니다.

> 금번 결산배당은 기존 결산 배당금(보통주 주당 354원, 우선주 주당 355원)에 2018~2020년 주주환원 정책에 따른 잔여 재원이 발생해 특별배당금 성격의 1578원을 더하여 실시함.

보통주 vs. 우선주

보통주는 주식을 가진 만큼 의결권(주주총회에서 회사의 결정에 투표할 수 있는 권리)이나 배당 등의 권리를 다른 사람과 동일하게 가질 수 있는 주식입니다. 반면 우선주는 주주총회에서 행사할 수 있는 의결권이 없는 대신 배당률이 높고 만약 회사가 청산할 경우 잔여 재산을 배분할 때 우선권이 있는 주식입니다.

매수 시점에 따라 달라지는 배당수익률

'4. 시가배당률(%)'이라는 항목을 볼까요. '2.6%(보통주 기준)'라고 되어 있는데요. 시가배당률이란 배당금 액수가 기준주가(배당 기준일 전 전거래일인 12월 28일부터 과거 1주일간 주식시장에서 형성된 가격의 산술평균가격)의 얼마 만큼인지 나타내는 용어입니다. 배당을 결정할 당시의 시세에 비해 배당금이 어느 정도냐는 것을 나타내지요. 삼성전자는 기준주가 7만 4300원의 2.6%인 1932원을 배당하기로 했습니다.

시가배당률은 투자자들이 생각하는 배당수익률과는 약간 다른 개념입니다. 만약 여러분이 삼성전자 배당 기준일에 근접한 날짜에 주식을 매수했다면 배당수익률이 시가배당률과 비슷할 것입니다.

그러나 2020년 6월 초 1주당 5만 원에 삼성전자를 매수해서 연말까지 계속 보유하고 있다면 배당수익률은 어떻게 될까요? 삼성전자는 1년에 네 번 배당합니다. 6월 초에 삼성전자 주식을 매입했으면 3월의 1분기배당은 못 받지만, 6월 30일(배당 기준일) 반기배당 354원과 9월 30일 3분기배당 354원, 그리고 이번 결산배당 1932원까지 총 세 번에 걸쳐 2640원의 배당금을 받게 됩니다. 따라서 배당수익률은 5.3%(2640원÷5만 원×100)로 높아지죠. 배당수익률은 본인이 언제 얼마에 매수했느냐에 따라 달라집니다.

'5. 배당금총액'을 보면 '13조 1243억 원'이 나옵니다. 이는 모든 주주들에게 1주당 1932원을 지급하는데 이만큼 돈이 든다는 얘기입니다. 역시 '국민주'답게 배당금액도 엄청납니다.

배당금 지급 예정일은 왜 빈칸일까?

이제 중요한 '6. 배당 기준일'을 볼까요. 역시나 12월 31일로 되어 있네요. 배당 기준일은 이날까지 주주명부에 있어야 배당금을 받을 자격이 있다는 뜻이라고 했습니다. 하지만 실제로 12월 31일은 주식시장이 열리지 않아서 실질적인 배당 기준일은 12월 30일이고, 우리나라 주식시장의 결제시스템(매수일+2일)을 감안하면 이틀 전인 12월 28일까지 매수해야 한다는 것, 이제는 다들 아시죠?

그런데 지금 살펴보고 있는 공시는 2021년 1월 28일에 나왔습니다. 따라서 공시를 보고서 '아! 삼성전자가 배당을 하니 주식을 사야지!'라며 주식을 매수하면 결산배당금을 받을 수 없습니다.

'7. 배당금 지급 예정일자'를 보면 빈칸입니다. 배당금 준다고 해 놓고서 언제 줄지 알려주지 않네요. '이게 말이야 방귀야?' 성내지 마세요. 그다음 항목을 보면 의문점이 풀려요.

'8. 주주총회 개최 여부'에 '개최'라고 쓰여 있습니다. 결산배당 결정은 주주총회 결의를 거쳐야 하는 사항입니다. 여기서 말하는 주주총회란 매년 3월 열리는 정기주주총회를 뜻합니다. 삼성전자는 2021년 3월 17일 정기주주총회를 열어 배당 안건을 정식 승인받고,

4월에 주주들에게 배당금을 지급했습니다. 따라서 배당 공시를 할 당시에는 주주총회 날짜가 정해지지 않았기 때문에 배당금 지급 날짜를 특정할 수 없었던 것뿐입니다.

공시 하단에 '11. 기타 투자 판단과 관련한 중요 사항'을 보면 '배당금은 주주총회일로부터 1개월 이내에 지급한다'고 나옵니다.

지금까지 삼성전자 배당 공시를 살펴봤는데요. 다른 기업의 배당 공시도 이와 유사합니다. 배당을 현금으로 주는지, 주식으로 주는지 배당 종류를 체크하고, 배당금, 배당 기준일, 그리고 시세와 비교해 얼마의 배당금을 주는지(시가배당률)를 체크해 투자 전략을 세우면 됩니다.

포털사이트에서 '배당주'라고 검색하면, 배당수익률 상위 종목을 볼 수 있습니다.

| 배당

전체 | 코스피 | 코스닥

종목명	현재가	기준월	배당금	수익률 (%)	배당성향 (%)	ROE (%)	PER (배)	PBR (배)	과거 3년 배당금		
									1년전	2년전	3년전
서울가스	138,500	20.12	16,750	12.09	49.66	13.14	3.45	0.34	1,750	1,750	1,750
고려아연	547,000	20.12	15,000	2.74	46.27	8.37	13.22	1.02	14,000	11,000	10,000
한국쉘석유	279,500	20.12	14,000	5.01	86.62	21.44	15.99	3.43	16,000	19,000	17,000
롯데푸드	438,000	20.12	12,000	2.74	15.55	-	5.34	0.40	12,000	15,000	22,000
LG생활건강우	697,000	20.12	11,050	1.59	23.12	17.92	35.99	5.71	11,050	9,300	9,050
LG생활건강	1,492,000	20.12	11,000	0.74	23.12	17.92	35.99	5.71	11,000	9,250	9,000
LG화학우	378,000	20.12	10,050	2.66	151.84	2.93	125.83	3.55	2,050	6,050	6,050
영풍	702,000	20.12	10,000	1.42	12.97	4.03	7.47	0.28	10,000	10,000	10,000
SK텔레콤	306,000	20.12	10,000	3.27	47.53	6.44	12.77	0.71	10,000	10,000	10,000
LG화학	818,000	20.12	10,000	1.22	151.84	2.93	125.83	3.55	2,000	6,000	6,000

이익을 현금 말고 주식으로 나눌게

주식배당(feat. 셀트리온)

이번엔 삼성전자와는 조금 다른 주식배당 공시를 살펴보겠습니다. 다트를 열어서 공시통합검색에서 회사명 '셀트리온', 기간 '10년', 보고서명 '배당'을 입력하고 나오는 팝업창에서 '주식배당결정'에 체크한 다음 '검색' 버튼을 누릅니다. 셀트리온이 2020년 12월 16일 발표한 〈주식배당결정〉이라는 제목의 공시를 클릭합니다.

번호	공시대상회사	보고서명	제출인	접수일자	비고
1	유 셀트리온	주식배당결정	셀트리온	2020.12.16	유
2	유 셀트리온	주식배당결정	셀트리온	2019.12.18	유
3	유 셀트리온	[기재정정]주식배당결정	셀트리온	2018.12.28	유

셀트리온 〈주식배당결정〉 공시

2020년 12월 16일

1. 1주당 배당주식수(주)	보통주식	0.02
	종류주식	-
2. 배당주식총수(주)	보통주식	2,675,697
	종류주식	-
3. 발행주식총수	보통주식	134,997,805
	종류주식	-
4. 배당 기준일		2020년 12월 31일
5. 이사회 결의일(결정일)		2020년 12월 16일

6. 기타 투자 판단과 관련한 중요 사항

- 상기 주식배당(안)은 제30기 정기주주총회 안건으로 상정될 예정이며, 주주총회의 결과에 따라 변경될 수 있음.
- 배당주식총수는 이사회 당일(2020년 12월 16일) 기준 발행주식총수 134,997,805주에서 자기주식 1,212,915주를 제외한 133,784,890주를 대상으로 산정한 주식수임.
- 1주 미만의 단수주는 제30기 정기주주총회 전일 종가를 기준으로 환산하여 현금 지급할 예정임.
- 당사의 감사위원회는 전원 사외이사로 구성되어 있음.

셀트리온은 해마다 결산배당을 할 때 삼성전자와 달리 현금이 아닌 주식으로 배당하는 곳입니다. 2020년에도 어김없이 주식배당을 발표했습니다.

'1. 1주당 배당주식수'가 '0.02주'라는 얘기는 50주를 가지고 있으면 1주, 100주를 가지고 있으면 2주를 주식배당으로 받는다는 얘기입니다. 그런데 50주, 100주로 딱 떨어지지 않고 만약 80주를 가지고 있으면 어떻게 될까요? 80주에 0.02를 곱하면 1.6주가 나와요. 이럴 때는 1주는 주식배당으로 지급하고 0.6주는 나중에 현금으로 돌려줍니다. 주식의 시세는 수시로 바뀌니까 현금으로 돌려주는 기준이 있어야겠죠.

그 내용은 공시 하단에 '1주 미만의 단수주는 제30기 정기주주총회 전일 종가를 기준으로 환산하여 현금 지급할 예정'이라는 문구가 나옵니다. 셀트리온은 2021년 3월 26일 정기주총을 열었고, 주주총회 전날(3월 25일) 종가는 30만 7500원이었습니다. 따라서 80주를 가진 사람은 주식배당으로 1주를 받고 0.6주는 주식 대신 현금 18만 4500원(30만 7500원×0.6)으로 받게 됩니다.

'2. 배당주식총수'를 보면 '267만 5697주'란 숫자가 나옵니다. 이는 셀트리온이 주식배당을 위해 새로 찍어내는 주식수를 의미합니다. 주식배당은 현금이 아닌 주식으로 줘야 하므로 유상증자처럼 새로운 주식(신주)을 찍어내야 합니다.

신주를 발행하지 않고 회사가 보유한 자사주로 배당을 할 수도 있는데요. 이때는 주식배당 대신 '현물배당'이란 용어를 사용합니다. 현물이란 주식, 부동산처럼 현금이 아닌 재산을 의미합니다. 현물배당은 2011년 「상법」 개정으로 도입됐지만, 아직 활발하게 이뤄지진 않습니다. 대게 자사주는 지배 구조와 경영권 안정 등을 목적으로 기업이 전략적으로 보유하고 있는 경우가 많습니다. 또한 주주에게 배당할 만큼 자사주를 많이 보유하고 있는 기업이 드물어서, 현물배당 사례를 찾아보기 어렵습니다.

'4. 배당 기준일'은 결산배당 성격이어서 '12월 31일'입니다. 그런데 곰곰이 생각해보면 지금 보고 있는 주식배당 공시는 12월 16일 발표했어요. 좀 전에 삼성전자의 결산배당 공시는 배당 기준일 이후에 나와서 공시를 보고 주식을 매수하면 결산배당을 받을 수 없다고 했습니다. 주식배당은 연말 결산 전에 예고해야 해서 배당 기준일보다 앞서 발표합니다. 따라서 공시를 보고 주식을 매수해도 배당 권리가 있습니다. 다만 배당 기준일 하루 전에 인위적으로 주가를 조정하는 배당락이 있다는 점을 공부했죠.

과거엔 어떻게 배당했는지, 뒷조사하는 법!

내가 투자한 주식이 지금까지 배당을 어떻게 해왔는지 알아보는 방법입니다. 우선은 다트를 열어서 여러분이 투자한 종목 이름, 기간 '10년', 보고서명에 '배당'을 입력해서 검색하면 그동안의 배당 추이를 볼 수 있습니다. 이 방법이 번거롭다면 보고서명에 '사업보고서(또는 분기보고서, 반기보고서)'를 입력해서 검색해보세요.

셀트리온 〈사업보고서〉 문서 목차에서 'I. 회사의 개요 > 6. 배당에 관한 사항 등'을 차례로 클릭해서 보면, 최근 3년간 배당에 관한 내용이 나옵니다.

셀트리온 〈사업보고서〉 공시 중 '주요배당지표'

2021년 3월 18일

구분	주식의 종류	당기	전기	전전기
		제30기	제29기	제28기
주당액면가액(원)		1,000	1,000	1,000
(연결)당기순이익(백만 원)		519,232	297,969	253,563
(별도)당기순이익(백만 원)		507,800	286,281	254,361
(연결)주당순이익(원)		3,825	2,229	1,960
현금배당금총액(백만 원)		-	-	-
주식배당금총액(백만 원)		2,676	6,360	2,492
(연결)현금배당성향(%)		-	-	-
현금배당수익률(%)	보통주	-	-	-
	-	-	-	-
주식배당수익률(%)	보통주	5.44	4.01	3.09
	-	-	-	-
주당 현금배당금(원)	보통주	-	-	-
	-	-	-	-
주당 주식배당(주)	보통주	0.02	0.05	0.02
	-	-	-	-

* 상기 주식배당금 총액은 제30기 정기주주총회 승인 전 금액으로 정기주주총회에서 변경 사항이 발생할 경우 정정보고서를 통해 그 내용 및 사유를 반영할 예정입니다.

셀트리온은 주식배당으로 전전기(2018년) 0.02주, 전기(2019년) 0.05주를 지급했고, 당기(2020년)에는 작년보다는 적고 2년 전 수준인 0.02주를 지급한다는 내용이 나옵니다.

Chapter 8

전지적 투자자 시점에서 본 기업분할

이번에 공부해볼 내용은 기업분할입니다. 앞서 살펴본 주식분할은 회사가 발행한 주식의 액면가격을 쪼개는 것입니다. 쉽게 지폐를 동전으로 교환하는 작업을 떠올리면 됩니다. 반면 이번에 공부할 기업분할(공식 명칭은 '회사분할'이지만, 통상 '기업분할'이라고 합니다)은 주식이 아니라 회사 자체를 쪼개는 것입니다. 지갑에 있는 지폐 몇 장을 동전으로 바꾸는 정도가 아니라, 아예 회사 살림을 따로 차리는 분가(分家) 수준입니다. 단어가 비슷해 보여도 내용은 확 다릅니다.

주식을 쪼개는 이유는 알겠는데, 멀쩡한 회사는 또 왜 쪼개느냐고요? 예를 들어 한 회사가 백화점과 대형마트 사업을 같이하고 있습니다. 백화점이나 대형마트나 다 같은 유통사업이라, 초반에는 별다른 문제가 없었습니다. 그러다 사업이 점점 커져서 전국 각지에 백화점과 대형마트 지점을 만들다 보니 관리가 어려워졌어요. 백화점과 대형마트는 취급하는 물품이 조금씩 다릅니다. 물품이 다르다는 건 구매처도 달라진다는 의미이며, 고객층도 다르다는 얘기지요.

여러분이 백화점에 갈 때와 대형마트에 갈 때 사고자 하는 물건이 다른 것을 떠올려 보세요. 백화점과 대형마트를 운영하는 회사 경영진도 서로 다른 고객층을 염두에 두고 판매 전략을 세워야겠죠. 사업이 커질수록 전문적인 맞춤형 관리가 필요해진 것이죠. 즉 사업부문별 전문성과 경쟁력을 강화하기 위해 기업을 분할합니다.

기업분할의 두 갈래, 인적분할과 물적분할

새로 생긴 회사의 주식을 직접 소유하느냐, 소유 못 하느냐?

백화점과 대형마트 사업을 같이 하는 회사가 있습니다. 사업이 확장되자, 사업부문별 전문적인 관리의 필요성이 절실해졌습니다. 그래서 회사를 백화점, 대형마트 두 개로 쪼개서 각각 책임자를 두기로 했습니다. 이 예시는 가상의 사례가 아니라, 여러분이 너무나 잘 알고 있는 두 회사 신세계백화점과 이마트의 실제 사례입니다. 신세계백화점과 이마트는 2010년까지 한 회사에 몸담고 있었지만, 2011년 회사를 쪼갰습니다.

멀쩡한 회사를 쪼개는 결정은 쉬운 일이 아니라, 자주 등장하는 공시는 아닙니다. 하지만 한번 발표하면 파급력이 아주 큰 경영 활동입니다. 주식투자자뿐만 아니라 회사에 다니고 있는 직원들의 생활에도 상당한 영향을 미치죠. 명함에 적힌 회사 이름이 달라지니까요.

기업분할에는 인적분할과 물적분할 두 가지 방식이 있습니다.

기업분할 방식

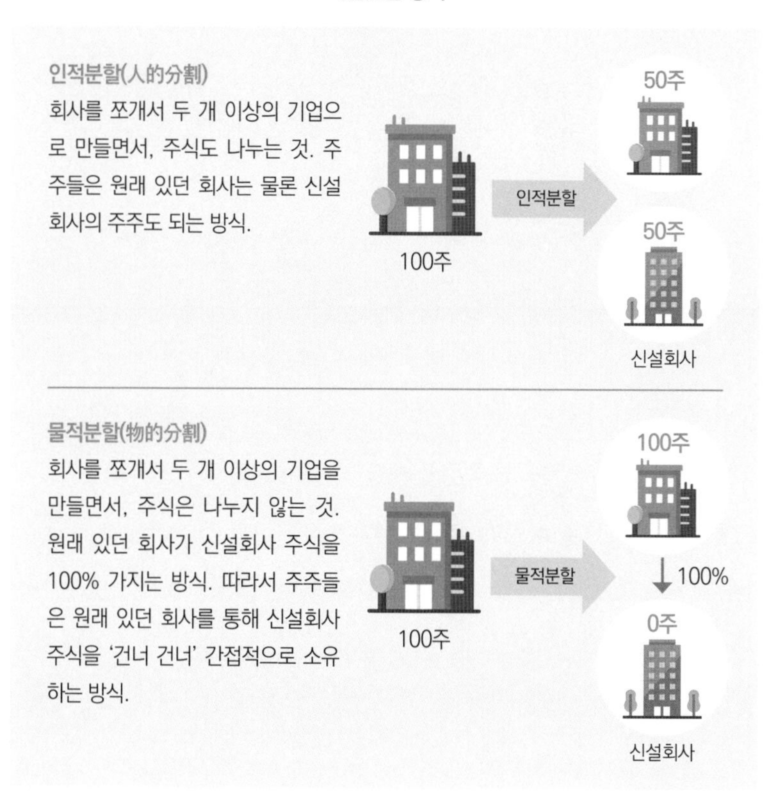

주식투자자 입장에서는 새로 생긴 회사(신설회사)의 주식을 직접

신세계그룹의 두 차례에 걸친 기업분할 과정

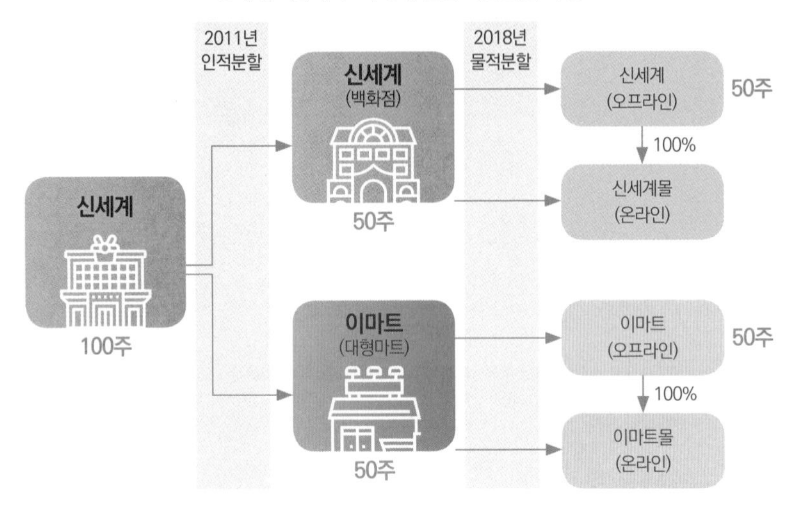

소유하느냐(인적분할), 직접 가질 수 없느냐(물적분할)의 차이입니다.

신세계를 다시 한 번 예로 들어볼게요.

신세계는 2011년 인적분할로 신세계백화점과 이마트를 분리했습니다(편의상 인적분할 비율은 50대 50으로 가정). 이때 신세계 주식 100주를 가진 주주는 인적분할 이후 신세계백화점 주식 50주, 이마트 주식 50주로 나눠 가지게 됩니다.

이후 신세계백화점과 이마트는 2018년 각각 물적분할로 또 한 번 회사를 쪼갰습니다. 오프라인 사업과 온라인사업으로 나눈 것이죠. 신세계백화점 주식 50주를 가진 주주는 물적분할 이후에도 그대로 50주를 보유합니다. 이마트 주식 50주도 마찬가지입니다. 물적분할 때는 주주가 보유한 주식수에 변화가 없습니다. 대신 신세계-오프라인이 신세계-온라인을 100% 보유, 이마트-오프라인이 이마트-

온라인을 역시 100% 보유하죠.

지주회사를 세울 때는 인적분할, 부실한 사업을 떼어낼 때는 물적분할

신세계가 2011년 인적분할을 할 때 내세운 명분은 '각 사업부문의 전문성을 제고하고 핵심 경쟁력을 강화해 지속적인 성장의 토대를 마련하겠다'는 것이었습니다. 2018년 물적분할을 할 때는 '사업부문별 전문화를 통한 경영 효율성 제고'라는 이유를 제시했습니다. 단어가 조금씩 다를 뿐 뉘앙스는 비슷하죠? 교과서적인 답변입니다.

인적분할이든 물적분할이든 이유가 딱 정해져 있지는 않습니다. 회사의 필요에 의해서 명분을 가져다 붙이는 것이죠. 서로 다른 사업이 한 회사에 같이 있을 때보다 따로 내어내서 관리하는 게 전문성 측면에서 좋겠다는 취지는 공통적이에요. 이런 취지로 회사를 쪼갤 때는 인적이든 물적이든 사실 차이가 없습니다.

다만 특정한 목적이 있을 때는 '답정너'처럼 정답이 정해져 있습니다. 지주회사(다른 회사의 주식을 보유하면서 관리하는 회사)를 만들 때는 인적분할, 부실한 사업을 떼어낼 때는 물적분할이 유리합니다.

이론은 여기까지! 자세한 내용은 최근 발표한 공시를 통해 알아보겠습니다.

물적분할하면 내 주식은 어떻게 될까?

feat. LG화학

잘 키운 배터리사업 독립시키기

최근 주식시장에서 물적분할로 관심을 끈 곳은 단연 LG화학입니다. LG화학은 2020년 9월 배터리사업부를 물적분할하면서 엄청난 파문을 몰고 왔습니다.

LG화학 물적분할 공시 내용을 볼게요. 다트를 열어서 공시통합검색으로 들어가 회사명 'LG화학', '주요사항보고' 체크 후 '검색' 버튼을 눌러보세요. 2020년 9월 17일 발표한 〈주요사항보고서(회사분할결정)〉 공시가 나옵니다(혹시 검색 결과에 해당 공시가 없으면, 기간을 길게 설정해보세요).

LG화학 〈주요사항보고서(회사분할 결정)〉 공시

2020년 9월 17일

1. 분할 방법	분할회사가 존속하면서 분할신설회사의 발행주식총수를 배정받는 **단순·물적분할 방식**으로 분할. 분할 후, 분할회사는 상장법인으로 존속하고 분할신설회사는 비상장법인으로 설립. [분할의 개요] • 분할존속회사(분할회사 또는 분할존속회사) 상호 : 주식회사LG화학 사업부문 : 분할 대상 사업부문을 제외한 사업부문 • 분할 신설회사 상호 : 주식회사LG에너지솔루션(가칭) 사업부문 : 전지사업부문(자동차전지, ESS전지, 소형전지)
2. 분할 목적	분할회사가 영위하고 있는 사업부문 중 전지(자동차전지, ESS전지, 소형전지) 사업부문을 단순·물적분할 방식으로 분할해 분할신설회사를 설립. 분할회사는 그 외 기존 나머지 사업부문을 영위한다 각 사업부문의 전문화를 통해 핵심 사업의 경쟁력을 제고. 권한과 책임을 명확히 하여 객관적인 성과평가를 가능하게 함으로써 책임경영체제를 확립
3. 분할의 중요 영향 및 효과	단순·물적분할 방식으로 진행됨에 따라 본건 분할 전후 분할되는 회사의 최대주주 소유주식 및 지분율의 변동은 없음. 또한 분할 자체로는 연결재무제표상에 미치는 영향이 없음.
4. 분할비율	본건 분할은 단순·물적분할로 분할신설회사가 설립 시에 발행하는 주식의 총수를 분할 회사에100% 배정하므로 분할비율을 산정하지 않음
5. 분할로 이전할 사업 및 재산의 내용	분할로 인한 이전대상재산의 목록과 가액은 2020년 6월 30일 현재 재무상태표 및 재산목록을 기준으로 작성된 본 분할계획서 상의[별첨]으로 기재

6. 분할 후 존속회사				
회사명	주식회사 LG화학			
분할 후 재무 내용(원)	자산 총계	24조 7275억 원	부채 총계	7조 9127억 원
	자본 총계	16조 8148억 원	자본금	3914억 원
	2020년 6월 30일		현재 기준	
존속사업부문 최근 사업연도 매출액(원)	15조 6172억원			
주요 사업	석유화학, 첨단소재, 바이오 사업			
분할 후 상장 유지 여부	예			
7. 분할설립회사				
회사명	(가칭) 주식회사 LG에너지솔루션			
설립 시 재무 내용(원)	자산 총계	10조 2552억 원	부채 총계	4조 2970억 원
	자본 총계	5조 9581억 원	자본금	1000억 원
	2020년 6월 30일		현재 기준	
신설 사업부문 최근 사업연도 매출액(원)	6조 6953억 원			
주요 사업	전지 사업			
재상장 신청 여부	아니오			
9. 주주총회 예정일	2020년 10월 30일			
11. 분할 기일	2020년 12월 1일			
12. 분할등기 예정일	2020년 12월 3일			
15. 증권신고서 제출 대상 여부	아니오			
- 제출을 면제받은 경우 그 사유	물적분할			

'1. 분할 방법'을 보면 '단순 물적분할 방식'이란 단어가 두 번째 줄에 등장합니다. 물적분할한다는 의미죠. 이어서 '분할회사는 상장법인으로 존속하고, 분할신설회사는 비상장법인으로 설립한다'는 설명이 있어요. 물적분할은 원래 있던 회사(존속회사)가 신설회사 주식을 100% 가지는 방식이기 때문에 신설회사는 비상장회사로 남는 것입니다. 상장회사가 되려면 한 사람이 지분 100%를 가지면 안 되고, 여러 사람에게 주식이 분산되어야 합니다. 이를 위해서 상장공모를 하는 것이고요.

'분할 개요'를 보면 존속회사는 'LG화학', 신설회사는 'LG에너지솔루션'입니다. 따라서 LG화학이 LG에너지솔루션 지분 100%를 가지는 방식의 물적분할이라는 걸 알 수 있습니다.

여러분이 분할 전 LG화학 주식 100주를 가지고 있다면, 분할 이후에도 여전히 LG화학 주식 100주를 가집니다. 신설회사 LG에너지솔루션 지분은 모두 LG화학이 가지기 때문에 여러분은 '한 다리 건너' 간접 소유하는 셈이죠.

LG화학이 물적분할을 선택한 진짜 속내

분할 후 사업부문은 LG에너지솔루션이 배터리(전지사업)를 담당하고 LG화학은 그 외의 모든 사업을 담당한다고 나옵니다.

참고로 물적분할 전 LG화학은 회사 이름에서 알 수 있듯이 석유화학사업(매출 비중 49.3%)이 주력이었습니다. 그 외에 배터리사업(37.2%) · 첨단소재(7.8%) · 생명과학(2.3) · 기타(3.3%) 사업을 하고 있었습니다. 이중 배터리사업을 LG에너지솔루션이란 신설회사로 떼어내고, 나머지 석유화학 · 첨단소재 · 생명과학 · 기타 사업을 LG화학이 그대로 가지는 구조로 바뀌는 것입니다.

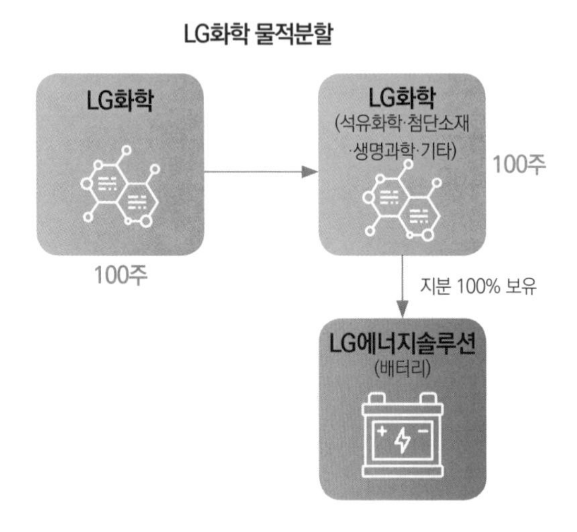

'2. 분할 목적'에 '사업부문의 전문화를 통해 핵심 사업의 경쟁력을 제고한다'라고 나옵니다. 이처럼 전형적인 교과서 같은 답변으로 설명을 마치면, 『공시줍줍』이 아니겠죠!

LG화학이 물적분할을 선택한 진짜 이유는 배터리사업을 확장하는데 투자자금이 많이 필요하기 때문입니다. 배터리사업은 앞으로도 그린뉴딜, 전기차 등 짱짱한 테마들과 함께 어울리며 계속 성장할 산업분야입니다. 그러나 전 세계에서 LG화학 혼자만 하는 독점산업이 아니어서 경쟁력을 갖추려면 많은 자금을 쏟아 부어야 하는 분야지요. 그렇다고 무작정 자기네 돈을 쏟아 부을 수는 없고, 외부투자를 받아야 할 테지요. 그런데 누가 돈을 공짜로 빌려주나요. 투자를 받는 대가로 주식을 줘야겠죠.

만약 LG화학이 인적분할을 했다면, LG화학이 아닌 지주회사 (주)LG가 LG에너지솔루션 지분 30.1%를 가집니다. 인적분할을 하면 원래 있던 회사의 지분율 만큼 신설회사의 지분도 가지는 방식이기 때문이죠.

만일 LG화학이 인적분할을 했다면…….

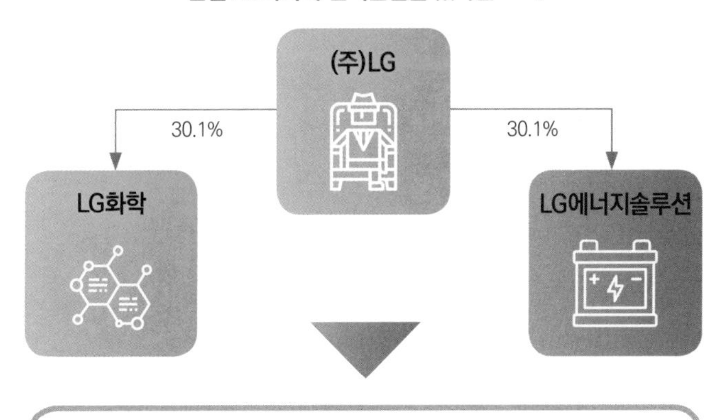

지분율 30.1% 상태에서는 (주)LG의 자금 부담 및
지분율 감소 우려로 LG에너지솔루션의 투자 유치가 어려워짐.

이 상황에서 LG에너지솔루션 투자금을 마련하기 위해 주주배정 유상증자를 한다면, 최대주주인 (주)LG가 돈을 많이 써야 합니다. 만약 (주)LG가 주주배정 유상증자에 참여하지 않거나, 제3자배정 유상증자를 하면 지분율이 자칫 30%에서 20%대로 떨어질 수도 있습니다. 이러면 지배력을 유지하는 게 무척 힘들어지겠죠. 지분 20%만 가지고서 "내가 회사의 주인이다"고 말하기 뻘쭘한 상황을 초래할 수 있습니다. 무엇보다 (주)LG는 지주회사여서 상장회사 지분율 20% 이상을 의무적으로 보유해야 규정도 따로 있습니다.

반면 물적분할을 하면 (주)LG → LG화학 → LG에너지솔루션 순서로 지분 구조가 다시 짜입니다.

LG화학이 물적분할을 결정한 이유

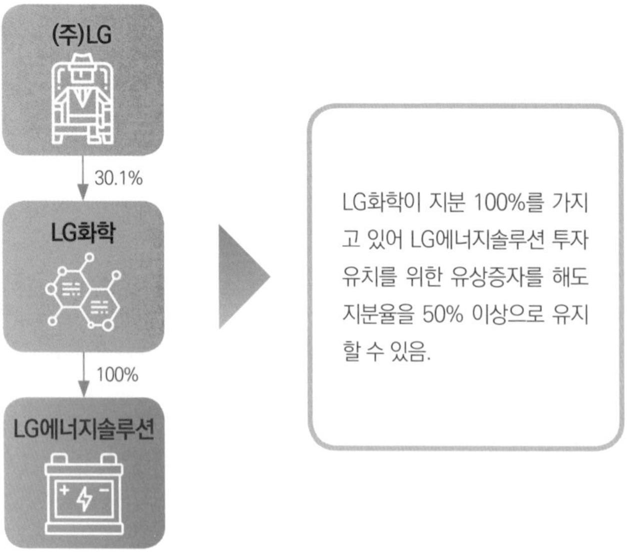

(주)LG는 LG에너지솔루션과 한 다리 건너 있기 때문에 자신들이 직접 돈을 쓸 필요가 없습니다. 따라서 (주)LG는 자금 부담에서 자유

를 얻고, LG화학 또한 LG에너지솔루션 지분 100%를 가진 상황에서 출발하기 때문에 다양한 방식으로 투자금을 모을 수 있습니다.

앞서 '2장. 전지적 투자자 시점에서 본 공모주 투자'에서 구주 매출과 신주 모집을 알아봤습니다(72쪽). LG에너지솔루션을 주식시장에 상장하는 과정에서 LG화학이 돈이 필요하면 지분 100% 중 일부를 팔면 되고(구주 매출), LG에너지솔루션이 돈이 필요하면 새로운 주식을 발행해서 팔면 되겠죠(신주 모집). 신주 모집을 해도 지분율 50% 이상은 너끈하게 방어할 수 있습니다. 실제로 LG에너지솔루션은 주식시장 상장을 준비하고 있었습니다.

분가시키면서 재산은 어떻게 나눴나?

다시 공시로 돌아와서 마저 살펴보겠습니다(279~281쪽). '4. 분할비율'은 회사를 둘 이상으로 쪼갤 때 주식을 '몇 대 몇'으로 나누느냐는 항목입니다. 물적분할은 원래 있던 회사가 신설회사 지분을 모두 가지는 형태여서 분할비율이 없습니다. 뒤에 설명할 인적분할은 분할비율이 중요합니다.

'5. 분할로 이전할 사업 및 재산의 내용'은 회사를 쪼개니까 회사가 가진 각종 재산(현금, 땅, 건물, 기계장비, 각종 지적재산권·특허 등)을 어떻게 사이좋게 나누는지 설명하는 대목입니다.

가족이 분가하는 것도 아니고 큰 회사가 쪼개지는 것인 만큼 재산 목록이 너무 많아서 〈별첨〉 자료로 설명합니다. 〈별첨〉 자료는 물적분할 공시 상단에 있는 첨부 자료에서 〈계약서(계획서)〉 문서를 클릭하면 볼 수 있습니다.

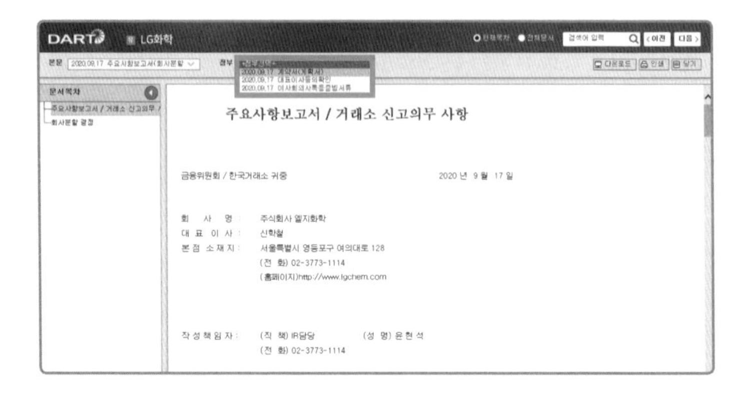

공시의 하단에 '9. 주주총회 예정일'에는 기업분할이 무척 중요한 내용이어서 주주총회에서 정식 승인을 받아야 한다는 내용, '11. 분할 기일'에는 주주총회를 거쳐서 정식으로 분할해 새 출발 하는 날짜, '12. 분할등기 예정일'에는 분할을 완료했다는 내용을 관할 등기소에 공식 신고하는 날짜가 나옵니다.

마지막으로 '15. 증권신고서 제출 대상 여부'에 '아니오'라고 나오고, 〈증권신고서〉 제출을 면제받은 이유는 '물적분할' 때문이라고 적어놨습니다. 물적분할을 할 때는 새로운 주식이 발행되지 않기 때문에 〈증권신고서〉를 내지 않아도 됩니다.

배터리 보고 LG화학에 투자한 투자자에게 떨어진 물적분할 날벼락!

LG화학의 물적분할은 당시 주주들 사이에서 상당한 논란이 됐습니다. LG화학 주주들은 대부분 배터리사업의 가치를 보고 투자한 것인데 배터리회사(LG에너지솔루션) 지분을 직접 가지는 인적분할 대신 간접적으로 소유하는 물적분할 방식을 '선택당한 것'에 문제를 제기했습니다.

LG화학은 회사 이름에 '화학'이 들어가고 매출 비중이 가장 높은 주력사업도 석유화학부문인 것은 맞지만, 주가를 끌어올리는 핵심사업은 뭐니뭐니해도 배터리사업이었습니다. 이런 상황에서 물적분할은 주주들에게 배터리사업을 하는 LG에너지솔루션 지분은 단 1주도 받지 못하고 LG화학 주식만 가지고 있으란 얘기였으니까요.

일종의 LG화학 주주들과 배터리사업 사이에 울타리 하나를 쳐 놓은 것이죠. 주주들과 배터리사업 사이의 거리가 이전보다 좀 (많이) 멀어지게 된 것입니다.

물론 이론적으로는 물적분할과 인적분할 모두 기존 주주의 주식가치에 변화를 주지 않습니다. LG화학이 LG에너지솔루션 지분 전량을 가지기 때문에 물적분할 이후에도 기존 주주들이 LG화학 지분을 팔지 않고 그대로 가지고 있다면, 자연스레 LG에너지솔루션의 성과까지 공유하게 되는 것이죠. 하지만 이론은 어디까지나 이론일 뿐 실전은 다르죠.

물적분할 이후 LG에너지솔루션은 주식시장에 상장해 투자금을 마련할 계획을 밝혔습니다. 상장 과정에서 새로운 주주들이 들어오면 LG화학의 LG에너지솔루션 지분율은 100%를 유지하지 못하고, 70~80% 수준 또는 그 이하로 내려갈 수도 있습니다. 그럼 기존의 LG화학 주주들은 배터리사업이 아무리 잘 되더라도 예전보다 사이가 더 멀어지게 되는 셈이죠. 물론 LG그룹 입장에서는 다른 선택지가 없었고 물적분할이 최선이었겠지만, LG화학 주주 입장에서는 아쉬운 결과인 것도 틀림없는 사실입니다.

다만 물적분할이 항상 주주들에게 불리한 것만은 아니에요. 상당수의 물적분할은 LG화학처럼 잘 나가는 사업을 떼어내는 것이 아니라 부진한 사업, 이른바 '아픈 손가락'을 떼어내는 사례가 많습니다. 부진한 사업을 분리해서 잘 되는 사업이 더 빛을 발휘할 수도 있습니다. 따라서 물적분할로 떨어져 나가는 사업의 전망이 좋은지, 나쁜지에 따라 호재와 악재를 구분해야 합니다.

인적분할하면 내 주식은 어떻게 될까?

feat. F&F

공유가 모델로 있는 그 의류회사를 둘로 쪼갠다는데…….

이번에는 인적분할 공시를 살펴볼게요. 여러분도 한 번쯤 들어봤거나 입어봤을 MLB, 디스커버리 등의 의류 브랜드와 바닐라코라는 화장품 브랜드를 보유한 F&F(에프앤에프)가 2020년 인적분할을 진행했습니다.

다트를 열어서 공시통합검색 상태에서 회사명 'F&F 홀딩스', '주요사항보고' 체크 후 '검색' 버튼을 누릅니다. 2020년 11월 20일 발표한 〈주요사항보고서(회사분할 결정)〉 공시가 등장합니다. F&F가 아닌 F&F홀딩스로 검색해야 하는 이유는 이미 인적분할을 완료했고, 기존의 F&F가 F&F홀딩스로 회사 이름을 바꿨기 때문입니다(회사명에 'F&F'와 '홀딩스' 사이에 한 칸을 띄워야 검색됩니다).

F&F 〈주요사항보고서(회사분할결정)〉 공시

2020년 11월 20일

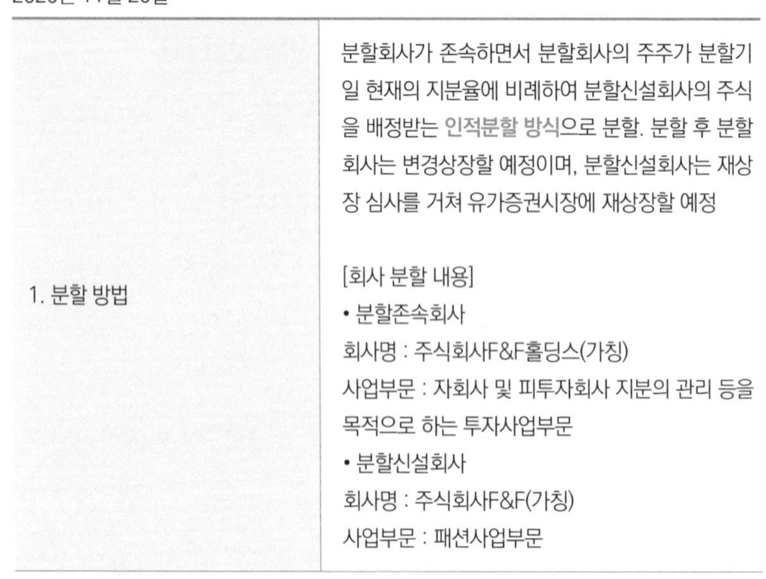

1. 분할 방법	분할회사가 존속하면서 분할회사의 주주가 분할기일 현재의 지분율에 비례하여 분할신설회사의 주식을 배정받는 **인적분할 방식**으로 분할. 분할 후 분할회사는 변경상장할 예정이며, 분할신설회사는 재상장 심사를 거쳐 유가증권시장에 재상장할 예정 [회사 분할 내용] • 분할존속회사 회사명 : 주식회사F&F홀딩스(가칭) 사업부문 : 자회사 및 피투자회사 지분의 관리 등을 목적으로 하는 투자사업부문 • 분할신설회사 회사명 : 주식회사F&F(가칭) 사업부문 : 패션사업부문

<table>
<tr><td colspan="2">2. 분할 목적</td><td colspan="4">• 사업경쟁력을 강화하고 전문화된 사업영역에 사업부문 역량을 집중. 지속성장을 위한 전문성 및 고도화를 추구.
• 분할회사는 자회사 관리 및 신규사업투자 등의 투자사업부문에, 분할신설회사는 패션사업부문에 집중하고 향후 투자사업부문을 지주회사로 전환</td></tr>
<tr><td colspan="2">3. 분할의 중요 영향 및 효과</td><td colspan="4">각 사업부문별 의사결정 체계 확립 및 경영자원의 효율적 배분을 통하여 사업의 경쟁력을 강화. 각 사업부문의 성장잠재력을 극대화하고 경영위험을 최소화</td></tr>
<tr><td colspan="2">4. 분할비율</td><td colspan="4">• 분할존속회사 : 0.5025055
• 분할신설회사 : 0.4974945</td></tr>
<tr><td colspan="2">5. 분할로 이전할 사업 및 재산의 내용</td><td colspan="4">분할로 인한 이전 대상 재산은 2020년 9월 30일을 기준으로 작성된 분할계획서 〈별첨〉에 기재</td></tr>
<tr><td rowspan="6">6. 분할 후 존속 회사</td><td>회사명</td><td colspan="4">주식회사 F&F홀딩스 (가칭)</td></tr>
<tr><td rowspan="3">분할 후 재무 내용</td><td>자산총계</td><td>2643억 원</td><td>부채총계</td><td>15억 원</td></tr>
<tr><td>자본총계</td><td>2627억 원</td><td>자본금</td><td>38억 원</td></tr>
<tr><td colspan="2">2020년 9월 30일</td><td colspan="2">현재기준</td></tr>
<tr><td>존속사업부문
최근 사업연도 매출액</td><td colspan="4">37억 원</td></tr>
<tr><td>주요 사업</td><td colspan="4">자회사 및 피투자회사 지분의 관리 등이 목적</td></tr>
<tr><td rowspan="6">7. 분할 설립 회사</td><td>분할 후 상장 유지 여부</td><td colspan="4">예</td></tr>
</table>

<table>
<tr><td rowspan="5">7. 분할 설립 회사</td><td>회사명</td><td colspan="4">주식회사 F&F (가칭)</td></tr>
<tr><td rowspan="3">설립 시 재무 내용</td><td>자산총계</td><td>4101억 원</td><td>부채총계</td><td>1457억 원</td></tr>
<tr><td>자본총계</td><td>2644억 원</td><td>자본금</td><td>38억 원</td></tr>
<tr><td colspan="2">2020년 9월 30일</td><td colspan="2">현재 기준</td></tr>
<tr><td>신설사업부문
최근 사업연도 매출액</td><td colspan="4">8814억 원</td></tr>
</table>

	주요사업		패션사업부문
	재상장 신청 여부		예
8. 감자에 관한 사항	감자비율(%)		49.74945
	매매거래 정지 예정기간	시작일	2021년 4월 29일
		종료일	2021년 5월 20일
	주주 주식수 비례 여부 및 사유		• 분할되는 회사의 주주가 가진 주식수에 비례하여 분할신설회사의 주식을 배정 • 1주 미만의 단주에 대해서는 분할신설회사 신주의 재상장 초일의 종가로 환산하여 현금으로 지급하고, 단주는 분할신설회사가 자기주식으로 취득
	신주 배정 기준일		2021년 4월 30일
	신주의 상장 예정일		2021년 5월 21일
9. 주주총회 예정일			2021년 3월 26일
10. 채권자 이의 제출 기간		시작일	-
		종료일	-
11. 분할 기일			2021년 5월 1일
12. 분할 등기 예정일			2021년 5월 4일
13. 이사회 결의일(결정일)			2020년 11월 20일
14. 풋옵션 등 계약 체결 여부			아니오
15. 증권신고서 제출 대상 여부			예
- 제출을 면제받은 경우 그 사유			해당 사항 없음

16. 기타 투자 판단에 참고할 사항

6) 주요 재상장 요건 검토

영업기간, 기업 규모, 경영성과, 감사의견, 사외이사, 감사위원회, 주식양도제한 모두 충족

11) 공개매수에 관한 내용

분할 이후 에F&F홀딩스는 지주회사 행위제한요건을 충족하기 위해 분할신설회사 F&F 지분에 대하여 공개매수 방식의 현물출자 유상증자를 진행할 예정

인적분할의 진짜 목적, 지주회사 전환

LG화학 물적분할 공시와 같은 방식으로 살펴볼 텐데요. 먼저 '1. 분할 방법'을 보면, '인적분할 방식'이라는 용어가 곧바로 나옵니다. 이어서 '분할회사는 변경상장할 예정이며, 분할신설회사는 재상장 심사를 거쳐 유가증권시장에 재상장할 예정'이라는 표현이 등장합니다. 기존의 F&F는 인적분할 후 F&F홀딩스로 이름을 바꾸기 때문에 '변경상장', 신설회사 F&F는 일단 비상장회사가 되었다가 다시 심사를 거쳐 상장하기 때문에 '재상장'이라고 합니다.

'2. 분할 목적'을 보면 '사업경쟁력을 강화하고 전문화된 사업영역에 역량을 집중한다'는, 역시나 교과서적인 답변이 나옵니다. 하지만 바로 밑에 '지주회사 전환'이라는 추가 설명도 하죠. 바로 이것이 인적분할의 진짜 목적입니다.

지주회사로 전환하면 경영권 강화, 대주주 지분율 증가, 경영 투명성, 기업가치 향상 등의 장점이 있습니다. 많은 기업이 F&F처럼 지주회사로 전환할 때 인적분할이라는 카드를 쓰는 이유입니다.

지주회사는 영어로 'Holding Company'라고 합니다. 계열사 주식을 많이 들고 있는(Holding) 상태에서 배당을 받거나 투자를 하는 곳입니다. 따라서 F&F의 인적분할은 F&F홀딩스를 지주회사로 만들기 위한 과정인 셈이죠.

모든 주주가 지분율대로 주식을 나누는 인적분할

'4. 분할비율'은 회사를 둘 이상으로 쪼갤 때 주식을 '몇 대 몇'으로 나누느냐는 항목이라고 했습니다. 앞서 물적분할은 원래 있던 회사가 신설회사 지분을 모두 가지는 형태여서 분할비율이 없지만, 인적분할에서는 분할비율이 중요합니다.

F&F의 분할비율은 분할존속회사(F&F홀딩스) 0.50 : 분할신설회

F&F 인적분할 전후 지분율 변화

인적분할 전(F&F)

인적분할 후

김창수 대표 (45.01%) → **F&F홀딩스** (45.01%) / **F&F** (45.01%)

국민연금 (9.05%) → **F&F홀딩스** (9.05%) / **F&F** (9.05%)

소액주주 (30.58%) → **F&F홀딩스** (30.58%) / **F&F** (30.58%)

사(F&F) 0.49입니다. 기존 F&F의 주식을 100주 보유한 주주라면 F&F홀딩스 주식 50주와 신설회사 F&F 주식 49주를 받는 셈이죠. 정확하게 100주가 안 되는 이유는 소수점 이하는 주식으로 나눠줄 수가 없기 때문입니다. 따라서 소수점 이하는 나중에 주식시장에 다시 상장하는 첫날 종가로 계산해서 현금으로 지급합니다.

주식수가 줄어드는 것처럼 보여도 각각 F&F홀딩스와 F&F의 지분율(전체 주식수에서 차지하는 비율)은 똑같아요. 인적분할은 모든 주주가 자신이 가진 지분 비율로 주식을 나누는 방식입니다.

'5. 분할로 이전할 사업 및 재산의 내용'은 역시나 분량이 많아서 〈별첨〉 자료로 설명합니다.

그런데 '8. 감자에 관한 사항'이 나옵니다. 앗! 기업분할인줄 알았는데 감자라뇨. F&F의 감자는 앞서 212쪽에서 살펴본 감자와 개념은 같지만, 의미하는 내용은 다릅니다. 분할 전 F&F 입장에서 보면 인적분할 비율만큼 자본금이 떨어져 나가기 때문에 이론적으로 감자라는 뜻입니다.

분할되는 회사 주식을 받고 싶으면 언제까지 주식을 사야 하나?

중요한 것은 '신주 배정 기준일'입니다. 어디서 들어봤더라? 유상증

F&F 인적분할 일정

날짜	구분	내용
2020년 11월 20일	인적분할 발표	이사회에서 인적분할 결정한 날짜
2021년 3월 26일	주주총회	특별결의를 통과해야 인적분할 가능
2021년 4월 28일	분할 신주 주주명단 실제 확정일	신주 배정 기준일 이틀 전까지 보유해야 분할 신주 배정. 이 날짜 종가가 재상장 기준주가.
2021년 4월 30일	신주 배정 기준일	절차상 분할 신주 주주명단을 확정하는 날짜
2021년 4월 29일 ~5월 20일	주식매매거래 정지	신주 배정 기준일 하루전부터 매매정지
2021년 5월 1일	분할 기일	분할을 완료해 새 출발 하는 날짜
2021년 5월 4일	분할등기	분할 내용을 공식 신고하는 날짜
2021년 5월 21일	신주 상장일	분할된 주식의 거래를 시작하는 날짜(F&F홀딩스, F&F 동시 상장)

자 무상증자 공시에서 많이 본 바로 그 신주 배정 기준일 맞습니다. 물적분할은 원래 있던 회사가 신설회사 주식을 100% 가지는 방식이어서 주주들에게 나눠줄 주식을 새로 발행할 필요가 없습니다. 하지만 인적분할은 원래 있던 회사의 지분율만큼 신설회사의 주식을 나눠 줘야 해서 새로운 주식(분할신주)을 발행해야 합니다.

이때 신설회사 주식을 나눠줄 주주를 확정하는 시점을 딱 정해야겠죠. 그렇지 않으면 과거, 현재, 미래의 모든 주주에게 주식을 나눠줘야 하니까요. 그 날짜가 바로 신주 배정 기준일입니다.

F&F 인적분할의 신주 배정 기준일은 2021년 4월 30일입니다.

그런데 앞서 무상증자에서 알아봤듯이 우리나라 주식결제시스템을 감안하면 기준일 이틀 전에 주식을 보유하고 있어야 주주명부에 등재될 수 있습니다(201쪽). 따라서 4월 28일까지 주식을 보유한 주주가 인적분할로 만들어지는 신설회사 주식을 가질 수 있는 것입니다.

그럼 4월 29일에 주식을 사면 어떻게 되느냐고요? 당연히 신설회사 주식을 가질 수 없습니다. 혹시라도 이런 사실을 모르고 주식을 사는 사람들이 나올 수 있어서, 4월 29일부터는 주식 거래를 정지합니다. 그래서 공시에 〈매매거래 정지 기간〉이 2020년 4월 29일부터 5월 20일까지라는 내용이 나옵니다.

5월 21일이 되면 거래정지가 풀리고 지주회사 F&F홀딩스, 신설회사 F&F가 동시에 주식 거래를 시작합니다. 정확한 용어로는 각각 변경상장(F&F홀딩스), 재상장(F&F)이라고 합니다.

기업분할 후 보유한 주식가치는 어떻게 바뀌었을까?

상장 첫날 주가는 어떻게 시작할까요? 인적분할로 거래정지 후 다시 상장할 때는 기준주가를 정합니다. 거래정지 직전인 2021년 4월 28일 F&F 종가(18만 원)가 바로 그 기준입니다!

이후 첫 거래가격(시초가격)은 기준주가 18만 원에서 최저 50%(9만 원)~최대 200%(36만 원) 범위에서 사전 주문을 받아서 결정합니다. 이렇게 결정한 첫 거래가격으로 재상장 첫날 상한가(+30%)와 하한가(-30%) 범위 내에서 주식 거래를 재개합니다.

실제 어떻게 주가가 흘러갔는지 살펴볼까요. 미리 예고하는데, 깜짝 놀라지 마세요.

2021년 5월 21일 F&F홀딩스(지주회사) vs. F&F(신설회사) 주가 흐름

F&F홀딩스(지주회사)
기준주가 18만 원 → 시초가격 9만 원(-50%)으로 출발
→ 하한가(-30%)로 떨어져 6만 3000원으로 마감

F&F(신설회사)
기준주가 18만 원 → 시초가격 36만 원(+200%)으로 출발
→ 15% 추가 상승해서 41만 2500원으로 마감

두둥! 얼마 전까지 한 몸이었던 회사였는데 재상장 첫날 대체 무슨 일이 발생한 거죠? F&F 홀딩스(지주회사)는 주식시장에서 얼마나 밉보였기에 하루 만에 주가가 반 토막이 났으며, F&F(신설회사)는 주식투자자들의 사랑을 얼마나 듬뿍 받았기에 하루 만에 두 배 이상 뛴 걸까요?

두 회사의 극명한 주가 흐름을 이해하려면, 다시 한 번 공시를 살펴볼 필요가 있습니다. '6. 분할 후 존속회사'라는 항목은 F&F홀딩스를 설명하는 내용입니다. 지주회사로서 자회사 관리 외에 특별한 사업이 없습니다. 그래서 '존속사업부문 최근 사업연도 매출액'이 '37억 원'입니다.

'7. 분할 설립회사' 항목은 F&F(신설회사)를 설명하는 내용입니다. 주요 사업이 패션사업입니다. 분할 전 F&F가 가지고 있던 각종 패션 브랜드(MLB, 디스커버리 등)가 몽땅 신설회사로 넘어갑니다. 그래서 '신설사업부문 최근 사업연도 매출액'이 '8814억 원'입니다.

이 숫자를 확인하고서 다시 생각해보니 매출 37억 원 회사와 매출 8814억 원인 회사의 주가를 같은 선상에 놓고 보는 게 오히려 이상하게 느껴지죠?

F&F처럼 지주회사를 만들 목적으로 인적분할을 하면 재상장 이후 지주회사 주가는 약세를 보이는 반면, 사실상 모든 사업을 하는 신설회사 주가는 상승 흐름을 보입니다. F&F는 다소 극단적인 사례이지만 대체로 신설회사 주가는 초반에 강한 상승 흐름이 나타납니다. 이럴 때 투자자들이 가진 주식가치는 어떻게 바뀔까요?

앞서 인적분할 비율에 따라 분할 전 F&F 주식을 100주 보유한 주주라면 분할 후 F&F홀딩스 주식 50주와 신설회사 F&F 주식 49주

F&F 분할 전후 보유주식 가치 변화

분할 전(거래정지 전 마지막 거래일)
F&F 주식 100주=1800만 원(100주×거래정지 직전 종가 18만 원)

분할 후(거래정지 풀리고 첫 거래일)
F&F홀딩스 50주=315만 원(50주×변경상장 첫날 종가 6만 3000원)
F&F 49주=2021만 2500원(49주×재상장 첫날 종가 41만 2500원)

▼

F&F홀딩스+F&F = 2336만 2500원

를 받는다고 했습니다(1주 미만 단수주는 재상장 첫날 현금 지급).

F&F홀딩스 주가는 급락했지만 F&F(신설회사) 주가 급등으로 분할 전보다 주식가치의 합계가 더 늘어났습니다. 흐뭇한 일이죠. 다만 모든 인적분할이 이러한 결과로 이어지는 것은 아닙니다.

앞서 물적분할이 항상 주주에게 불리한 것만은 아니라고 했듯이 인적분할도 항상 주주에게 유리한 것은 아닙니다. 신설회사의 사업 전망에 따라 주가 상승세가 강하게 나타날 수도, 기대보다 약하게 나타날 수도 있습니다. 따라서 이러한 점을 분석하려면 〈증권신고서〉도 함께 살펴보는 게 좋습니다.

물적분할은 새로운 주식을 발행하지 않기 때문에 〈증권신고서〉를 제출하지 않는다고 했습니다. 그러나 인적분할은 원래 있던 회사의 지분율만큼 신설회사 주식을 나눠 줘야 해서 신주를 발행하죠. 공시 규정에서는 인적분할(또는 분할의 반대말인 합병도 마찬가지)을 진행할 때 신주 발행이 있다면 〈증권신고서〉를 의무적으로 제출하도록 합니다.

이 대목에서 다시 한 번 공시를 보겠습니다. '15. 증권신고서 제출대상 여부'에 '예'라고 되어있습니다. 〈증권신고서〉까지 확인해야 신설회사의 자세한 사업 전망을 분석할 수 있습니다.

인적분할,
그것이 더 알고 싶다!

전지적 투자자 시점에서 인적분할에 대한 두 가지 '셀프' 의문점을 살펴보겠습니다.

그것이 더 알고 싶다 #1

그런데 말입니다! 혹시라도 신설회사가 재상장 심사를 통과하지 못하면 어떻게 되나요?

인적분할로 만들어지는 신설회사는 어차피 기존의 상장기업에서 떨어져 나온 것이어서 재상장 심사 요건이 까다롭지는 않습니다. 그래도 혹시 재상장 안 되는 거 아니냐는 의구심이 생긴다면 다음 공시를 살펴보세요. F&F 인적분할 공시 하단을 보면 '16. 기타 투자 판단에 참고할 사항'에 '6) 주요 재상장 요건의 검토'라는 항목이 나옵니다(292쪽). 재상장 요건을 충족하는지 F&F에서 자체 조사해서 밝히는 내용입니다.

영업 기간, 기업 규모, 경영 성과, 감사의견, 사외이사, 감사위원회,

주식양도제한 등이 재상장 요건인데 모두 '충족'한다고 설명하고 있습니다. 물론 이렇게 호언장담해놓고도 혹시라도 재상장 심사를 제때 통과하지 못한다면 정정공시가 나옵니다. 이때는 당연히 재상장 날짜도 미뤄지겠죠.

그것이 더 알고 싶다 #2

그런데 말입니다! 지주회사 주가가 곤두박질치는데 왜 굳이 인적분할을 하나요?

회사의 주요 의사결정을 하는 사람은 대표이사 또는 최대주주이겠죠. F&F는 김창수 대표이사가 최대주주이기도 합니다. 최대주주 입장에서는 지주회사를 만들어 놓고, 지주회사 주식만 딱 쥐고서 다른 계열사를 관리하는 게 마음 편합니다. 나중에 자녀들에게 지분을 물려줄 때도 간편하고요.

다만 인적분할만으로는 지주회사를 완성할 수는 없고, 이후 몇 가지 절차를 더 거쳐야 합니다. 그 내용이 공시 하단 '16. 기타 투자 판단에 참고할 사항'에 나오는 '11) 공개매수에 관한 내용'입니다.

분할 이후에 F&F홀딩스는 진짜 지주회사가 되기 위해서 F&F(신설회사) 지분을 공개적으로 사들인다는 내용입니다. 294쪽 〈F&F 인적분할 전후 지분율 변화〉 표에서 김창수 대표는 인적분할 후 F&F홀딩스 지분과 F&F(신설회사) 지분을 각각 45.01%씩 가진다고 했습니다. 분할을 모두 마친 후에는 지주회사 주식만 딱 가지고 있으면 되니까, F&F(신설회사) 지분을 F&F홀딩스에 넘기고 대신 F&F홀딩스 지분을 받는 작업을 합니다. 이 내용이 공시에 나오는 '현물출자 유상증자'입니다.

현물출자는 쉽게 표현하면 물물교환입니다. 돈을 주고 사는 게 아니라 물건과 물건을 맞바꾸는 행위이죠. 내가 가진 것을 비싸게 팔고 남이 가진 것을 싸게 사고 싶은 건 고대사회 이후 지금까지 이어지는 물물교환의 기본 속성입니다! 따라서 지주회사 주식을 많이 확보하려는 최대주주 입장에서는 본인이 팔 주식(F&F 신설회사)의 값어치가 본인이 확보하고자 하는 주식(F&F홀딩스)보다 비싸야 좋겠죠. 이것이 F&F를 비롯한 많은 회사가 인적분할을 통해 지주회사로 전환하려는 진짜 이유입니다!

물론 일반주식투자자 입장에서도 신설회사의 가치가 새롭게 평가받아서 큰 폭의 주가 상승세를 보인다면 좋은 일이겠죠. 다만 기업분할에서 물적분할과 인적분할 어느 것이 투자자에게 유리한지 단편적으로 판단할 수는 없습니다. 그래서 지금까지 알아본 것처럼 공시 내용 구석구석을 살피고, 인적분할 때는 〈증권신고서〉까지 열어보고, 각자의 상황에 맞는 투자 판단을 내리는 것이 필요합니다.

Chapter 9

전지적 투자자 시점에서 본 주식연계채권

"전환사채를 발행한다고 해서 회사가 사채를 쓴다는 줄 알았어요."
전환사채 공시를 해설하는 기사에 달린 댓글입니다. 이 '웃픈' 댓글에 많이 분들이 공감해주셨습니다.

이번에 알아볼 주제는 전환사채·신주인수권부사채·교환사채, 이른바 '○○사채'란 이름이 붙은 주식연계채권입니다. 주식연계채권은 상장회사가 돈을 마련하는 수단 가운데 하나입니다.

기업이 돈을 마련하는 방법은 ① 은행 등 금융회사로부터 대출받는 것 ② 채권을 발행해 투자자에게 파는 것 ③ 주식을 찍어내 투자자에게 파는 것(유상증자) 크게 세 가지가 있다고 했습니다. 기억하시죠?

'○○사채'라 불리는 것들은 ②번 채권의 성격을 기본적으로 가지고 있으면서, 나중에 주식으로 바꿀 수도 있습니다. 따라서 ②번 채권과 ③번 주식의 경계선에 있는 셈이죠. 이를 금융용어로 '메자닌(Mezzanine)'이라고 합니다. 메자닌은 건물 1층과 2층 사이에 있는 라운지 공간을 의미하는 이탈리아어에서 유래한 말인데, 채권과 주식의 중간 단계에 있다는 뜻입니다.

이번 장에서는 주식연계채권의 종류별 특징과 투자법, 내가 투자하고 있는 기업이 주식연계채권을 발행할 때 주식가치에 미치는 영향 등을 면밀히 살펴보겠습니다.

채권과 주식의 장점을 섞은 채권계의 짬짜면

주식회사가 왜 사채를 쓰는가?

전환사채·신주인수권부사채·교환사채 등 주식연계채권은 '사채'라는 단어 때문에 간혹 오해를 사기도 합니다. 우리가 흔히 '사채 쓴다'고 말할 때, 사채는 개인이 은행과 같은 공식 금융기관을 거치지 않고 무허가 대부업체나 개인에게 빌린 돈을 뜻하죠. 이때는 '사사로울 사(私), 빚 채(債)'란 한자를 씁니다. 반면 전환사채나 신주인수권부사채란 단어에서 '사'는 '모일 사(社)'입니다. 즉 회사가 발행하는 채권을 의미합니다. 회사가 채권을 발행하면 투자자는 회사 가치를 믿고 돈을 투자하고, 회사는 투자자에게 이자를 지급하고 약속된 날짜(만

기일)에 원금을 돌려줍니다.

사채(私債)와 사채(社債). 한글로는 같은 단어이지만, 한자가 담고 있는 뜻은 확연히 다릅니다. 그럼 "처음부터 회사채라고 이름 붙이면 헷갈리지 않았을 것을 왜 '회(會)'자는 쏙 빼고 '사채'라고만 해서 사람 헷갈리게 하느냐!!"고 말씀하실 수도 있을 텐데요.

일반적으로 말하는 회사채는 오직 이자만 지급하는 순수 채권 성격을 가진 금융상품을 가리킵니다. 또 회사채에는 일반회사가 발행하는 채권뿐만 아니라 은행이 발행하는 은행채, 신용카드사나 할부금융사 등 여신금융회사가 발행하는 여전채(여신전문금융채권) 등으로 나뉘기도 하고, 보증이나 담보가 있는지 없는지에 따라 (무)보증사채, (무)담보사채와 같은 방법으로 구분하기도 합니다.

흔히 '주식연계채권'이라고 부르는 전환사채, 신주인수권부사채, 교환사채도 이러한 구분 방법 가운데 하나입니다. 주식으로 전환할 수 있는 회사채는 전환사채, 신주인수권이 붙어있는 회사채는 신주인수권부사채, 이미 발행한 주식으로 바꿀 수 있는 회사채는 교환사채라고 합니다.

일반적으로 주식과 연결고리가 없는 순수 회사채는 신용등급이 높은 대기업이나 금융회사가 주로 발행합니다. 예전에는 신용이 다소 좋지 않은 기업도 일반 회사채를 발행하곤 했습니다. 하지만 '동양그룹사태' 이후로 신용이 낮은 기업이 순수 회사채를 발행하면 투자자들이 쳐다보지도 않습니다.

사채는 회사채에 보너스를 더한 상품

그래서 신용등급이 낮은 기업은 투자자의 관심을 끌기 위해 회사채에 담긴 전통적인 보상(이자 지급) 외에 추가 보너스를 더한 상품을 내놓는데요. 그러한 보너스가 바로 나중에 주식으로 전환할 수 있는

2013년 발생한 '동양그룹사태'는 한국 자본시장에 크나큰 충격을 준 사건입니다. 2006년부터 자금난을 겪던 동양그룹은 자회사 동양증권을 통해 고금리 회사채와 기업어음 발행을 남발하며, '언 발에 오줌 누기' 식으로 기업을 운영했습니다. 2013년 9월 30일, 동양·동양레저·동양인터네셔널 3개사가 만기가 돌아온 어음을 상환하지 못하고 동시에 법정관리에 들어갔습니다. 이후 동양그룹은 자회사들이 줄줄이 법정관리에 들어가며 해체됐습니다. 2013년 동양그룹 회사채를 매입한 개인투자자는 4만여 명, 피해 금액은 1조 7천억 원에 달했습니다.

▲ '동양그룹사태'는 이병헌 주연의 영화 〈싱글라이더〉의 배경이기도 하다.

권리(전환사채), 또는 신주를 인수할 권리(신주인수권부사채)입니다. 이런 보너스를 붙인 사채가 주식연계채권입니다.

물론 신용등급과 관계없이 회사의 경영상 판단에 따라 전환사채나 신주인수권부사채를 발행하기도 합니다. 어느 정도 신용도를 갖췄거나, 당장 신용도는 낮아도 회사가 성장성 있는 유망주라면, 투자자에게 보너스를 주는 대신 일반 회사채보다 낮은 금리로 채권을 발행해 자금 조달 비용(이자 비용)을 줄일 수 있기 때문이죠.

한마디로 "우리가 돈이 없지 성장성이 없냐! 나중에 우리 회사 주식을 가질 기회를 줄 테니까 한번 믿고 채권을 사봐." 이런 얘기죠.

'○○사채'라는 이름이 붙는 주식연계채권은 일반인 누구나 살 수 있도록 투자자 범위를 넓히느냐(공모), 사전에 약속한 특정한 사람에게만 투자를 받느냐(사모)에 따라 발행 방식이 달라집니다.

만약 여러분이 주식을 가진 회사가 '○○사채'를 발행하는 공시를 냈다면, 우선 공모인지 사모인지 확인해야 합니다. 공모라면 여러분도 직접 '○○사채'에 투자할 수 있지만, 사모는 직접 투자할 수 없습니다. 대신 나중에 채권이 주식으로 바뀌었을 때 주가에 부담을 주는 물량 부담 가능성을 따지는 게 중요합니다. 지금부터 하나씩 살펴보겠습니다.

전환사채는 뭘 보고 투자해야 할까?

feat. HMM

동학개미들이 사랑하는 '흠슬라'의 전환사채 발행

전환사채는 정해진 이자를 꼬박꼬박 받다가, 때가 되면 정해진 가격에 주식으로 바꿀 수 있는 옵션(전환청구권)이 붙어있는 채권을 말합니다. 영어로는 채권에서 주식으로 전환가능하다고 해서 'Convertible Bond', 줄여서 'CB'라고 합니다.

전환사채(=채권+전환권)
이자를 받는 채권과 주식으로 바꿀 수 있는 권리인 전환권이 결합한 상품.

그럼 이제 실전 공시로 들어가 볼까요. 최근 전환사채로 관심을 모은 곳은 동학개미 사이에서 '흠슬라'라는 애칭으로 불리는 HMM(과거 이름 현대상선)입니다.

다트를 열어서 공시통합검색 화면에서 회사명 'HMM', '주요사항보고'에 체크한 다음 '검색' 버튼을 눌러보세요. 2020년 12월 3일 발표한 〈주요사항보고서(전환사채권 발행 결정)〉 공시가 등장합니다. 최초 공시 시점은 11월 18일이며, 공시 화면에서 보이는 내용은 정정보고서입니다. 혹시 검색 결과에 해당 공시가 없다면 기간을 길게 설정해보세요.

HMM 〈주요사항보고서(전환사채권 발행 결정)〉 공시

2020년 11월 18일

<table>
<tr><td colspan="2">1. 사채의 종류</td><td>회차</td><td>199</td><td>종류</td><td>무기명식 이권부 무보증 공모 전환사채</td></tr>
<tr><td colspan="2">2. 사채의 권면(전자등록)총액(원)</td><td colspan="4">240,000,000,000</td></tr>
<tr><td colspan="2">2-2. (해외 발행)</td><td colspan="4">-</td></tr>
<tr><td rowspan="6">3. 자금 조달의 목적</td><td>시설자금(원)</td><td colspan="4">-</td></tr>
<tr><td>영업양수자금(원)</td><td colspan="4">-</td></tr>
<tr><td>운영자금(원)</td><td colspan="4">-</td></tr>
<tr><td>채무상환자금(원)</td><td colspan="4">240,000,000,000</td></tr>
<tr><td>타법인증권취득자금(원)</td><td colspan="4">-</td></tr>
<tr><td>기타자금(원)</td><td colspan="4">-</td></tr>
<tr><td rowspan="2">4. 사채의 이율</td><td>표면이자율(%)</td><td colspan="4">1</td></tr>
<tr><td>만기이자율(%)</td><td colspan="4">3</td></tr>
</table>

<table>
<tr><td colspan="3">5. 사채 만기일</td><td>2025년 12월 10일</td></tr>
<tr><td colspan="3">6. 이자 지급 방법</td><td>본 사채의 이자는 발행일로부터 원금상환기일 전일까지 계산하고, 매3개월마다 본 사채의 표면이율을 적용한 연간 이자의 1/4씩 분할 후급하여 아래의 이자지급기일에 지급한다.</td></tr>
<tr><td colspan="3">7. 원금 상환 방법</td><td>• 본 사채의 만기는 2025년 12월 10일로 한다.
• 만기까지 보유하고 있는 '본 사채'의 원금에 대하여는 2025년 12월 10일에 원금의 110.7456%(소수점 아래 다섯째 자리 이하는 절사)로 일시상환하되, 원 미만은 절사한다.</td></tr>
<tr><td colspan="3">8. 사채 발행 방법</td><td>공모</td></tr>
<tr><td rowspan="5">9. 전환에 관한 사항</td><td colspan="2">전환비율(%)</td><td>100</td></tr>
<tr><td colspan="2">전환가액(원/주)</td><td>12,850</td></tr>
<tr><td rowspan="2">전환 청구 기간</td><td>시작일</td><td>2021년 1월 10일</td></tr>
<tr><td>종료일</td><td>2025년 11월 10일</td></tr>
<tr><td>시가 하락에 따른 전환가액 조정</td><td>최저 조정가액</td><td>10,300원</td></tr>
<tr><td colspan="3">9-1. 옵션에 관한 사항</td><td>[조기상환청구권(Put Option)에 관한 사항]
[중도상환청구권(Call Option)에 관한 사항]</td></tr>
<tr><td colspan="3">10. 합병 관련 사항</td><td>-</td></tr>
<tr><td colspan="3">11. 청약일</td><td>2020년 12월 7일</td></tr>
<tr><td colspan="3">12. 납입일</td><td>2020년 12월 10일</td></tr>
<tr><td colspan="3">13. 대표주관회사</td><td>한국투자증권, 키움증권, KB증권</td></tr>
</table>

* 상기 청약일은 일반공모 청약 개시일이며, 2020년 12월 7일(월)~12월 8일(화) 2영업일 간 진행될 예정입니다.

'1. 사채의 종류'를 보면 '무기명 이권부 무보증 공모 전환사채'라고 적혀있습니다. 낯선 단어들을 하나씩 풀어보면 채권 소유자의 이름을 기재하지 않은(무기명식), 이자를 받을 권리가 붙어있는(이권부), 그러나 보증이나 담보가 없어 회사가 망하면 원금 보장이 안되는(무보증), 살 사람을 미리 정해놓지 않고 불특정 다수를 대상으로 투자자를 공개 모집하는 방식(공모)의 전환사채란 뜻입니다.

앞서 주식연계채권은 공모인지 사모인지 먼저 확인해야 한다고 했습니다. HMM의 전환사채는 '공모'란 단어가 들어있기 때문에 일반인 누구나 돈만 있으면 살 수 있는 상품이란 걸 알 수 있습니다.

'2. 사채의 권면(전자등록) 총액'은 '2400억 원'입니다. HMM이 이번에 발행하는 전환사채의 총금액을 뜻합니다. 국내에서 발행하는 것이어서 '2-2. 해외 발행' 항목은 빈칸으로 남겨두었습니다.

빚 갚을 목적으로 사채를 발행해도, 기업 상황에 따라 시장에 보내는 시그널이 달라질 수 있다

'3. 자금 조달의 목적'은 HMM이 전환사채를 발행하는 이유를 설명하는 대목이죠. 유상증자에서 공부한 대로 '6지선다형' 객관식 항목 중에 HMM의 선택은 '채무상환자금', 즉 빚을 갚기 위해 발행했다는 설명입니다.

〈주요사항보고서〉와 함께 제출하는 〈증권신고서〉의 'V. 자금의 사용 목적' 항목에 더 구체적인 내용을 담고 있습니다. 이번 전환사채에 앞서 발행한 회사채 상환, 용선료(해운사가 배 주인에게 배를 빌릴 때 지불하는 돈) 조정채무 상환, 선박금융(해운사가 선박을 담보로 조달하는 대출) 상환에 쓴다고 나와 있습니다.

HMM 〈증권신고서(채무증권)〉

2020년 11월 20일

V. 자금의 사용 목적

나. 자금의 세부 사용 내역

당사는 금번 전환사채 발행을 통해 조달한 자금으로 하기와 같이 지급 기일이 도래하는 우선순위대로 채무상환 목적으로 사용할 예정입니다. 구체적으로는 공모사채 원금 상환에 425.49억 원, 용선료 조정채무 상환에 1,483.95억 원, 선박금융 상환을 위해 501.59억 원을 사용할 예정으로 이와 같은 채무 상환을 통해 지속적으로 당사의 재무구조를 개선해나갈 계획입니다.

일반적으로 주식연계채권을 발행할 때 빚을 갚을 목적이라면 주가에 좋은 재료는 아닙니다. 그러나 유상증자에서 살펴봤듯이 때로는 자금을 빚 갚는 목적으로 쓰겠다는 게 반드시 부정적이지만은 않습니다. 회사가 지금은 영업활동을 적절하게 잘하는 상황인데 과거 어려울 때 빌린 돈에서 발생하는 이자 부담이 너무 큰 상황이라면, 유상증자 또는 주식연계채권으로 마련한 돈으로 빚을 갚아서 이자 부담을 줄이고 새롭게 출발할 수 있기 때문이죠.

HMM이 바로 이러한 사례에 해당하는데요. 전환사채를 발행할 당시 과거에 빌린 자금으로 이자 부담이 많았지만, 영업상황은 좋았습니다. 코로나19 확산으로 많은 나라에서 경제 봉쇄 조치가 나오자 각국의 해운사들이 선제적으로 선복(화물을 실을 수 있는 선박 내 공간) 감축 조치를 시행했고, 이 때문에 수요보다 공급이 부족한 상황이 발생했습니다. 그 결과 HMM과 같은 선박회사들이 화물을 실어 나르는 대가로 받는 운임이 상승했습니다. 따라서 자금 조달 목적이 채무상환자금 마련이라도 현재 해당 회사가 마주한 상황이 좋은지 나쁜지에 따라 해석이 달라진다는 점, 기억해주세요!

만기이자율 3%=연복리 3%, 만기 5년인 정기예금 이자수익률

'4. 사채의 이율'은 이자를 얼마 주느냐는 내용입니다. '5. 사채 만기일'은 전환사채의 원리금을 돌려주는 날짜를 뜻합니다. 주식연계채권은 기본적으로 꼬박꼬박 이자를 받는 채권 성격을 가지고 있어서 두 가지 내용을 같이 봐야 합니다.

전환사채의 이자 지급 방식은 표면이자(쿠폰금리)와 만기이자(만기보장수익률) 두 가지로 구분하는데, HMM은 표면이자율 1% 만기이자율 3%를 제시했습니다. 만기는 2025년 12월 10일입니다. 발행일(=

납입일, 2020년 12월 10일)로부터 5년 뒤에 만기가 온다는 뜻입니다.

'표면이자율 1%'란 얘기는 연 1% 이자를 계산해서 준다는 의미인데요. 다만 1년에 한 번 주는 게 아니라 4분의 1로 나눠서 3개월마다 한 번씩 주는 방식입니다.

'만기이자율 3%'란 얘기는 채권 만기(2025년 12월 10일)가 되면 연복리 3%로 계산한 이자를 지급한다는 의미입니다. 다만! 기존에 지급한 표면이자는 빼고 남은 이자를 주는 방식이에요. 즉 표면이자와 만기이자를 합쳐 4%를 준다는 것이 아니라, 표면이자 1%를 주다가 만기가 되면 최종적으로 이자율 3%에 맞춰서 남은 이자를 원금과 함께 준다는 의미입니다. 이를 설명하는 내용은 '6. 이자 지급 방법'과 '7. 원금 상환 방법' 항목에 자세히 나옵니다.

예를 들어 여러분이 HMM 전환사채 1000만 원어치를 샀다면 연 1% 표면이자율에 따라 1년 이자는 10만 원이 되겠죠. 이때 10만 원을 연말에 한꺼번에 받지 않고 4분의 1인 2만 5000원을 3개월에 한 번씩 받습니다. 이렇게 받으면 1년에 총 10만 원이 되죠. HMM 전환사채 만기는 5년(2025년 12월 10일까지)이어서, 5년 동안 총 20회(1년에 4회×5년)에 걸쳐 총 50만 원의 표면이자를 받습니다.

1000만 원을 투자했다면 만기에 받아야 할 이자는 연복리 3%, 총 161만 원입니다(이자는 포털사이트에서 '이자계산기'를 활용하면 간편하게 계산할 수 있어요). 다만 그동안 받은 표면이자 50만 원을 제외하고 남은 이자 111만 원만 만기에 추가로 받게 되죠.

결과적으로 HMM 전환사채에 1000만 원을 투자한 사람이라면,

5년 동안 총 161만 원(표면이자 50만 원+만기이자 111만 원)의 이자를 받습니다. 여기까지만 보면 1000만 원을 연복리 3%, 만기 5년 정기예금에 가입했을 때 얻을 수 있는 이자수익률과 같아요. 하지만 이름이 전환사채인 만큼 정기예금과는 다른 점이 있어야겠죠.

HMM 전환사채 투자자에게 주는 보너스

이런 내용을 설명하는 항목이 '9. 전환에 관한 사항'입니다.

먼저 '전환가격'은 1주당 '1만 2850원'입니다. 이는 전환사채에 투자하면 HMM의 주가가 얼마이든 상관없이 1주당 1만 2850원에 주식을 확보할 수 있다는 얘기입니다. 다만 채권을 주식으로 전환하는 순간 이자 지급은 중단됩니다. 이자를 받거나 주식으로 바꾸거나 둘 중 하나를 선택해야 하는 것이죠.

이 대목에서 HMM이 전환사채를 최초 공시한 날짜(2020년 11월 18일)의 주가를 보면 1만 3150원입니다. 당시에도 시세보다 약간 낮은 가격에 주식을 확보할 수 있었습니다. 다만 전환사채는 발행 초기보다는 향후 시간이 흘렀을 때 주가와 전환가격의 차이가 벌어지면 그때 주식으로 바꾸는 게 유리합니다. 이론적으로는 주식으로 전환했을 때 시세차익이 채권 만기이자율 3%보다 높다면 당연히 주식전환이 유리하겠죠.

그럼 언제부터 주식으로 바꿀 수 있느냐. 바로 '전환 청구 기간'이라는 항목입니다. 2021년 1월 10일부터 2025년 11월 10일이라고 나옵니다. 이 기간에 언제든지 1주당 1만 2850원에 주식을 확보할 수 있다는 뜻입니다.

두 가지 내용을 다시 풀어볼까요. HMM 전환사채에 1000만 원을 투자한 사람이 주식으로 바꾼다면, 총 778주(1000만 원÷1만 2850원=778.21주)를 받을 수 있습니다. 소수점 이하 0.21주는 주식으로 나눠줄 수 없기 때문에 현금으로 돌려받습니다.

다만 1주당 1만 2850원이라는 주식 전환가격은 항상 고정된 게 아니라 나중에 바뀔 수 있습니다. 이를 전문용어로 '리픽싱(refixing)'이라고 합니다. HMM의 주가가 하락하거나(시가 하락), 주식 추가 발행(유상증자 등)으로 주가 희석이 나타난다면 그에 맞춰서 전환가격도 내리는 것입니다. 이건 일종의 애프터서비스 개념입니다.

이 내용은 '전환가액 조정에 관한 사항'과 '시가 하락에 따른 전

HMM 전환사채 투자가 바꿀 수 있는 주식수

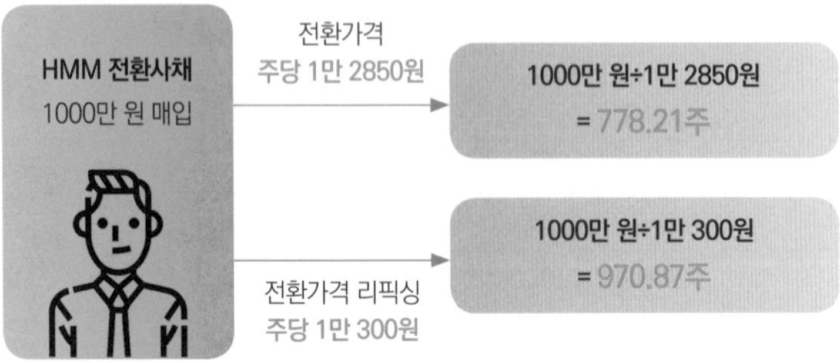

HMM 전환사채
1000만 원 매입
전환가격
주당 1만 2850원
1000만 원÷1만 2850원
= 778.21주
전환가격 리픽싱
주당 1만 300원
1000만 원÷1만 300원
= 970.87주

환가액 조정' 항목에서 설명하고 있습니다. 최저 1만 300원까지 전환가격이 낮아질 수 있다는 내용이 나오는데, 이렇게 되면 1000만 원을 투자한 사람이 바꿀 수 있는 주식은 778주가 아니라 970주(1000만 원÷1만 300원=970.87)로 늘어나겠죠.

투자가가 외치는 '풋', 발행회사가 외치는 '콜'

전환사채 공시에서 놓치지 말아야 할 또 다른 항목은 '9-1. 옵션에 관한 사항'입니다. 전환사채는 금융상품이어서 다음과 같은 각종 조건이 붙어 있습니다.

조기상환청구권 vs. 중도상환청구권

① 조기상환청구권(풋옵션, Put Option)

전환사채에 투자한 사람은 발행일로부터 2년(2022년 12월 10일)이 지난 시점부터 자신이 투자한 원금과 이자를 빨리 돌려달라고 요구할 수 있습니다. HMM은 이때까지의 이자를 연복리 3%로 계산해 지급합니다. 5년 만기 대신 2년 혹은 3년으로 만기를 당길 수 있는 옵션이죠.

② 중도상환청구권(콜옵션, Call Option)

이건 전환사채 투자자가 아닌 회사가 가진 옵션입니다. HMM은 발행일로부터 1개월(2021년 1월 10일)이 지난 시점부터 투자자들이 사간 전환사채를 다시 되사겠다고 할 수 있습니다. 조건은 주가가 15일 연속 전환가격의 150%를 넘어섰을 때(즉 주가가 너무 많이 올랐을 때) 사용 가능합니다.

투자자 입장에서 생각해야 할 점이 있습니다. 풋옵션은 HMM의 주가가 부진해서 주식으로 바꾸더라도 본인이 예상한 수익률에 도달하지 못할 것으로 생각하거나, 투자금을 급하게 다른 곳에 써야 할 때 회사에 빨리 투자원금(그동안의 이자 포함)을 돌려달라고 할 수 있는 권리입니다.

콜옵션은 회사가 투자자의 전환사채를 되사가는 것을 말하는데, 이때 무조건 예외 없이 전환사채를 회사에 되팔아야 하는 건 아닙니다. 회사가 콜옵션을 행사할 때는 투자자가 주식으로 전환할지, 아니면 회사에 되팔지 고민할 시간을 충분히 줘야 합니다.

콜옵션은 주가가 많이 올랐을 때 사용 가능한 옵션이어서 만약 회사가 콜옵션을 행사한다고 발표하면 대부분 99% 투자자는 주식으로 전환합니다. 실제 HMM은 콜옵션을 행사했습니다. 이 내용은 조금 뒤(323쪽)에 살펴보기로 하고, 나머지 공시 내용을 마저 살펴보겠습니다.

증거금을 100% 채워놔야 청약 가능

'11. 청약일'은 공모주투자나 유상증자 때처럼 투자자가 청약 행위를 하는 날짜입니다. HMM의 전환사채는 기존 주주들을 대상으로 먼저 청약을 받는 방식(주주배정)이 아니라, 기존 주주가 아니어도 일반투자자 누구나 청약할 수 있는 방식(일반공모)으로 진행했습니다. 이 내용은 공시 하단에 '상기 청약일은 일반공모 청약 개시일'이라는 표현으로 설명합니다. 〈증권신고서〉에도 나옵니다.

전환사채를 청약할 때는 유상증자 청약과 마찬가지로 청약금액의 100%에 해당하는 증거금을 내야 합니다. 청약일이 되면 MTS(모바일트레이딩시스템)나 HTS(홈트레이딩시스템)에서 '청약' 메뉴를 눌러서 청약을 진행하면 됩니다.

이미 청약금액의 100%에 해당하는 증거금을 청약 날짜에 입금했기 때문에 납입일에 추가로 내는 금액은 없습니다. 대신 청약경쟁률이 높아서 증거금만큼 청약 받지 못했다면, '12. 납입일'에 나머지 금액을 돌려받습니다. 환불금액에 대한 이자는 주지 않습니다. 실제로 HMM 전환사채는 2400억 원어치를 판매하는데 청약자금이 9조 5000억 원이나 몰릴 정도로 인기가 많았습니다.

'13. 대표 주관회사'는 전환사채 청약을 할 수 있는 증권사를 뜻하는데, 여러 증권사에 복수 청약이 가능합니다. 최근 상장공모주는 복수 청약이 불가능해졌지만, 주식연계채권은 여전히 복수 청약이 가능합니다. 단 한 증권사에 이중 청약은 할 수 없습니다.

〈주요사항보고서〉와 함께 제출하는 〈증권신고서〉를 보면 청약에 관한 자세한 사항, 투자 위험 요소를 추가로 살펴볼 수 있습니다. 따라서 앞으로 여러분이 공모 방식의 전환사채에 투자하고자 한다면 공모주 투자나 유상증자와 마찬가지로 〈증권신고서〉까지 꼼꼼하게 살펴야 합니다.

전환사채를 주식으로 바꾸려면 어떻게 해야 할까?

여러분이 공시를 보고 실제 전환사채에 투자했다고 가정해 볼까요. 이후 주가가 올라서 채권 이자를 받는 것보다 주식으로 바꿨을 때 더 많은 시세차익을 얻을 수 있다면 당연히 주식으로 전환해야겠죠. 이를 '전환청구권 행사'라고 합니다. 그런데 전환청구권은 어떻게 행사하는 걸까요?

주식으로 바꾸고 싶다면 공시에 나오는 '대표 주관회사' 중 본인이 실제 청약한 증권사 고객센터로 전화를 걸어서 "전환사채를 주식으로 바꾸고 싶습니다"라고 의사를 전달하면 됩니다.

증권사에 따라 MTS로 간편하게 전환청구 신청이 가능한 곳도 있지만, 증권사별 시스템에 따라 제각각 다릅니다. 따라서 다소 불편하더라도 고객센터에 전화해보는 것이 좋습니다(증권사 고객센터의 어마어마한 대기 시간은 감수해야겠지요).

고객센터에 전환청구권 행사 의사를 전달하면, 실제 투자자의 계좌로 주식이 들어오는 시점은 약 2주에서 최대 한 달 정도 걸립니다. 이는 전환사채를 주식으로 바꾸는 과정이 유상증자처럼 신주를 발행하는 것과 같아서 그렇습니다. 매일매일 전환청구권 신청이 들어올 때마다 1, 2주씩 발행할 수 없어서 일정 기간(통상 15일) 신청이 들어온 물량을 묶어서 한꺼번에 신주를 발행하기 때문입니다.

회사가 콜을 외쳤을 때, 투자자의 선택지

전환사채에 붙은 옵션 가운데 중도상환청구권(콜옵션, Call Option)이 있다고 했습니다. 회사가 투자자의 전환사채를 도로 사가는 개념이라고 했는데요. HMM은 실제로 콜옵션을 행사했습니다. 회사가 콜옵션을 행사할 때, 투자자는 어떻게 해야 할까요?

우선 공시를 하나 볼게요. 다시 한 번 다트를 열어서 공시통합검색 화면에서 회사명 'HMM', 이번엔 '거래소공시' 항목을 체크한 후 '검색' 버튼을 누릅니다. 2021년 3월 24일 발표한 〈기타안내사항(안내공시)〉이라는 제목의 공시가 나옵니다. 공시의 제목이 '기타안내사항'이라고 했으니 언뜻 알아도 그만, 몰라도 그만인 공시처럼 느껴집니다. 하지만 규정에 따라 공시 분류를 그렇게 했을 뿐 투자자에게 매우 중요한 내용입니다. 이해를 돕기 위해 공시 내용을 재구성한 편집본으로 보여드리겠습니다(324쪽 표).

공시 내용을 순서대로 살펴보면 HMM 전환사채를 보유한 사람들은 ① 4월 5일까지 전환권 행사, 즉 채권을 주식으로 바꿔 달라고 신청해야 합니다. 앞서 회사가 콜옵션을 행사할 때는 투자자가 주식으로 전환할지, 아님 회사에 전환사채를 되팔지 고민할 시간을 준다고 했습니다. 공시 시점은 3월 24일이었으니 약 열흘간 고민할 시간을 주는 셈이죠.

② HMM이 4월 5일까지 기다렸다가 4월 8일이 되면 중도상환청

HMM 제199회 전환사채 중도상환청구권(콜옵션) 내용 요약

2021년 3월 24일

1. 전환권 행사 마감일 : 4월 5일(월)
2. 중도상환청구권 행사일 : 4월 8일(목)
3. 중도상환청구권 행사 수량 : HMM 199CB 미상환잔액 전액(100%)
4. 중도상환금액 : 사채 액면금액(100%) 및 발행일로부터 중도상환청구권 행사일 전일까지 일할 계산한 이자(YTM 3.0% 적용)
5. 중도상환금액 지급일 : 4월 8일(목)
6. 중도상환청구권이 발행회사에 있어 채권자 의사와 상관없이 100% 상환 처리됨

※ HMM의 〈기타안내사항〉 공시 재구성

구권(콜옵션)을 행사합니다. (4월 6~7일 전환권 행사 불가능) 4월 8일이 되면 투자자들이 가진 전환사채를 도로 사겠다는 것이죠.

③ 중도상환청구권 행사 대상은 4월 5일까지 주식으로 바꿔 달라고 요구하지 않은 전환사채(종목이름 HMM 199CB) 물량 전체입니다. 즉 예외 없이 다 사들인다는 뜻입니다.

④ 중도상환청구권으로 되사들이는 가격은 투자자들이 산 전환사채 투자원금에 약간의 이자를 붙인 만큼입니다. 이자는 발행일(2020년 12월 10일)로부터 중도상환청구권 행사일 전날(4월 7일)까지 연 3.0%를 날짜로 계산한 금액입니다.

⑤ 이 돈을 4월 8일 투자자들의 증권계좌로 입금할 예정입니다.

⑥ 만약 4월 5일까지 주식으로 바꿔 달라고 하지 않고 계속 전환사채를 보유하겠다고 해도 무조건 회사가 강제로 되사들입니다. 원래 이런 계약을 맺고 판 상품이라는 것은 앞서 공시 내용을 통해 확

인했습니다.

전환사채를 보유 중이면서 아직 전환청구권을 행사하지 않은 투자자라면 이런 공시를 접했을 때 선택할 수 있는 것은 오직 두 가지뿐입니다. 선택할 수 있는 한 가지는 4월 5일까지 전환권을 행사하는 것입니다(선택 1). 이때 1주당 1만 2850원에 HMM 주식으로 교환 가능합니다. 예를 들어 전환사채 1000만 원어치를 매입한 사람은 778주(1000만 원÷1만 2850원=778.21주)를 받는데 정확히는 778주를 받고 0.21주는 현금으로 받습니다.

이 대목에서 다시 한 번 HMM이 콜옵션 행사를 발표한 시점(2021년 3월 24일)의 주가를 볼까요. 2만 9450원입니다. 따라서 전환사채에 붙은 권리인 전환청구권을 행사하면 주식시장에서 2만 9450원에 살 수 있는 주식을 절반이 안 되는 가격인 1만 2850원에 취득할 수 있죠.

다른 선택은 4월 5일까지 전환권을 행사하지 않다가 원리금(투자원금+이자율 3%)을 받고, 회사 측에 전환사채를 되파는 것입니다(선택 2). 약 4개월간(2020년 12월 10일~2021년 4월 7일) 날짜로 계산한 이자를 합산한 금액을 받게 되겠지요. 예를 들어 전환사채 1000만 원어치를 매입한 사람은 이자 포함 약 1010만 원의 원리금을 돌려받습니다.

시세의 반값에 주식을 확보할 수 있는 ①번 vs. 원금에 약 10만 원의 이자를 더해서 돌려받는 ②번 가운데 어떤 것을 선택할지, 명확합니다. 이런 내용을 알고 있는 투자자라면 4월 5일 이전에 전환권을

HMM 콜옵션 행사 시 전환사채 투자자의 선택

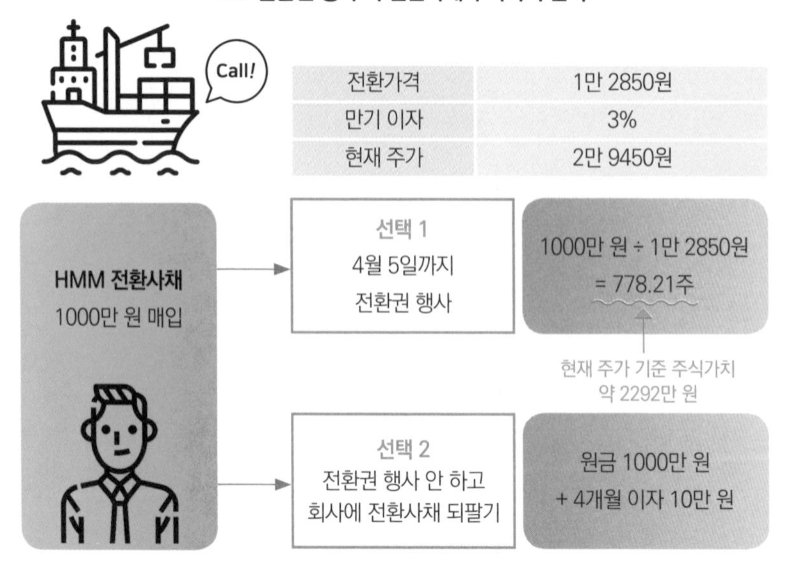

행사할 것입니다.

결과적으로 HMM이 투자자에게 판매한 전환사채를 되사들일 가능성도 매우 낮다고 볼 수 있습니다. 즉 HMM이 콜옵션을 행사한 것은 투자자에게 판매한 전환사채를 되사들이는데 무게 중심이 있는 게 아니라, 투자자들로 하여금 빨리 주식으로 전환하라는 신호를 보낸 것이라고 봐야 합니다. 투자자들이 채권을 주식으로 전환하면 HMM 입장에서도 유상증자처럼 새로운 주식을 찍어내는 것이어서 재무구조 개선 효과가 있습니다.

신주인수권부사채는 뭘 보고 투자해야 할까?

feat. 한진칼

신주를 살 '권리'만 붙은 채권

이번에 알아볼 내용은 '신주인수권부사채'입니다. 말 그대로 신주인수권이 붙어있는(붙을 부 : 附) 채권이란 뜻입니다. 영어로는 'Bond with Warrant'. 줄여서 BW라고 합니다. 신주인수권부사채도 전환사채와 마찬가지로 채권처럼 이자를 꼬박꼬박 받을 수 있습니다. 동시에 정해진 가격에 주식을 살 테니까 회사에 새로운 주식을 찍어달라고 요구할 수 있는 권리(신주인수권)도 있습니다.

그런데 여기까지만 보면 전환사채와 이름만 다를 뿐 성격이 거의 비슷합니다. 하지만 자세히 들여다보면 두 채권은 절대 같지 않습니다. 전환사채는 일단 채권 이자를 받다가 주식으로 바꿀 수 있습니다. 주식으로 전환한 시점부터 이자 지급은 중단하는 반면, 주식으로 바꿀 때 추가금액을 내지는 않습니다. 채권 금액만큼 그대로 주식으로 바꾸는 형태입니다.

신주인수권부사채는 채권 이자를 받다가 주식으로 바꿀 수 있다는 점까지는 같습니다. 반면 채권을 주식으로 그대로 바꾸는 형태가 아니라, 신주 대금을 따로 내야 합니다. 말 그대로 '신주를 인수할 권리'만 붙은 것이기 때문이죠. 다만 채권으로 신주 인수 대금을 대신 내는 것도 가능합니다. 이를 '사채 대용 납입'이라고 합니다.

신주인수권부사채에는 진짜 중요한 권리가 하나 더 있습니다. 바로 신주인수권(워런트)을 따로 떼어낸 뒤, 당장 필요 없다면 다른 사람에게 팔 수 있는 '분리형'이라는 점입니다. 다만 분리형은 '공모' 형태로 발행하는 신주인수권부사채에만 주어집니다. 사모 방식으로 발행하면 분리가 안 되는데, 어차피 사모 방식 신주인수권부사채에 여러분이 투자할 일은 없습니다. 이론은 여기까지! 실전 공시를 통해 하나씩 더 알아보겠습니다.

한진칼 신주인수권부사채의 이자율이 높은 이유

최근 공모형 신주인수권부사채 발행으로 관심을 모은 회사는 한진그룹 지주회사 한진칼입니다. 다트를 열어서 공시통합검색 화면에서 회사명 '한진칼', '주요사항보고'에 체크한 다음 '검색' 버튼을 누릅니다. 2020년 6월 26일 발표한 〈주요사항보고서(신주인수권부사채권 발행 결정)〉 공시가 나올 거예요. 최초 공시 시점은 6월 1일이며, 공시 화면에서 보이는 내용은 〈정정보고서〉입니다. 혹시 공시가 검색되지 않는다면 기간을 길게 설정해보세요.

한진칼 〈주요사항보고서(신주인수권부사채권 발행 결정)〉 공시

<table>
<tr><td colspan="2">1. 사채의 종류</td><td>회차</td><td>3</td><td>종류</td><td>국내 무기명식 이권부 무보증 신주인수권부사채</td></tr>
<tr><td colspan="2">2. 사채의 권면(전자등록)총액(원)</td><td colspan="4">300,000,000,000</td></tr>
<tr><td rowspan="6">3. 자금 조달의 목적</td><td>시설자금(원)</td><td colspan="4">-</td></tr>
<tr><td>영업양수자금(원)</td><td colspan="4">-</td></tr>
<tr><td>운영자금(원)</td><td colspan="4">-</td></tr>
<tr><td>채무상환자금(원)</td><td colspan="4">100,000,000,000</td></tr>
<tr><td>타법인증권취득자금(원)</td><td colspan="4">200,000,000,000</td></tr>
<tr><td>기타자금(원)</td><td colspan="4">-</td></tr>
<tr><td rowspan="2">4. 사채의 이율</td><td>표면이자율(%)</td><td colspan="4">2</td></tr>
<tr><td>만기이자율(%)</td><td colspan="4">3.75</td></tr>
<tr><td colspan="2">5. 사채 만기일</td><td colspan="4">2023년 7월 3일</td></tr>
<tr><td colspan="2">6. 이자 지급 방법</td><td colspan="4">이자는 본 사채 발행일로부터 원금상환기일 전일까지 계산하고, 3개월마다 본 사채의 표면이율을 적용한 연간 이자의 1/4씩 분할 후급한다.</td></tr>
</table>

7. 원금 상환 방법			만기상환 : 만기(2023년 7월 3일)까지 보유하고 있는 본 사채의 원금에 대하여는 2023년 7월 3일에 전자등록금액의 105.5293%로 일시상환하되, 원미만은 절사한다.
8. 사채 발행 방법			공모
9. 신주 인수권에 관한 사항	행사가액(원/주)		82,500
	사채와 인수권의 분리 여부		분리
	신주 대금 납입 방법		현금 납입 또는 사채 대용 납입
	신주인수권	종류	주식회사 한진칼 기명식 보통주식
	권리 행사 기간	시작일	2020년 8월 3일
		종료일	2023년 6월 3일
	행사가액 조정에 관한 사항		신주인수권 행사가액의 최저 조정 한도는 발행 시 신주인수권 행사가액의 70%로 한다.
9-1. 옵션에 관한 사항			• 조기상환청구권(Put Option)에 관한 사항 : 발행일로부터 2년(2022년 7월 3일)이 경과하는 날 및 그 이후 3개월마다 조기상환을 청구할 수 있다. 조기상환 수익율은 연 3.75%로 하고 3개월 복리로 계산한다. • 매도청구권(Call Option)에 관한 사항 : 해당 사항 없음
11. 청약일			2020년 6월 30일~7월1일
12. 납입일			2020년 7월 03일
13. 대표주관회사			유진투자증권

앞서 살펴본 HMM 전환사채 공시와 전반적으로 용어가 비슷하기 때문에 반복되는 내용은 생략하겠습니다. 먼저 '8. 사채 발행 방법' 항목부터 보겠습니다. '공모' 발행이어서 누구나 돈만 있으면 살 수 있습니다.

'1. 사채의 종류'는 '무기명식 이권부 무보증 신주인수권부사채'이고, '2. 사채의 권면(전자등록) 총액'은 '3000억 원'입니다.

한진칼이 신주인수권부사채를 발행하는 이유인 '3. 자금 조달 목적'을 보면 '채무상환자금 1000억 원, 타법인증권취득자금 2000억 원'이라고 나옵니다. 〈주요사항보고서〉와 함께 제출하는 〈증권신고서〉를 열어서 'V. 자금의 사용 목적'을 살펴보면, 타법인증권취득자금은 '자회사 대한항공의 주주배정 유상증자에 참여하기 위한 자금'이라는 내용이 등장합니다.

한진칼 〈증권신고서(채무증권)〉 공시

V. 자금의 사용 목적

나. 공모 자금 세부 사용 목적

공모 신주인수권부사채(BW)로 조달된 자금은 아래와 같은 우선 순위와 같이 당사의 타법인증권취득자금(약 2,000억 원), 채무상환자금(약 957억 원), 발행제비용(약 42억 원)으로 사용할 예정입니다.

(단위 : 백만 원)

구 분	상세 현황	사용(예정)시기	금액	우선순위
타법인증권 취득자금	관계기업 (주)대한항공 유상증자(주주배정후 실권주 일반공모) 구주주 배정분 청약 참여 자금	2020년 7월 10일	200,000	1순위
채무상환자금	차입금 상환	2020년 9~10월 중	95,728	2순위
소계			295,728	-
발행제비용			4,272	-
합계			300,000	-

* 기타비용(발행제비용)은 예상비용이므로 변동될 수 있습니다.

4. 사채의 이율을 보면 표면이자율 2%, 만기이자율 3.75%여서 앞서 살펴본 HMM보다 이자율이 높습니다. 이자율이 높은 것은 투자자 입장에서 일단 좋은 것이긴 하지만, 세상에 공짜는 없습니다.

한진칼은 채무 상환과 자회사 유상증자 참여를 위해서 신주인수권부사채를 발행한 만큼 자금 사정이 원활하지 않은 상황입니다. 따라서 투자자들이 좀 더 신주인수권부사채라는 상품에 관심을 두게 하려고 이자율을 높인 것입니다. 반대로 생각하면 동일한 조건의 이자율이라면 HMM 전환사채보다 한진칼 신주인수권부사채의 투자 매력이 떨어진다는 얘기가 되겠죠. 일반적으로 전환사채보다 신주인수권부사채의 이자율은 낮습니다. 그럼에도 한진칼이 HMM보다 높

자금 사정이 원활하지 않았던 한진칼은 투자자들의 관심을 끌기 위해
신주인수권부사채의 이자율을 높였다.

은 이자율을 제시했다는 것은 흥행을 위해 '당근'을 제시했다는 얘기가 되겠죠. 여기까지는 신주인수권부사채의 채권 성격을 설명하는 내용이었습니다.

채권은 가지고 있고 신주인수권만 팔아 볼까? 신주인수권을 사서 시세보다 싸게 사볼까?

이제부터는 주식의 성격, 즉 신주인수권에 관한 내용이 나옵니다. '9. 신주인수권에 관한 사항'에서 행사가액은 '8만 2500원'입니다. 한진칼 주가가 앞으로 얼마가 되든 무조건 1주에 8만 2500원에 살 수 있다는 얘기입니다.

바로 뒤에 나오는 '사채와 인수권의 분리 여부'에 '분리'라는 표현이 있습니다. 신주인수권부사채는 ①채권 + ②신주인수권이 결합한 상품인데, ①번과 ②번을 따로 분리해서 필요 없는 건 다른 사람에게 팔 수 있다는 얘기입니다.

만약 여러분이 한진칼의 신주인수권부사채에 투자했다면 몇 가지 선택이 가능합니다. 이자를 또박또박 받는 채권만 원하고 신주인수권은 필요하지 않다면, 신주인수권을 내다 팔아서 부수입을 챙길 수 있습니다. 물론 채권만 팔고 신주인수권은 보유하는 반대의 경우도 가능합니다.

한진칼 신주인수권부사채에 투자하지 않는 사람도 나중에 채권이나 신주인수권을 구입할 수 있습니다. 특히 신주인수권을 구입한다는 의미는 나중에 한진칼 주가 수준이 얼마든 8만 2500원에 살 수 있는 권리를 일단 선점해놓은 것이란 의미입니다.

이는 유상증자에서 알아본 신주인수권 매매와 비슷합니다. 신주인수권을 매입할 때는 손익을 잘 따져봐야 한다고 했습니다. 8만 2500원에 한진칼 주식을 매입할 권리는 있지만, 이 권리를 사기 위한 비용(신주인수권 매매 비용)이 별도로 투입돼야 합니다. 신주인수권 1개를 1만 원에 샀다면, 나중에 한진칼 주식 1주를 확보하는데 드는 비용은 9만 2500원(신주인수권 1만 원+주식 매입 비용 8만 2500원)이 들겠죠. 따라서 당장 한진칼 주가가 9만 원인데 8만 2500원에 살 수 있는 권리가 있다고 해서 덜컥 사면 오히려 비싼 가격에 주식을 손에 쥐게 되는 것이죠.

'9. 신주인수권에 관한 사항 > 신주 대금 납입 방법'에 '현금 납입 또는 사채 대용 납입'이라고 되어 있습니다. 앞서 신주인수권부사채는 채권 이자를 받다가 주식으로 바꿀 수 있다는 점은 전환사채와 똑같지만, 전환사채처럼 채권을 주식으로 그대로 맞바꾸는 형태가 아니라 신주 대금을 따로 내야 한다고 했습니다. 말 그대로 신주를 인수할 권리만 붙어있는 상품이기 때문이죠. 이때 현금으로 신주 대금을 내거나 가지고 있는 채권으로 신주인수대금을 대신 내는 방법(사채 대용 납입)도 가능하다는 의미입니다.

물론 주식시장에서 신주인수권만 따로 구입한 사람은 채권이 없으므로 사채 대용 납입은 안되고 무조건 현금으로 신주 대금을 내야 합니다.

한진칼 신주인수권부사채, 투자자의 풋옵션만 보장

'9. 신주인수권에 관한 사항 > 권리 행사 기간'은 신주인수권을 행사해 주식을 살 수 있는 기간을 뜻하고, '행사가액 조정에 관한 사항'은 전환사채에서 살펴본 리픽싱 조항입니다. 발행 당시 행사가액(8만 2500원)의 70%까지 낮출 수 있다는 내용입니다.

'9-1. 옵션에 관한 사항'을 보면 HMM과 달리 투자자가 행사할 수 있는 조기상환청구권(풋옵션, Put Option)만 있고, 회사가 행사하는 중도상환청구권(콜옵션, Call Option)은 없는 상품이란 걸 알 수 있습니다.

신주인수권부사채를 청약할 때도 증거금은 100%를 내야 하고, 경쟁률이 높아서 청약한 수량만큼 배정받지 못하면 납입일에 환불받습니다. 역시나 환불금액에 대한 이자는 주지 않습니다.

공모형 신주인수권부사채에 투자할 때도 〈증권신고서〉를 열어서 각종 투자 위험 요소, 청약 방법을 꼭 살펴봐야 합니다.

교환사채는 뭘 보고 투자해야 할까?

feat. 레드캡투어

신주로 바꾸느냐, 구주로 바꾸느냐

주식연계채권 삼총사 가운데 마지막으로 알아볼 내용은 교환사채입니다. 전환사채는 이자를 받다가 채권을 발행한 회사의 신주로 갈아탈 수 있는 채권입니다. 신주인수권부사채는 이자도 받고, 채권을 발행한 회사의 신주를 살 수 있는 권리도 붙어 있는 채권이라고 했습니다. 그럼 교환사채는 무엇일까요? 영어로는 'Exchangeable Bond'. 줄여서 'EB'라고 합니다. 교환사채를 산 투자자는 이자를 받다가 채권을 발행한 회사의 주식이나 회사가 보유한 다른 회사 주식으로 교환받을 수 있습니다.

전환사채도 주식으로 바꿀 수 있는 것인데, 교환사채와 차이점을 모르겠다는 분도 있으실 텐데요. 전환사채는 채권을 발행한 회사가 새로운 주식을 찍어서 바꿔주는 것이고, 교환사채는 기존에 발행해 놓은 주식을 채권이랑 바꿔준다는 점이 다릅니다. 즉 신주를 받느냐, 구주를 받느냐의 차이입니다.

이때 '기존에 발행한 주식(구주)'은 채권을 발행한 회사의 자기주식(자사주)일 수도 있고, 발행한 회사가 보유한 다른 회사 주식일 수도 있습니다. 따라서 교환사채 공시를 볼 때는 교환 대상 주식이 어떤 것인지 살펴봐야 합니다.

투자할 수 없는 사모 발행 채권 공시까지 챙겨 봐야 하는 이유

곧바로 실전 공시로 들어갈게요. 1977년 범한여행으로 시작해 출장, 렌터카, 여행상품을 판매하고 있는 레드캡투어가 최근 교환사채를 발행했습니다. 다트를 열어 공시통합검색 화면에서 회사명 '레드캡투어', '주요사항보고'에 체크한 다음, '검색' 버튼을 누릅니다. 2020년 11월 25일 발표한 〈주요사항보고서(교환사채권 발행 결정)〉 공시가 나옵니다.

레드캡투어 〈주요사항보고서(교환사채 발행 결정)〉 공시

2020년 11월 25일

<table>
<tr><td colspan="3">1. 사채의 종류</td><td>회차</td><td>8</td><td>종류</td><td>무기명식 이권부 무보증 사모 교환사채</td></tr>
<tr><td colspan="3">2. 사채의 권면(전자등록)총액(원)</td><td colspan="4">11,768,250,000</td></tr>
<tr><td rowspan="6">3. 자금 조달의 목적</td><td colspan="2">시설자금(원)</td><td colspan="4">-</td></tr>
<tr><td colspan="2">영업양수자금(원)</td><td colspan="4">-</td></tr>
<tr><td colspan="2">운영자금(원)</td><td colspan="4">11,768,250,000</td></tr>
<tr><td colspan="2">채무상환자금(원)</td><td colspan="4">-</td></tr>
<tr><td colspan="2">타법인증권취득자금(원)</td><td colspan="4">-</td></tr>
<tr><td colspan="2">기타자금(원)</td><td colspan="4">-</td></tr>
<tr><td rowspan="2">4. 사채의 이율</td><td colspan="2">표면이자율(%)</td><td colspan="4">0</td></tr>
<tr><td colspan="2">만기이자율(%)</td><td colspan="4">0</td></tr>
<tr><td colspan="3">5. 사채 만기일</td><td colspan="4">2023년 11월 27일</td></tr>
<tr><td colspan="3">6. 이자 지급 방법</td><td colspan="4">본 사채의 표면이율은 0.0%이며 별도의 이자 지급기일은 없는 것으로 한다.</td></tr>
<tr><td colspan="3">7. 원금 상환 방법</td><td colspan="4">만기일까지 보유하고 있는 본 사채의 전자등록금액에 대하여는 만기일인 2023년 11월 27일에 전자등록금액의 100%에 해당하는 금액을 일시 상환한다.</td></tr>
<tr><td colspan="3">8. 사채 발행 방법</td><td colspan="4">사모</td></tr>
<tr><td rowspan="7">9. 교환에 관한 사항</td><td colspan="2">교환비율(%)</td><td colspan="4">100</td></tr>
<tr><td colspan="2">교환가액(원/주)</td><td colspan="4">23,650</td></tr>
<tr><td rowspan="3">교환대상</td><td>종류</td><td colspan="4">주식회사 레드캡투어 기명식 보통주</td></tr>
<tr><td>주식수</td><td colspan="4">497,600</td></tr>
<tr><td>주식총수 대비 비율(%)</td><td colspan="4">5.79</td></tr>
<tr><td rowspan="2">교환 청구 기간</td><td>시작일</td><td colspan="4">2020년 12월 27일</td></tr>
<tr><td>종료일</td><td colspan="4">2023년 10월 27일</td></tr>
</table>

	교환가액 조정에 관한 사항	본 사채권을 소유한 자가 본 사채 발행일의 익영업일로부터 교환청구를 하기 전까지 발행회사가 시가를 하회하는 발행가액으로 유상증자, 주식배당 및 준비금의 자본전입 등을 함으로써 주식을 발행하거나 또는 시가를 하회하는 전환가액 또는 행사가액으로 전환사채 또는 신주인수권부사채를 발행하는 경우에는 교환가격을 조정한다.
9-1 옵션에 관한 사항		사채권자 조기상환 청구권(Put Option): 본 사채의 사채권자는 본 사채의 발행일로부터 1년 6개월이 되는 2022년 05월 27일 및 이후 매 3개월에 해당되는 날에 조기상환을 청구한 전자등록금액에 조기상환율을 곱한 금액의 전부 또는 일부에 대하여 사채의 만기 전 조기상환을 청구할 수 있다.
10. 청약일		2020년 11월 27일
11. 납입일		2020년 11월 27일
12. 대표 주관회사		-
15. 증권신고서 제출 대상 여부		아니오
16. 제출을 면제받은 경우 그 사유		면제(사모 발행에 의한 1년간 거래 단위 분할 및 병합 금지)

19. 기타 투자 판단에 참고할 사항

- 조기상환청구권(Put Option)

  본 사채의 사채권자는 본 사채의 발행일로부터 1년 6개월이 되는 2022년 5월 27일 및 이후 매 3개월에 해당되는 날에 조기상환을 청구할 수 있다.

- 특정인에 대한 대상자별 사채 발행 내역

발행 대상자명	회사 또는 최대주주와의 관계	발행권면(전자등록) 총액(원)
하이투자증권 주식회사	-	11,768,250,000

'1. 사채의 종류'를 보면 '무기명식 이권부 무보증 사모 교환사채'라고 나옵니다. 사모는 불특정 다수를 대상으로 하는 공모 방식이 아닌 특정한 누군가를 콕 집어 발행한 채권이라는 뜻이죠. 공모가 아닌 사모 방식의 발행이어서 일반투자자들은 교환사채를 직접 살 수는 없습니다. 레드캡투어가 교환사채를 발행하는 '특정인'은 하이투자증권입니다. 해당 공시 맨 아래 '19. 기타 투자 판단에 참고할 사항 > 특정인에 대한 대상자별 사채 발행 내역'을 보면 나옵니다.

'2. 사채의 권면총액'을 보면 발행 규모는 117억 6825만 원입니다. '3. 자금 조달 목적'을 보면 전액 운영자금에 사용한다는 계획입니다. 자금 조달 목적을 좀 더 구체적으로 알아보려면 〈주요사항보고서〉와 함께 제출하는 〈증권신고서〉를 보면 된다고 했지만, 레드캡투어는 〈증권신고서〉를 제출하지 않았습니다.

이유는 사모 발행이기 때문입니다. 그래서 '15. 증권신고서 제출대상 여부'에 '아니오'라고 했으며, '16. 제출을 면제받은 사유'에는 '사모 발행에 의한 1년간 거래 단위 분할 및 병합 금지'를 이유로 면제받았다고 설명했습니다.

'사모로 발행했으면 내가 투자할 수 있는 것도 아니고, 나랑은 상관없는 일 아니야?'라고 생각할 수도 있는데요. 그렇지 않습니다. 일반투자자들이 교환사채를 직접 살 수는 없지만, 이번 교환사채가 레드캡투어의 주가에 영향을 미칠 수 있기 때문이죠. 이 부분은 잠시 후에 알아보기로 해요.

하이투자증권은 왜 이자율 0%의 교환사채에 투자했을까?

'4. 사채의 이율'을 보면 '표면이자율 0%, 만기이자율 0%'라고 나옵니다. 잠깐! 이자율을 잘못 기재한 것 아닌가요? 채권은 분명 이자를 받는 게 1차 목적인데 세상에나 이자율이 0%라니! 이자율을 잘못 기재했으면 정정공시가 나왔겠죠. 레드캡투어가 발행한 교환사채는 분명 채권이 맞지만, 이자를 전혀 지급하지 않습니다. '무늬만 채권'인 셈이죠. 이런 조건을 달았음에도 하이투자증권이 교환사채를 몽땅 사간 이유는 단 하나입니다. 나중에 무조건 주식으로 교환해서 시세차익을 얻겠다는 것입니다. 참고로 이자율 0%를 지급하는 주식연계채권은 주로 사모 발행입니다. 전환사채나 신주인수권부사채에서도 사모 발행을 하면, 이자율이 0%인 사례가 종종 나옵니다. 일반투자자 관점에서 보면, 이런 주식연계채권은 본인이 직접 살 수는 없지만, 나중에 대량으로 주식이 쏟아질 가능성이 높다는 점을 기억해야 합니다.

사채를 어떤 주식으로 바꿔주나?

'5. 사채 만기일'은 발행일(=납입일 2020년 11월 27일)로부터 3년인

'2023년 11월 27일'입니다. '7. 원금 상환 방법'은 만기일에 원금 100%에 해당하는 금액을 상환하는 것입니다. 이자가 없으니 원금만 돌려준다는 내용이죠. 물론 이 교환사채를 사간 하이투자증권은 만기를 꽉 채워서 원금만 돌려받으려고 투자하진 않았겠죠. 그런 생각이었다면 차라리 돈을 회사 금고에 넣어두는 게 마음 편할 테니까요.

'9. 교환에 관한 사항 > 교환대상'을 보면 '레드캡투어 보통주'가 교환주식이라는 걸 알 수 있습니다. 이 얘기는 교환사채 투자자가 주식을 바꿔달라고 하면, 레드캡투어가 가지고 있는 자기주식(자사주)으로 지급한다는 내용입니다.

'교환가액'을 보면 1주당 2만 3650원이라고 나옵니다. 나중에 주가가 얼마가 되든 2만 3650원에 주식을 가질 수 있다는 얘기입니다. 교환사채 발표 당시(2020년 11월 25일) 레드캡투어의 주가는 2만 850원이었습니다. 발행 당시에는 시세보다 교환가격이 높아서 시세차익을 기대할 수 없지만, 나중에 주가가 오를 것이라 예상하고 교환사채를 사가는 것입니다. 실제로 이후 레드캡투어 주가가 3만 원을 넘어서자 하이투자증권은 교환사채를 대량 주식으로 바꿨습니다. 이 내용은 〈공시다방〉에서 설명하겠습니다.

'9. 교환에 관한 사항 > 교환가액 조정에 관한 사항'은 교환사채 역시 전환사채나 신주인수권부사채처럼 교환가액 조정이 가능한 '리픽싱' 조항이 있다는 점을 설명하는 내용입니다. 사모 발행 교환사채라 '청약일'과 '납입일'은 일반투자자 입장에서는 크게 중요하지 않습니다.

주식연계채권이 주식으로 바뀔 때, 투자자가 고려해야 할 것

주식가치 하락 우려, 전환사채 = 신주인수권부사채 > 교환사채

전환사채와 신주인수권부사채는 신주를 발행해 바꿔주는 채권입니다. 회사가 신주를 발행하면 총발행주식수가 늘어나 기존 주주의 주식가치는 떨어집니다. 당연히 기존 주주 입장에서 대량의 채권 발행이 좋을 리 없죠.

하지만 교환사채는 좀 다릅니다. 발행회사가 이미 보유하고 있는 자사주 또는 타사 주식으로 바꿔주는 만큼 신주 발행으로 인한 주식가치 하락 우려는 덜합니다. 레드캡투어도 자사주가 교환대상이었죠.

다만 우려가 '덜하다'고 표현한 이유는 신주가 아닌 자사주로 바꿔 주더라도 결국 회사가 들고 있던 자사주가 시장에 대량으로 나오기 때문에 어느 정도 물량 부담은 발생하기 때문입니다. 만약 다른 회사 주식으로 바꿔주는 교환사채라면 발행회사 주주들의 주식가치 하락 우려는 없다고 봐야겠죠. 대신 교환대상 회사 주주 입장에서는 반갑지 않을 겁니다.

레드캡투어는 2021년 5월 11일 〈교환청구권행사〉라는 공시를 발표했습니다. 다트를 열어 공시통합검색 화면에서 회사명 '레드캡투어', '거래소공시'에 체크한 다음 '검색' 버튼을 누릅니다!

레드캡투어 〈교환청구권 행사〉 공시

2021년 5월 11일

교환청구권 행사

<table>
<tr><td>1. 교환청구권 행사주식수 누계(주)
(기 신고된 주식수량 제외)</td><td colspan="2">166,368</td></tr>
<tr><td>- 총발행주식수 (주)</td><td colspan="2">8,589,480</td></tr>
<tr><td>- 발행주식총수 대비 (%)</td><td colspan="2">1.94</td></tr>
<tr><td>2. 공정거래위원회 신고 대상 여부</td><td colspan="2">미해당</td></tr>
<tr><td rowspan="2">3. 기타 투자 판단에 참고할 사항</td><td colspan="2">- 총발행주식수는 교환사채의 교환대상 주식인 주식회사 레드캡투어의 총발행주식수입니다.
- 자기주식을 교환대상으로 한 교환청구권 행사입니다.</td></tr>
<tr><td>※
관련
공시</td><td>2020년 11월 25일 교환사채권 발행 결정(제8회차)
2020년 11년 25일 자기주식 처분 결정
2020년 11년 27일 증권 발행 결과(자율공시)
2020년 11년 27일 자기주식 처분 결과보고서
2021년 3월 2일 교환가액의 조정</td></tr>
</table>

일별 교환권청구 내역

(단위 : 원, 주)

청구일자	사채의 종류		청구금액	교환가액	교환 주식수
	회차	종류			
2021년 5월 11일	8	무기명식 이권부 무보증 사모 교환사채	3,768,250,000	22,650	166,368

교환사채 잔액

(단위 : 주)

회차	발행당시 사채의 권면(전자등록)총액(통화 단위)		신고일 현재 미교환사채 잔액(통화 단위)		교환가액(원)	교환 가능 주식수
8	11,768,250,000	KRW	8,000,000,000	KRW	22,650	353,201

이 공시는 앞서 레드캡투어가 발행한 교환사채 중 일부를 주식으로 전환한다는 내용을 담고 있습니다. '1. 교환청구권 행사주식수 누계'에는 '16만 6368주'가 주식으로 교환됐다고 표시되어 있습니다. 이 주식수는 레드캡투어 총발행주식의 1.94%에 해당한다는 내용이 곧바로 등장합니다.

일반주식투자자 입장에서는 이전까지 시장에 나오지 않았던 1.94% 물량이 시장에 나오는 것인 만큼 단기적으로는 수요보다 공급이 많아지는 수급 부담이 있다는 점을 생각해야 합니다.

이 공시에도 주목할 또 다른 포인트는 '교환사채 잔액' 부분입니다. 아직 35만 3201주가 더 주식으로 바뀔 수 있다는 내용을 담고 있습니다.

물량 부담이 현실화되는 시점, 전환사채와 신주인수권부사채는 1년, 교환사채는 1개월

교환사채뿐만 아니라 전환사채, 신주인수권부사채도 각각 〈전환청구권 행사〉, 〈신주인수권 행사〉라는 제목의 공시를 발표하기 때문에 잘 살펴봐야 합니다. 이런 공시가 나오면 채권이 주식으로 바뀌면서 주식시장에 단기간 물량 공급이 많아진다는 뜻입니다.

이번에서 살펴본 HMM 전환사채, 한진칼 신주인수권부사채는 모두 공모 방식이었지만, 대부분은 사모, 즉 특정 투자자만을 대상으로 주식연계채권을 발행합니다. 따라서 사모 방식의 주식연계채권 발행은 채권에 투자한 특정인의 경우 주식 전환 시 투자 수익을 기대할 수 있습니다. 하지만 사모에 참여할 수 없는 대다수의 일반 투자자들은 오히려 특정인이 주식연계채권을 주식으로 전환할 때 잠재적 물량 부담이 있다는 점을 인식하고 관련 공시를 살펴볼 필요가 있습니다.

참고로 사모 형태로 발행한 전환사채나 신주인수권부사채는 발행일(납입일)로부터 1년 지나서 주식으로 바꿀 수 있습니다. 이때부터는 물량 부담 우려가 서서히 고개를 들 수 있다는 뜻이기도 합니다. 교환사채는 사모 형태로 발행했더라도 보통 발행일 1개월 정도가 지나면 곧장 주식으로 바꿀 수 있습니다.

이런 차이를 둔 이유는 전환사채와 신주인수권부사채는 신주를 발행하는 방식이어서 잦은 사모 발행 시 기존 주주의 주식가치를 대거 희석할 수 있기 때문에 주식 전환 시점에 제한을 두는 것입니다.

반면 교환사채는 신주 발행이 아니라 이미 발행해놓은 주식을 바꿔주는 것이어서 기존 주주의 주식가치 희석 우려가 상대적으로 낮아서 주식 전환 시점을 회사가 자율적으로 정하도록 한 것입니다.

전환사채, 신주인수권부사채, 교환사채 등 주식연계채권의
주식 전환 시점이 도래하면 물량 부담이 수면 위로 모습을 드러낸다.

Chapter 10

전지적 투자자 시점에서 본 자사주

이번에 알아볼 내용은 '자기주식'입니다. 자기주식은 개인이 아닌 회사가 자기회사의 주식을 가지고 있는 것을 말합니다. 즉 '내돈내산(내 돈 주고 내가 산) 주식'이죠.

이제 본격적인 자기주식 토크 시작할 텐데요. 정식명칭은 자기주식이 맞지만 주식시장에서는 한 글자를 줄여 '자사주'라고 부르는 게 더 익숙하기 때문에, 이제부터 자사주로 통일하겠습니다.

그런데 만천하에 투자자를 공개 모집하고 주식시장에 상장한 회사가 스스로 주식을 직접 보유하는 것에는 모순이 있죠. 회사의 주인은 주주인데, 회사가 자사주를 사들이면 주식을 발행한 기업 스스로 주인이 되는 모양새가 되니까요.

따라서 「상법」과 「자본시장법」 등 주식시장의 규칙을 정해놓은 각종 법률에서는 일정 조건을 충족할 때만 회사가 자사주를 취득할 수 있도록 합니다.

회사는 경영 전략에 따라 자사주를 사고팔고 때로는 소각하기도 합니다. 회사의 자사주 처리 방법에 주가도 다르게 반응합니다. 예를 들어 회사의 자사주 매입을 시장은 주가가 저평가되어 있다는 신호로 받아들이고, 반대로 회사의 자사주 처분을 시장은 주가가 고평가되어 있다는 신호로 받아들이는 식입니다. 이번 장에서는 회사의 자사주 활용 방식과 이것이 주가에 미치는 영향을 살펴보도록 하겠습니다.

<허생전>으로 알아보는 자사주 매입 원리

자사주 매입 재원, 배당가능이익

「상법」과 「자본시장법」 등은 일정 조건을 충족할 때만 회사가 자사주를 취득할 수 있도록 허용하고 있습니다. 그 대표적 조건이 '배당가능이익 한도에서 자사주를 취득할 수 있다'입니다.

배당가능이익은 말 그대로 주주들에게 배당금으로 줄 수 있는 돈입니다. 다소 복잡한 과정을 거쳐야 배당가능이익을 계산할 수 있는데요. 쉽게 말하면 장사를 해서 남긴 돈을 몽땅 배당금으로 줄 수는 없다는 것입니다.

예를 들어 이제 막 만들어진 회사의 자본금이 1000만 원인데, 한해 반짝 장사를 잘해서 1000만 원 이익을 냈다고 해서 1000만 원을 다 배당할 수는 없습니다. '욜로(YOLO)족'도 아니고 미래에 대한 아무런 준비 없이 배당금으로 다 써버리면 안 되겠죠.

회사는 이익이 없으면 배당을 할 수 없다. 그러나 이익이 발생했다고 해서 멋대로 배당하도록 인정하면 회사의 기초를 위태롭게 할 수 있으므로, 「상법」에서는 배당금으로 사용할 수 있는 부분을 규정하고 있다. 이것이 배당가능이익이다. 자사주는 배당가능이익 내에서 매입할 수 있다.

아무튼 회사는 배당가능이익 내에서만 자사주를 매입할 수 있습니다. 다만 회사를 합병하거나, 다른 회사의 영업을 양수(인수)하는 경우에 불가피하게 확보해야 할 자사주가 있다면 배당가능이익이 없어도 자사주 매입이 가능합니다.

그런데 배당가능이익이 있다면 배당을 하면 되지, 왜 굳이 자사주를 매입할까요? 회사가 주주에게 이익을 돌려주는 방법은 크게 '배당'과 '자사주 매입', 두 가지입니다. 배당은 주주에게 직접 현금 또는 주식을 나눠주는 것이어서 이익을 돌려주는 개념이란 걸 정확하게 알겠습니다. 하지만 자사주는 결국 회사가 자기주식을 사는 것인데,

배당가능이익 계산 공식

순자산(회사의 자산에서 부채를 뺀 금액)에서 ① 자본금 ② 적립된 자본준비금과 이익준비금 ③ 적립해야 할 이익준비금 ④ 미실현이익 등 4가지를 뺀 금액.

왜 주주에게 이익을 돌려주는 방법이라고 하는 걸까요?

자사주 매입 → 주가 관리

소설 〈허생전〉을 예로 들어보겠습니다. 허생은 한양 제일의 부자 변씨에게 돈 만 냥을 빌려서 과일과 말총을 사재기해서 큰돈을 벌었습니다. 허생이 큰돈을 벌 수 있었던 건 정상적으로 유통되고 있던 과일과 말총을 몽땅 사들여서 시중에 유통 물량을 급격하게 줄였기 때문입니다. 수요는 그대로인데 공급을 확 줄여놓으니 가격은 올라가고, 결국 독점공급자인 허생이 비싸게 팔 수 있었던 것이죠.

조선시대 박지원이 지은 한문 단편 소설 〈허생전〉. 〈허생전〉은 박지원이 청나라를 다녀온 뒤 남긴 기행문인 「열하일기」에 수록되어 있다.

물론 〈허생전〉은 조선 후기 실학자인 연암 박지원이 조선의 빈약한 경제시스템을 비판하기 위해 '소설'이라는 극단적인 장치를 동원한 것이란 해석이 많습니다. 실제로 현대사회에서는 허생과 같은 매점매석(買占賣惜)은 가능하지 않습니다.

하지만 지금도 정부는 물가 관리 차원에서 특정 물품에 대해 어느 정도 수요와 공급을 관리합니다. 정부가 비축한 쌀을 풀거나 더 사들이는 방법으로 쌀 수급 대책을 마련하고, 조류인플루엔자로 달걀값이 오르면 달걀을 해외에서 수입한다든지 하는 것도 물가 관리의 일종이죠. 그리고 우리나라 중앙은행인 한국은행은 첫 번째 책무는 '물가 안정'입니다.

자사주 얘기를 하다가 뜬금없이 〈허생전〉과 한국은행 얘기를 꺼낸 것은 회사가 자사주를 매입하는 원리도 물가 관리와 유사한 주가 관리에 해당하기 때문입니다.

회사가 자사주를 직접 사들이면 주식시장에 유통되는 주식수가 줄어드는 효과가 나타납니다. 만약 A전자의 주식 1000주가 있는데 회사가 200주를 다시 사들이면 실제로 주식시장에서 유통되는 주식은 800주로 줄어듭니다. 이때 여러분이 A전자 주식을 10주 가지고 있다고 가정해 볼까요. 자사주 매입 전에는 1000주 가운데 10주였지만, 자사주 매입 후에는 800주 가운데 10주가 되면서 그만큼 희소가치가 올라가는 것이죠. 즉 자사주 매입이 공급 조절 효과가 있는 것입니다.

또한 회사가 자사주를 취득하는 과정에서 단기적으론 회사발(發)

「한국은행법」 제1장 제1조

이 법은 한국은행을 설립하고 효율적인 통화신용정책의 수립과 집행을 통하여 물가 안정을 도모함으로써 국민 경제의 건전한 발전에 이바지함을 목적으로 한다.

매수 주문이 많아지니까 수요도 조절할 수 있겠죠. 따라서 자사주를 사는 것은 공급을 줄이고 수요도 어느 정도 늘리는 행위입니다.

자사주 취득은 배당처럼 직접 주주에게 현금을 돌려주진 않지만, 수요와 공급을 조절해서 주주의 주식가치를 높여주는 방법입니다. 특히 배당은 주주가 직접 세금(배당소득세)을 내야 하지만, 자사주 매입으로 주식가치가 높아져 이익을 봤을 때는 세금을 내지 않습니다. 그래서 배당과 자사주 취득은 장단점이 있는 주주 환원 방법입니다. 대부분의 회사는 자사주를 매입할 때 '주가 안정 및 주주가치 제고'라는 이유를 제시합니다.

자사주 매입 실전 공시 독해 (feat. 아세아)

실제 공시로 자사주 매입을 더 깊이 들어가 보겠습니다. 다트를 열고 공시통합검색 화면에서 회사명 '아세아' 기간 '10년' 보고서명 '자기주식'을 입력합니다. 팝업창이 뜨면 '주요사항보고서(자기주식 취득 결정)'에 체크한 다음, '검색' 버튼을 클릭합니다. 보고서명에 '자사주'를 입력하면 팝업창이 뜨지 않습니다.

2020년 11월 3일 아세아가 발표한 〈주요사항보고서(자기주식 취득 결정)〉 공시를 볼 텐데요. 참고로 아세아는 시멘트, 골판지를 제조

아세아 〈주요사항보고서(자기주식 취득 결정)〉 공시

2020년 11월 3일

<table>
<tr><td colspan="2" rowspan="2">1. 취득 예정 주식(주)</td><td>보통주식</td><td colspan="3">25,284</td></tr>
<tr><td>기타주식</td><td colspan="3">-</td></tr>
<tr><td colspan="2" rowspan="2">2. 취득 예정 금액(원)</td><td>보통주식</td><td colspan="3">2,000,000,000</td></tr>
<tr><td>기타주식</td><td colspan="3">-</td></tr>
<tr><td colspan="2" rowspan="2">3. 취득 예상 기간</td><td>시작일</td><td colspan="3">2020년 11월 4일</td></tr>
<tr><td>종료일</td><td colspan="3">2021년 2월 3일</td></tr>
<tr><td colspan="2" rowspan="2">4. 보유 예상 기간</td><td>시작일</td><td colspan="3">-</td></tr>
<tr><td>종료일</td><td colspan="3">-</td></tr>
<tr><td colspan="3">5. 취득 목적</td><td colspan="3">주가안정 및 주주가치 제고</td></tr>
<tr><td colspan="3">6. 취득 방법</td><td colspan="3">유가증권시장을 통한 장내매수</td></tr>
<tr><td colspan="3">7. 위탁투자 중개업자</td><td colspan="3">KB증권(주)(KB Securities co.,Ltd.)</td></tr>
<tr><td rowspan="4">8. 취득 전 자기주식 보유 현황</td><td rowspan="2">배당가능이익 범위 내 취득(주)</td><td>보통주식</td><td>316,038</td><td>비율(%)</td><td>14.42</td></tr>
<tr><td>기타주식</td><td>-</td><td>비율(%)</td><td>-</td></tr>
<tr><td rowspan="2">기타취득(주)</td><td>보통주식</td><td>-</td><td>비율(%)</td><td>-</td></tr>
<tr><td>기타주식</td><td>-</td><td>비율(%)</td><td>-</td></tr>
<tr><td colspan="3">9. 취득 결정일</td><td colspan="3">2020년 11월 3일</td></tr>
<tr><td colspan="2" rowspan="2">- 사외이사 참석 여부</td><td>참석(명)</td><td colspan="3">1</td></tr>
<tr><td>불참(명)</td><td colspan="3">0</td></tr>
<tr><td colspan="2">- 감사(사외이사가 아닌 감사위원)</td><td>참석 여부</td><td colspan="3">참석</td></tr>
<tr><td colspan="2" rowspan="2">10. 1일 매수 주문 수량 한도</td><td>보통주식</td><td colspan="3">2,528</td></tr>
<tr><td>기타주식</td><td colspan="3">-</td></tr>
</table>

11. 기타 투자 판단에 참고할 사항

1) 상기 '2. 취득예정금액(원)'은 금일 당사 이사회에서 결의한 취득 예정금액이며, 상기 '1. 취득 예정 주식(주)'은 취득 예정금액을 이사회 결의 전일 종가(2020년 11 월 2일 기준 : 79,100원)로 나누고 소수점을 절사한 수량입니다. 단, 향후 주가 변동에 따라 실제 취득수량 및 취득 금액은 변동될 수 있습니다.

2) 상기 '4. 보유 예상 기간'은 6개월 이상 보유할 예정입니다.

하는 업체인 동시에 경주 지역 명소인 '경주월드'를 운영하는 곳이기도 합니다.

'1. 취득 예정 주식'은 2만 5284주입니다. 너무 적은 것 아니냐고 할 수 있는데 아세아의 총발행주식은 219만 1024주에 불과합니다. 따라서 이번 자사주는 총발행주식의 1.15%에 해당합니다.

'2. 취득 예정 금액'은 20억 원입니다. 이 금액은 자사주를 취득하기로 결정한 전날의 종가(7만 9100원) 기준이고, 실제 취득금액은 달라질 수 있습니다.

'3. 취득 예상 기간'은 2020년 11월 4일부터 2021년 2월 3일까지 3개월입니다. 회사가 자사주를 취득하겠다고 발표하면 3개월 안에 사야 합니다.

'4. 보유 예상 기간'은 빈칸으로 되어있지만, 공시 하단의 '11. 기타 투자 판단에 참고할 사항'을 보면, 6개월 이상 보유할 예정이라고 설명했습니다. 회사가 자사주를 취득하면 최소 6개월 동안 처분할 수 없습니다. 다만, 공시 시점에서는 언제 2만 5284주를 모두 취득할지 정확한 예측이 어려워서 일단 빈칸으로 둔 것뿐입니다.

자사주는 신고서 제출 뒤 3일이 경과한 날로부터 3개월 이내에 취득해야 합니다. 자사주 취득을 마치면 최소 6개월간 처분할 수 없고, 자사주를 처분한 뒤에 최소 3개월은 새로 취득할 수도 없습니다. 회사가 빈번하게 자기네 주식을 사고파는 행위를 금지하기 위한 조치입니다.

'5. 취득 목적'은 '답정너'처럼 주가 안정 및 주주가치 제고라고 되어 있습니다. 그 밑에는 KB증권을 통해서 장내 매수하는 방식으로 자기주식을 취득하겠다는 내용입니다.

또 하나 중요한 항목은 '8. 취득 전 자기주식 보유 현황'인데요. 이번에 취득할 주식을 빼고 이미 가지고 있는 자사주가 31만 6038주입니다. 지분율로는 14.42%에 해당한다는 내용입니다.

투자자 입장에서는 아세아가 이번 자사주 취득을 마무리하면 유통주식수가 어떻게 바뀌는지 생각해볼 필요가 있습니다. 아세아의 총발행주식은 219만 1024주입니다. 기존에 보유한 자사주(31만 6038주)와 이번에 취득할 자사주(2만 5284주)를 더한 34만 1322주(15.6%)는 당장 유통되지 않는 주식입니다. 또한 최대주주가 보유한 주식 94만 3675주(43.1%)도 일반적으로 유통주식수에서 제외합니다. 그래서 자사주와 최대주주 주식을 모두 뺀 아세아의 실질적인 유통주식수는 90만 6027주(41.3%)라는 계산이 나옵니다.

지금 살펴본 아세아의 공시는 자사주를 취득했다는 과거형이 아니라, 앞으로 취득하겠다는 미래형 공시입니다. 자사주 취득을 완료하면 5일 안에 〈자기주식 취득 결과 보고서〉라는 과거형 공시를 다시 한 번 발표합니다. 아세아는 2020년 12월 21일 자사주 2만 5284주 취득을 완료하고 12월 23일 〈자기주식 취득 결과 보고서〉를 공시했습니다. 앞서 본 공시에서 취득 예상 기간을 2021년 2월 3일이라고 했지만, 예상보다 빠른 속도로 자사주 취득을 마쳤습니다.

왜 자사주를 남에게 파는가?

유통 물량이 늘어나는 자사주 처분

회사는 자사주를 사기만 하는 게 아니라 팔기도 합니다. 회사가 자사주를 취득하면 주식시장에서 유통되는 물량이 줄어들어 주식의 희소성이 높아진다고 했습니다. 반대로 회사가 가지고 있던 자사주를 판다는 것은 유통 물량이 다시 많아진다는 의미여서, 보통 주식시장에서 악재로 받아들여집니다.

다만 회사 직원들에게 상여금을 주기 위해 자사주를 처분하는 사례도 많습니다. 이런 경우는 자사주 처분 수량이 적어서 유통 물량이 급격히 늘어나지 않습니다. 이때는 주가에 악재도 호재도 아닌 평범

한 공시가 되겠죠.

실전 공시 타임! 다트를 열고, 회사명 '신풍제약' 기간 '10년' 보고서명에 '자기주식'이라고 입력합니다. 팝업창이 뜨면 '주요사항보고서(자기주식 처분 결정)'에 체크 후 '검색' 버튼을 눌러보세요.

신풍제약이 2020년 9월 22일 발표한 〈주요사항보고서(자기주식 처분 결정)〉이라는 공시가 나옵니다.

신풍제약 〈주요사항보고서(자기주식 처분 결정)〉 공시

2020년 9월 22일

<table>
<tr><td rowspan="2">1. 처분 예정 주식(주)</td><td colspan="2">보통주식</td><td colspan="3">1,289,550</td></tr>
<tr><td colspan="2">기타주식</td><td colspan="3">-</td></tr>
<tr><td rowspan="2">2. 처분 대상
주식가격(원)</td><td colspan="2">보통주식</td><td colspan="3">167,000</td></tr>
<tr><td colspan="2">기타주식</td><td colspan="3">-</td></tr>
<tr><td rowspan="2">3. 처분 예정 금액(원)</td><td colspan="2">보통주식</td><td colspan="3">215,354,850,000</td></tr>
<tr><td colspan="2">기타주식</td><td colspan="3">-</td></tr>
<tr><td rowspan="2">4. 처분 예정 기간</td><td colspan="2">시작일</td><td colspan="3">2020년 9월 22일</td></tr>
<tr><td colspan="2">종료일</td><td colspan="3">2020년 9월 22일</td></tr>
<tr><td colspan="3">5. 처분 목적</td><td colspan="3">생산설비 개선 및 연구개발과제 투자 자금 확보</td></tr>
<tr><td rowspan="4">6. 처분 방법</td><td colspan="2">시장을 통한 매도(주)</td><td colspan="3">-</td></tr>
<tr><td colspan="2">시간외 대량 매매(주)</td><td colspan="3">1,289,550</td></tr>
<tr><td colspan="2">장외 처분(주)</td><td colspan="3">-</td></tr>
<tr><td colspan="2">기타(주)</td><td colspan="3">-</td></tr>
<tr><td colspan="3">7. 위탁투자 중개업자</td><td colspan="3">메리츠증권(주)</td></tr>
<tr><td rowspan="4">8. 처분 전 자기주식
보유 현황</td><td rowspan="2">배당가능이익
범위 내 취득(주)</td><td>보통주식</td><td>-</td><td>비율(%)</td><td>-</td></tr>
<tr><td>기타주식</td><td>-</td><td>비율(%)</td><td>-</td></tr>
<tr><td rowspan="2">기타취득(주)</td><td>보통주식</td><td>5,003,511</td><td>비율(%)</td><td>9.44</td></tr>
<tr><td>기타주식</td><td>208,770</td><td>비율(%)</td><td>9.49</td></tr>
</table>

<table>
<tr><td colspan="2">9. 처분 결정일</td><td>2020년 9월 21일</td></tr>
<tr><td rowspan="2">- 사외이사 참석 여부</td><td>참석(명)</td><td>5</td></tr>
<tr><td>불참(명)</td><td>0</td></tr>
<tr><td colspan="2">- 감사(사외이사가 아닌 감사위원) 참석 여부</td><td>-</td></tr>
<tr><td rowspan="2">10. 1일 매도 주문 수량 한도</td><td>보통주식</td><td>-</td></tr>
<tr><td>기타주식</td><td>-</td></tr>
</table>

11. 기타 투자 판단에 참고할 사항

상기 2. 처분 대상 주식가격은 이사회 결의일인 2020년 9월 21일 종가(193,500원)에 할인율 13.7% 를 적용한 금액입니다.

【처분 대상자별 회사 및 최대주주와의 관계, 선정 경위 등】

처분 대상자	회사 또는 최대주주와의 관계	선정 경위	처분 주식수 (주)	비고
Segantii capital investment	해당 사항 없음	투자자 의향 고려	580,000	-

* 그 외 처분 주식수량은 기타 해외기관투자자 분산 매수 건으로, 그 비율이 1% 미만인바 별도 표시하지 않습니다.

'1. 처분 예정 주식'을 보면 128만 9550주를 판다고 나와 있습니다. 참고로 신풍제약의 당시 총발행주식수(5298만 4990주)의 2.4% 해당하는 물량입니다.

'3. 처분 예정 금액'은 2153억 5495만 원(1주당 16만 7000원)입니다. 자사주를 팔아서 신풍제약이 벌어들이는 현금 액수입니다.

'4. 처분 예정 기간'을 보면 2020년 9월 22일 단 하루입니다. 자사주 취득과 처분 모두 공시 후 3개월 이내에 완료해야 하는데, 신풍

블록딜이 뭔가요?

블록딜(block deal), 직역하면 '한 덩어리(block)로 거래(deal)한다 정도로 해석할 수 있겠지요. 주식시장에서 기관 또는 대주주 등이 많은 양의 주식을 한꺼번에 거래하는 것을 블록딜이라고 합니다. 정규시장 거래 시간에 대량의 주식을 한꺼번에 거래할 경우 주가가 급등락할 수 있습니다. 따라서 많은 주식을 한꺼번에 팔려는 매도자는 미리 매수자를 구해, 시장 가격에 영향이 없도록 시간 외 매매를 통해 거래합니다. 일반적으로 블록딜은 전일 종가보다 4~8% 할인된 가격에 거래가 이뤄집니다. 블록딜 이후에는 보통 주가가 하락하는데요. 기관이나 대주주 등이 지분을 정리하는 것에 불안을 느낀 개인투자자들이 주식을 팔기 때문입니다.

제약은 초초초! 스피드로 하루 만에 처분한다고 공시했습니다.

이것이 가능한 이유는 '6. 처분 방법'에서 설명하는 시간 외 대량 매매(블록딜)란 방법을 사용하기 때문입니다. 신풍제약의 자사주를 시간 외에 사가는 투자자는 공시 하단의 '처분 대상자' 항목에 나와 있습니다.

자사주 처분, 주가가 정점에 도달했다는 신호

신풍제약이 자사주를 처분한 이유는 '5. 처분 목적'에 나와 있습니다. 생산설비 개선 및 연구개발 과제 투자 자금 확보라고 나와 있네요. 여기서 주의할 점을 말씀드릴게요! 유상증자와 달리 자사주 처분은 구체적인 자금 사용계획을 밝히지 않아도 됩니다. 따라서 어떤 설비, 어떤 연구개발을 위해 자사주를 처분하는지는 공시만 봐서는 알 길이 없습니다.

'8. 처분 전 자기주식 보유 현황'을 보면 신풍제약은 자사주 500만 3511주를 보유하고 있었습니다. 이번에 자사주를 처분하고 남은 주식은 371만 3961주입니다. 이 자사주도 언제든 처분할 수 있다는 얘기입니다.

신풍제약은 2020년 코로나19 치료제 개발 열풍에 편승해 주가가 급등한 대표 종목이었습니다. 주가 급등 시기에 자사주를 처분하면서 회사는 2000억 원이 넘는 돈을 벌었지만, 주식투자자 입장에서는 갑작스러운 자사주 매각 소식에 이어 남아있는 자사주도 언제 풀릴지 모른다는 우려감을 가질 수 있습니다.

신풍제약처럼 주가가 오른 종목이 자사주를 처분한다면 의심을 해봐야 합니다. 회사는 누구보다 주가 흐름에 미칠 재료를 잘 알고 있습니다. 따라서 회사가 자사주를 처분할 때는 나름대로 회사의 주가가 고점, 즉 많이 오른 상태에서 처분해야 그만큼 많은 돈을 확보하겠죠. 바꿔 말하면 주가가 오르던 회사가 〈자사주 처분〉 공시를 발표했다는 얘기는 회사가 '지금 이 순간이 자사주를 비싸게 팔 절호의 기회'라고 생각한 것은 아닌지 의심해 봐야 한다는 점입니다. 실제로 신풍제약은 자사주 처분 이후 점차 주가 하락세로 접어들었고, 9개월이 지난 2021년 6월에는 주가가 6만 원대까지 떨어졌습니다.

적대적 M&A에 방어하기 위해 자사주를 매각하기도

한편 회사가 자사주를 처분하는 또 다른 이유도 있습니다. 바로 경영권 방어입니다! 최대주주의 지분이 적고, 돈도 부족해서 지분을 더 늘리기도 어려울 때 회사가 직접 자기주식을 매각함으로써 최대주주의 '보디가드' 역할을 하는 사례가 있습니다.

이게 무슨 말이냐고요? 회사가 가진 자기주식은 의결권(주주총회에서 회사의 안건에 투표할 수 있는 권리)이 없어서, 의결권을 부활시키려면 다른 사람에게 팔아야 합니다. 따라서 경영권 위협이 실제로 발생했을 때 회사는 자기주식을 우호적인 투자자에게 팔아서 의결권을 되살리는 방법으로 경영권을 방어합니다. 2015년 2월 '리니지'로 유명한 엔씨소프트가 '메이플스토리'의 넥슨으로부터 경영권 위협을 받았습니다. 이때 엔씨소프트는 가지고 있던 자기주식을 우호세력인 넷마블에 팔아서 경영권을 방어했습니다.

'M&A(merger & acquisition)'라고 부르는 인수·합병에서는 기업의 경영권을 두고 공격과 방어가 치열하게 펼쳐집니다. 인수 대상 기업의 경영진이 반대하는데도 강행하는 M&A를 '적대적 M&A'라고 합니다. 적대적 M&A를 시도하는 측이 우호세력으로 끌어들이는 제3자로 경영권 탈취를 돕는 자를 '흑기사', 반대로 적대적 M&A 공격을 받은 기업이 경영권을 지킬 수 있게 지원해주는 자를 '백기사'라고 합니다. 넥슨이 엔씨소프트를 적대적 M&A하려 했을 때 '넷마블'이 백기사 역할을 했습니다.

귀한 자사주를 왜 회사가 나서서 없앨까?

자사주 소각, 유통 물량으로 풀릴 가능성을 '0(제로)'으로 만드는 것

마지막으로 알아볼 내용은 자사주 소각입니다. '소각(消却)'은 말 그대로 주식을 지워 없애버리는 것입니다. 무언가를 불태워버릴 때 '소각(燒却)'이라는 단어를 쓰는데요. 한자는 다르지만 무언가를 없애버린다는 점은 같습니다.

자사주를 사고(매입), 팔고(처분), 없애는(소각) 것은 모두 공시 대상입니다. 하지만 이 세 가지는 비슷한 점과 다른 점이 있습니다.

자사주 처분과 소각은 둘 다 회사가 가진 자사주를 버리는 행위입니다. 그러나 자사주 처분은 다른 사람에게 돈을 받고 파는 것이고, 소각은 누군가에 팔지 않고 그냥 주식을 없애버리는 것이죠. 따라서 처분한 자사주는 다시 시장에 유통 물량으로 나오는 반면 소각한 자사주는 시장에 유통 물량으로 나올 일이 없습니다. 우주 너머로 사라졌다고나 할까요.

자사주 매입도 소각처럼 시장의 유통 물량을 줄인다는 점은 같지만, 매입한 자사주는 회사가 돈이 필요하면 언제든 처분해서 시장에 다시 나올 수 있습니다. 앞서 살펴본 신풍제약 사례처럼요. 그러나 소각한 자사주는 다시 되살릴 수가 없어서 영구적으로 유통 물량이 줄어드는 것이죠. 발행주식수를 줄이거나 액면가를 낮춰 자본금을 줄이는 감자처럼 자사주 소각은 이미 발행한 주식을 소멸시키는 방법입니다.

그래서 주식투자자 입장에서는 자사주 매입보다 자사주 소각이 훨씬 강력하게 주주가치를 높이는 방안입니다. 매입한 자사주를 소각까지 해버리면 다시 시장에 나와 유통될 수 있는, 즉 '불씨'조차 없애는 것이니까요.

주주가치 제고 효과

자사주 매입		자사주 소각
자사주가 시장에 다시 유통될 가능성 남아 있음		자사주가 시장에 다시 유통되는 것 원천봉쇄

경농이 배당 대신 선택한 주주 환원 정책

실전 공시를 볼까요. 다트를 열어서 회사명에 '경농' 기간 '10년' 보고서명에 '주식소각'을 입력한 다음, '검색' 버튼을 클릭합니다. 2021년 4월 26일 경농이 발표한 〈주식 소각 결정〉 공시가 나옵니다 (자사주 소각 공시는 〈자기주식 처분〉이 아닌 〈주식 소각 결정〉이라는 제목으로 나온다는 점 기억해두세요).

경농 〈주식 소각 결정〉 공시

2021년 4월 26일

1. 소각할 주식의 종류와 수	보통주식(주)	2,169,175
	종류주식(주)	0
2. 발행주식총수	보통주식(주)	21,691,750
	종류주식(주)	0
3. 1주당 가액(원)		500
4. 소각 예정 금액(원)		3,198,484,274
5. 소각을 위한 자기주식 취득 예정 기간	시작일	-
	종료일	-
6. 소각할 주식의 취득 방법		기취득 자기주식
7. 소각 예정일		2021년 4월 28일
8. 자기주식 취득 위탁투자 중개업자		-
9. 이사회 결의일(결정일)		2021년 4월 26일
- 사외이사 참석 여부	참석(명)	0
	불참(명)	1
- 감사(사외이사가 아닌 감사위원) 참석 여부		참석

10. 공정거래위원회 신고 대상 여부	미해당

11. 기타 투자 판단과 관련한 중요 사항
※ 관련 공시
1) 위, 1번. 소각할 (자기)주식 2,169,175주는 현, 발행주식총수의 10% 규모입니다.
2) 위, 4번. 소각예정금액(3,198,484,274원)은 장부가액 기준입니다.
3) 자사주 소각의 목적 : 주주가치 제고
4) 자기주식 소각의 법적 근거 : 「상법」 제343조 제1항의 단서 규정
5) 배당가능이익을 재원으로 취득한 자기주식의 소각(이익소각)으로 자본금 감소는 없습니다.
6) 위, 7번. 소각 예정일은 관계기관과의 협의에 따라 변동될 수 있습니다.

'1. 소각할 주식의 종류와 수'를 보면 경농이 자사주 216만 9175주를 소각하기로 결정했다는 것을 알 수 있습니다. '2. 발행주식총수'를 보면 이번 소각 물량은 경농의 총발행주식수(2169만 1750주) 대비 10%에 달한다는 점을 알 수 있습니다.

'3. 1주당 가액' 500원과 소각할 주식수를 곱하면, '4. 소각 예정 금액' 31억 9848만 원이 나오지 않습니다. 어떻게 된 일일까요? 공시에 등장한 1주당 가액은 경농의 액면가를 단순 기재한 것이고, 실제로는 소각 예정 금액에서 소각할 주식수를 나누면 1주당 1474원이 나옵니다. 참고로 경농이 자사주 소각을 결정한 전날 경농의 주가는 1주당 1만 4400원이었습니다. 그럼 대체 1474원이란 가격은 무엇일까요?

이 금액은 경농이 이번에 소각할 자사주를 예전에 매입했을 때의 가격입니다. 이를 장부가액이라고 합니다. 즉, 회사의 장부에 1474원

에 매입했다고 적어놓은 자사주 216만 9175주를 소각한다는 뜻입니다. 이러한 내용은 공시 하단의 '11. 기타 투자 판단과 관련한 중요사항'을 보면 '소각 예정 금액은 장부가액 기준입니다'란 안내 문구로 설명합니다.

'7. 소각 예정일'은 2021년 4월 28일입니다. 따라서 이날부터 경농의 총발행주식에서 216만 9175주는 우주 너머로 사라집니다.

공시 하단을 보면 '배당가능이익을 재원으로 취득한 자기주식의 소각(이익소각)으로 자본금 감소는 없습니다'라는 문구가 나옵니다. 자본금은 '발행주식수×액면가'이고, 자사주를 소각하는 건 발행주식수를 줄이는 것이어서 감자에서 알아봤듯이 자본금이 줄어드는 게 교과서에 부합하는 내용이겠죠. 그러나 경농은 주식을 없애는데 자본금은 줄어들지 않는다고 했습니다. 경농은 교과서를 열심히 공부하지 않은 것일까요?

경농의 자사주 소각은 회사의 자본 항목 내 이익잉여금(기업이 영업활동을 해 벌어들인 돈 중 각종 비용을 빼고 남은 돈)을 줄여 소각하는 방식이기 때문입니다. 보통 이익잉여금은 회사가 주주에게 배당을 줄

경농은 이익잉여금으로 배당을 주는 대신 자사주 소각을 통해 주식가치를 높이는 방향으로 주주 환원 정책을 펼쳤다.

때 활용하는 재원인데요. 경농은 이익잉여금으로 배당을 주는 대신 자사주 소각을 통해 주식가치를 높이는 방향으로 주주 환원 정책을 펼친 것이죠.

참고로 회계학적으로 조금 더 깊게 들어가면, 이익잉여금을 활용해 자사주를 소각할 때는 소각금액(소각주식수×장부가액)만큼 이익잉여금은 줄어들고, '기타불입자본'이라는 항목이 그만큼 늘어나서 전체적으로는 자본금과 전체 자본총계가 소각 전후 같아지는 결과가 나옵니다. 결과적으로 경농은 교과서에서 가르쳐 주지 않는 것까지 공부한 학생이었네요. 오해해서 미안!

Chapter 11

전지적 투자자 시점에서 본 스팩·리츠

이번에는 초보 투자자들에게는 다소 생소할 수 있는 스팩(SPAC)과 리츠(REITs) 투자에 관해 알아보려고 합니다. 두 상품 모두 주식처럼 원하는 시점에 매수와 매도가 가능합니다.

스팩은 다수의 개인이나 기관투자자들로부터 공개적으로 자금을 모아 일정 기간 안에 우량기업을 인수·합병(M&A)하는 것을 조건으로 상장되는 일종의 서류상 회사입니다.

투자자들은 일반적인 공모주 청약과 똑같은 방법으로 청약을 해서 스팩 공모주를 받을 수 있습니다. 그리고 스팩이 상장한 후 비상장회사와 합병에 성공하면, 가격이 오른 주식을 팔아 투자 수익을 얻습니다. 스팩이 도입되면서 '자본주의의 꽃'이라 불리는 M&A 시장에 개인투자자들도 소액으로 참여할 수 있게 되었습니다.

리츠는 투자자들로부터 자금을 모아 부동산에 투자하고 임대수익과 매각차익 등을 나눠 갖는 부동산 간접 투자 상품입니다. 주식처럼 소액으로 부동산에 투자할 수 있어, 종잣돈 없이도 여러 부동산에 간접 투자할 수 있습니다.

투자자가 리츠의 주식을 보유하면, 자신의 지분율만큼 부동산을 보유한 효과가 납니다. 이후 리츠가 부동산 임대료 등으로 돈을 벌면, 리츠 주주들은 배당금을 받게 됩니다.

스팩(SPAC) 투자는 어떻게 할까?

스팩의 내세울 만한 스펙은 무엇인가?

'스팩(SPAC)'은 'Special Purpose Acquisition Company'의 줄임말입니다. 우리가 알고 있는 그 '스펙(학력, 토익점수, 자격증 등 자신의 외형적 커리어를 합산한 것)'과는 완전히 다른 단어입니다. 영어를 그대로 풀어보면 '기업 인수라는 특수 목적을 가진 회사'입니다. 우리말로는 간단히 '기업인수목적회사'라고 합니다. 인수합병이라는 방법을 통해 비상장회사가 주식시장에 우회상장을 할 수 있도록 하는 게 스팩의 역할입니다.

우리나라에 스팩 제도가 도입된 건 2009년입니다. 시점에 주목할 필요가 있는데요. 바로 직전 해인 2008년에 글로벌 금융위기가 발생하면서 우량한 중소기업들이 자본시장에서 신속한 자금을 조달받기 어려워졌습니다. 그래서 기술은 있는데 당장 자금이 부족한 중소기업들도 주식시장에 들어와서 자금을 조달할 수 있도록 상장의 문턱을 낮추자는 취지에서 스팩 제도를 도입한 것이죠.

스팩의 이름은 주요 투자자로 참여하는 증권사 이름과 번호를 결합해서 정합니다. 예를 들어 2021년 5월 21일 주식시장에 상장한 '삼성스팩4호'는 삼성증권이 만든 4번째 기업인수목적회사라는 뜻이죠.

스팩은 공모주와 똑같은 절차를 거쳐서 주식시장에 상장합니다. 공모를 통해 마련한 자금을 바탕으로 다른 비상장회사와 합병하는 것이 유일한 사업 목적인 회사가 바로 스팩입니다. 스팩은 합병에 성공하면 '삼성스팩4호' 같은 자신의 이름을 버리고, 비상장회사의 이름으로 변신합니다. 반면 스팩이 기한 내 비상장회사와 합병에 실패하면 투자원금에 약간의 이자를 더해서 투자자에게 돌려주고 상장폐지 절차를 밟습니다.

스팩(SPAC) 설립부터 소멸까지 과정

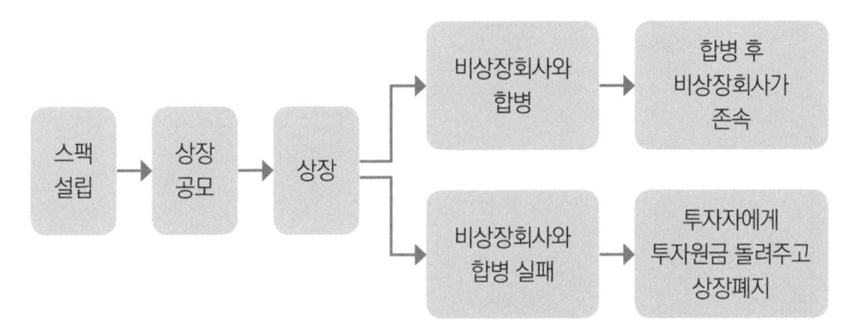

주식투자자 입장에서는 스팩도 공모주 투자의 한 종류라고 볼 수도 있지만, 세부 내용은 많이 다릅니다.

일반적인 상장공모주는 처음 상장 계획을 밝힐 때 희망공모가격을 제시하고 이후 기관투자자의 수요 예측을 거쳐 최종가격을 결정합니다. 또한 상장공모주 청약증거금은 50%(청약주식수×공모가격÷2)만 준비하면 된다고 했습니다. 하지만 스팩이 상장할 때 공모가격은 1주당 2000원으로 고정되어 있고, 청약증거금도 100%(청약주식수×2000원)를 준비해야 합니다.

참고로 스팩 공모주도 일반 공모주처럼 균등배정 수량이 정해져 있습니다. 특별한 경우가 아니면 청약경쟁률이 높지 않아서 균등배정만으로도 적지 않은 공모주를 받을 수 있습니다.

2021년 스팩 공모 청약 때 균등배정주식수

종목	청약일	균등배정주식수(주) ⓐ	청약자수(명) ⓑ	1명당 균등배정 주식수(주) ⓐ÷ⓑ
삼성스팩4호 (삼성기업인수목적4호)	2021년 5월 11~12일	492,500	19,437	25.34
NH스팩19호 (엔에이치기업인수목적19호)	2021년 5월 11~12일	4,188,258	20,956	199.86
하이스팩6호 (하이제6호기업인수목적)	2021년 4월 28~29일	532,512	2,176	244.72
유진스팩6호 (유진기업인수목적6호)	2021년 3월 30~31일	351,802	6,434	54.68
유안타스팩8호 (유안타제8호기업인수목적)	2021년 3월 25~26일	784,136	6,178	126.92

비상장사는 정식 상장을 놔두고 왜 굳이 스팩을 통해 우회상장하려는 걸까요?
대학입시를 예로 들어볼게요. 대학입시 방법에 수시입학, 정시입학처럼 다양한 방법이 있듯이 주식시장에 상장할 때도 단 하나의 방법만 있는 게 아닙니다. 다양한 옵션을 통해 비상장회사가 각자의 요건에 맞게 상장 방식을 고를 수 있도록 한 것이지요.
제주맥주는 이익 요건은 면제해주는 대신 다른 요건을 보고 상장 여부를 판단하는 '이익미실현 기업 특례' 제도를 통해 2021년 5월 코스닥에 상장했습니다. 같은 달 코스닥에 상장한 진시스템은 상장주관사(증권회사)가 성장성을 평가해서 책임지고 추천하는 '성장성 추천 제도'로 증시에 입성했습니다. 스팩도 그런 방법 중 하나입니다.

표를 보면 2021년 3~5월에 실시한 스팩 공모주 청약에서는 균등배정만으로도 최대 244주를 받는 결과(하이스팩6호)가 나왔습니다. 일반 공모주와 비교하면 청약 참여 건수가 훨씬 적기 때문이죠.

스팩도 상장 후 '따상' 가고 그러나요?

스팩도 일반 공모주와 똑같이 〈증권신고서〉와 〈투자설명서〉를 제출합니다. 하지만 기업가치 분석은 의미가 없습니다. 오직 비상장기업과 합병할 목적으로 만들어진 '서류상 회사(페이퍼컴퍼니)'여서 공모 절차를 거쳐 상장해도 당장 이렇다 할 사업이 없기 때문이죠. 그래서 모든 스팩 공모주의 〈증권신고서〉와 〈투자설명서〉에는 이런 내용이 나옵니다.

스팩 공모주 〈증권신고서〉 내용

당사는 「자본시장과 금융투자업에 관한 법률」(이하 "자본시장법")에 따라 회사의 주권을 한국거래소 코스닥시장에 상장한 후 다른 회사와 합병하는 것을 유일한 사업 목적으로 하고 있으며, 그 외 별도의 사업을 영위하지 않습니다.

정상적인 경우라면 스팩은 상장 직후 '따상' 가는 일이 없어야 합니다. 스팩은 합병 대상을 찾는 것 외에는 아무런 사업이 없다 보니 일반 공모주와 달리 상장 초반 주가가 크게 움직이지 않습니다. 공모가(2000원) 수준에서 움직이다가 나중에 합병 대상을 찾았다는 소문(또는 사실)이 들릴 무렵에야 주가가 출렁이기 시작합니다.

스팩이 상장 초반부터 주가가 급등한다면 누군가가 고의적으로 주가를 끌어올리고 있다는 얘기입니다. 현재 우리나라 주식시장에 상장한 스팩 1개당 평균 발행주식수는 480만 주가량으로 많지 않습니다. 일반 상장기업은 수천만 또는 억대로 넘어가는 발행주식수를 가지고 있습니다. 따라서 스팩은 발행 주식 자체가 많지 않아서 누군가 주가를 흔들려고 하면 쉽게 흔들릴 수 있습니다. 한국거래소는 2021년 6월 초 일부 스팩 주식이 합병 대상 기업 확정과 무관하게 급등하자 '시세 조정으로 인한 불공정거래가 의심'된다며 조사에 나서기도 했습니다.

물론 여러분이 공모 청약으로 스팩 주식을 보유하고 있는데, 상장 직후 별다른 이유 없이 주가가 급등한다면 좋은 일이겠죠. 이때는 팔아서 시세차익을 거두면 되니까요. 그런데 공모주를 받은 게 아니라 스팩이 상장한 이후 주가가 급등한 상태에서 스팩에 투자하려는 경우 문제가 됩니다. 이때 주가가 급등한 것을 보고 혹시 합병 대상을 찾은 것 아니냐는 기대감에 추격매수를 고민할 수 있는데요. 이런 방법은 위험한 투자입니다.

실제로 2021년 6월 17일 코스닥에 상장한 삼성머스트팩5호가 상장 첫날 '따상'을 기록했고, 이후에도 3거래일 연속 상한가를 기록했습니다. 이른바 '따상상상상'이 된 거죠. 이러다 보니 주가는 상장 초반부터 이미 공모가의 다섯 배가 넘는 1만 1000원 수준까지 뛰어올랐습니다.

주가가 계속 오르자 6월 22일 한국거래소가 주가 급등 이유를 묻는 조회 공시를 요구했습니다. 삼성머스트팩5호가 조회 공시에 답변한 내용은 "주가에 영향을 줄 만한 정보가 없다"였습니다. 즉 합병 대상을 아직 못 찾았다는 것이죠. 이후 삼성머스트팩5호는 지속해서 주가 조정을 받아 현재(2021년 7월 27일) 6000원대까지 내려왔습니다.

원금 손실 부담 없는 무위험 상품, 합병에 실패하면 저수익 상품

스팩은 상장 후 3년(36개월) 안에 비상장사와 합병을 완료(합병등기)하지 못하면 자동 상장폐지 절차를 밟습니다. 좀 더 정확히는 만기

3년을 6개월 앞둔 2년 6개월 동안 합병 대상 법인을 찾아 한국거래소에 합병 승인 신청을 해야 합니다. 이렇게 해야 합병등기까지 무난하게 마무리할 수 있기 때문인데요. 반대로 2년 6개월 안에 합병 승인 신청을 하지 못하면 관리종목으로 지정되고, 이후 1개월 뒤 상장폐지 도장이 '쾅!' 찍힙니다.

3년 안에 합병 대상을 찾지 못한 스팩은 상장폐지된다.

스팩이 상장폐지된다고 해서 투자자가 보유한 주식이 휴짓조각이 되지는 않습니다. 스팩 투자원금에 약간의 이자를 더한 금액을 돌려받습니다. 여기서 말하는 투자원금이란 공모가(2000원)를 의미합니다. 돌려받는 원금과 이자는 스팩이 제출한 〈증권신고서(투자설명서)〉에서 'Ⅵ. 그 밖에 투자자 보호를 위해 필요한 사항' 항목을 보면 알 수 있습니다.

다음은 2021년 5월 21일 상장한 '삼성스팩4호'의 〈투자설명서〉에 나오는 내용입니다.

삼성스팩4호 〈투자설명서〉 공시 중 'Ⅵ. 그 밖에 투자자 보호를 위해 필요한 사항'

2021년 5월 10일

라. 1주당 지급 예상 금액

1주당 지급 예상 금액을 산정할 때 사용되는 가정
- 당사가 납입기일부터 36개월 이후 해산하는 경우 - 예치이율 0.82% 가정

당사가 주권 모집에 따른 납입기일 36개월 이내에 합병 대상 법인과 합병등기를 완료하지 못하여 해산하게 되는 경우, 당사의 공모에 참여한 주주는 다음과 같은 1주당 금액을 지급받게 됩니다.

구분	내용
예치자금(A)	7,400,000,000원
이자율(B)	0.82%
예치기간(C)	36개월
총 반환 예정 금액(D=A×(1+B)∧3)	7,583,536,808원
공모주식수(G)	3,700,000주
1주당 반환 예정 금액(H=F/G)	2,050원

주) 상기 1주당 반환 예정 금액은 36개월 동안 변경되는 이자율 및 36개월 내 당사 해산에 따른 예치 기간 변경 등에 의하여 달라질 수 있습니다.
공모주식에 대하여 상기와 같이 지급되는 금액이 공모주식의 발행가액에 미달하고 예치자금 이외에 해산 당시 당사가 잔여 재산을 보유하는 경우, 잔여 재산은 공모주식에 대하여 잔여 재산분배로서 지급되는 금액이 공모주식의 발행가액에 달할 때까지 우선하여 공모주식을 대상으로 하여 주식수에 비례하여 지급합니다.

공모가 2000원에 이자율 0.82%를 더해서 2050원을 돌려받는다는 설명이 나옵니다. 만약 삼성스팩4호 공모 청약에 참여해 균등배정 수량 25주를 받았다면 투자원금은 5만 원(25주×공모가 2000원)이고, 만기에 약 5만 1200원을 돌려받는 개념입니다. 다시 말해서 삼성스팩4호에 투자하면 3년 만기 0.82% 이자를 받는 예금상품에 가입한 것과 같습니다.

물론 스팩은 상장 이후 일반 주식처럼 사고팔 수 있어서 언제든 마음에 들지 않는다면 3년을 기다릴 필요 없이 주식처럼 처분할 수 있습니다. 또한 비상장회사와 합병에 성공해서 주가가 오른다면 시세차익도 얻을 수 있습니다.

따라서 스팩 공모주 투자는 원금 손실 부담이 없는 무위험 상품이지만, 합병에 성공하지 못하면 매우 낮은 이자를 받는 저수익 상품이기도 합니다. 이자율이 1% 미만으로 매우 낮은 이유는 스팩에 투자하는 이유가 이자 수익이 아닌 비상장기업과의 합병 때 시세차익을 얻는 데 있기 때문입니다.

참고로 최근 한국거래소가 발표한 자료를 보면, 우리나라에 스팩 제도가 도입된 이후 2021년 5월까지 합병 성공 비율은 69%, 실패 비율은 31%로 나타나고 있습니다.

리츠(REITs) 투자는 어떻게 할까?

커피 한 잔 값으로 부동산에 투자하는 방법, 리츠

'리츠(REITs)'는 'Real Estate Investment Trusts'의 줄임말로, 우리말로는 '부동산투자신탁'이라고 합니다. '신탁(trust, 信託)'은 누군가를 믿고 대신 맡긴다는 개념이지요. 리츠는 투자자들의 자금을 모아 건물이나 땅과 같은 부동산에 투자하고, 부동산에서 얻은 이익을 다시 투자자에게 배당하는 회사입니다.

리츠도 공모 절차를 거쳐 주식시장에 상장하고 일반 주식처럼 거래합니다. 다만 리츠는 주가 변동폭이 크지 않아서, 시세차익을 추구하는 주식이라기보다는 안정적인 배당 수익을 얻는 주식에 가깝습니다. 좀 더 쉽게 설명해 리츠는 개인이 통째로 사기 어려운 큰 건물을 여러 명의 투자자(주식보유자)가 함께 매입해서, 지분만큼 수익을 나누는 것입니다.

예를 들어 롯데리츠는 롯데백화점 강남점을 보유하고 있는데요. 연간 임대료 211억 4900만 원(2020년 10월~2021년 10월)을 벌어들입니다. 이외에도 전국 각지의 롯데백화점, 롯데마트, 롯데아울렛 건물을 보유해 임대료로 총 755억 원을 벌어들입니다. 롯데리츠의 지분 1%를 가지고 있는 주주라면 임대수익의 1%를 배당금으로 받게 됩니다. 물론 일반투자자가 지분 1%를 가지긴 어렵지만, 자신이 보유한 주식수만큼 배당을 받는다는 점에서 '배당주'와 비슷하다고 볼 수 있습니다.

리츠 회계연도는 6개월 단위, 배당금도 1년에 두 번 지급

일반적인 상장회사의 회계연도는 1년이지만, 리츠의 회계연도는 6개월(반기는 3개월)이란 점도 알아둬야 합니다. 회계연도가 6개월 단위이므로 〈사업보고서〉도 1년에 두 번 내고, 정기 주주총회도 두 번(3월, 9월), 배당금도 주주총회가 끝나고 두 번씩 지급하는 방식입니다.

따라서 배당금을 받는 주주명단을 확정하는 날짜(배당 기준일)도 각 회계연도의 마지막 날인 6월 30일, 12월 31일입니다. 이후 주주총회에서 정식 승인을 받고 주주총회 한 달 이내에 배당금을 주주들의 증권계좌로 입금합니다.

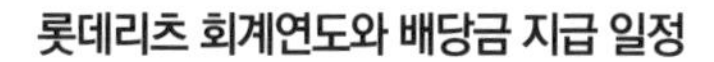

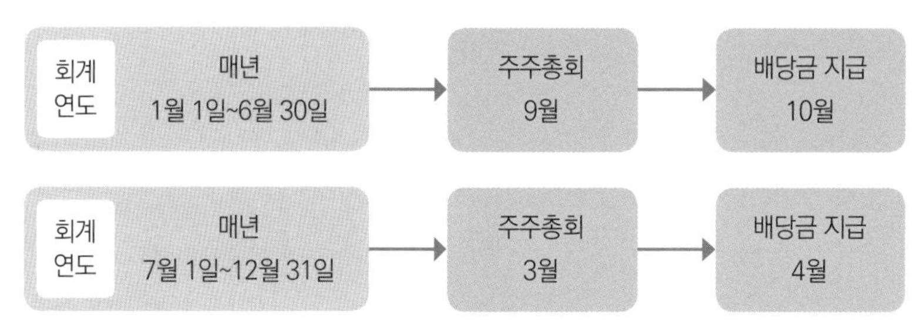

* 회계연도 끝나는 날이 배당을 받을 수 있는 주주명부 확정일(배당 기준일).

리츠의 배당 공시는 〈부동산투자회사 금전배당 결정〉이라는 제목으로 나옵니다. 다트를 열어 공시통합검색 화면에서 회사명 '롯데리츠', 기간 '3년', 보고서명 아래에서 '거래소공시'를 체크하고, '검색' 버튼을 누릅니다(만약 보고서가 보이지 않는다면 기간을 길게 설정해보세요). 여러 건의 공시 가운데 〈부동산투자회사 금전배당 결정〉이라는 제목의 공시가 보입니다. 롯데리츠는 2020년에는 2월 12일과 8월 6일, 두 번 배당 공시를 발표했습니다.

번호	공시대상회사	보고서명	제출인	접수일자	비고
27	유 롯데리츠	부동산투자회사금전배당결정	롯데리츠	2020.08.06	유
36	유 롯데리츠	부동산투자회사금전배당결정	롯데리츠	2020.02.12	유

롯데리츠 〈부동산투자회사 금전배당 결정〉 공시

2020년 2월 12일

1. 배당금총액(원)			16,587,870,199
2. 1주당 배당금(원)	보통주식		96
	종류주식		-
- 기준가격 조정 대상 여부	보통주식	기준가격	-
		가격제한폭 초과	미해당
	종류주식	기준가격	-
		가격제한폭 초과	미해당
3. 시가배당률(%)	보통주식		1.5
	종류주식		-
4. 배당 기준일			2019년 12월 31일
5. 배당금 지급 예정일			정기 주주총회일로부터 1개월 이내
6. 주주총회 예정일자			2020년 3월 26일
7. 이사회 결의일(결정일)			2020년 2월 12일

2020년 8월 6일

1. 배당금총액(원)			27,777,592,575
2. 1주당 배당금(원)	보통주식		161
	종류주식		-
- 기준가격 조정 대상 여부	보통주식	기준가격	-
		가격제한폭 초과	미해당
	종류주식	기준가격	-
		가격제한폭 초과	미해당
3. 시가배당률(%)	보통주식		2.9
	종류주식		-
4. 배당 기준일			2020년 6월 30일
5. 배당금 지급 예정일			정기주주총회일로부터 1개월 이내
6. 주주총회 예정일자			2020년 9월 18일
7. 이사회 결의일(결정일)			2020년 8월 6일

2020년 2월 12일 발표한 공시의 배당 기준일은 2019년 12월 31일, 2020년 8월 6일 발표한 공시의 배당 기준일은 2020년 6월 30일입니다. 이 날짜에 주식을 보유한 주주들에게 배당금을 지급합니다. 주의할 점은 배당 공시는 배당 기준일 이후에 나온다는 것입니다. 즉 배당 공시를 보고 리츠 주식을 매입하면 이번에는 못 받고 다음번 배당까지 기다려야 합니다.

여러분이 관심 있는 리츠 주식의 배당이 그동안 어떻게 이뤄졌는지를 살펴보려면, 같은 방법으로 〈부동산투자회사의 금전배당 결정〉 공시를 찾아보면 됩니다. 또는 〈사업보고서〉를 열어서 〈배당에 관한 사항〉을 검색해보는 방법도 있습니다.

배당금을 좌우하는 보유 부동산 내역 파헤치기

리츠가 주주에게 배당을 많이 하려면 임대수입을 많이 확보할 수 있는 부동산을 보유해야겠죠. 리츠가 보유한 부동산 내역은 〈사업보고서〉의 '사업의 내용'에서 확인할 수 있습니다.

모든 리츠가 롯데리츠 같은 모습은 아닙니다. 롯데리츠는 자신들이 직접 건물을 매입해서 임대사업을 하는 형태인데, 이를 '직접리츠'라고 합니다. 반면 직접 건물을 매입하지 않고, 건물을 소유한 펀드에 투자하는 리츠도 있습니다. 이를 '재간접리츠'라고 합니다.

롯데리츠 〈사업보고서〉의 '사업의 내용'

나) 공시대상 사업부문의 구분

회사는 2019년 설립 이후 2019년 5월에 현물출자를 통해 롯데백화점 강남점을 취득하였으며 2019년 10월에 롯데백화점 구리점, 광주점, 창원점 / 롯데아울렛 율하점, 청주점 / 롯데마트 율하점, 서청주점, 의왕점, 장유점을 매입 및 책임임대차를 개시하여 보유부동산의 운용(임대, 관리, 처분)을 통하여 투자자들에게 투자수익을 제공하는 부동산임대업을 영위하고 있습니다.

다) 보유 부동산 개요

구 분	롯데백화점 강남점
위치	서울특별시 강남구 대치동 937 서울특별시 강남구 대치동 936-21 서울특별시 강남구 대치동 938-1
연면적	67,462㎡
대지면적	11,319㎡
임대차기간	2019.10.16 ~ 2030.10.15 (11년간)
임대료 및 보증금	연간임대료 : 21,149백만원 임대차보증금: 20,837백만원

구 분	롯데백화점 구리점
위치	경기도 구리시 인창동 677 경기도 구리시 인창동 675-2
연면적	79,271㎡
대지면적	11,844㎡
임대차기간	2019.10.16 ~ 2029.10.15 (10년간)
임대료 및 보증금	연간임대료 : 9,083백만원 임대차보증금: 8,951백만원

구 분	롯데백화점 광주점
위치	광주광역시 동구 대인동 7-1, 7-10, 7-11 광주광역시 동구 대인동 31, 31-13
연면적	93,019㎡
대지면적	9,825㎡
임대차기간	2019.10.16~2030.10.15 (11년간)
임대료 및 보증금	연간임대료 : 6,967백만원 임대차보증금: 6,863백만원

직접리츠 vs. 재간접리츠

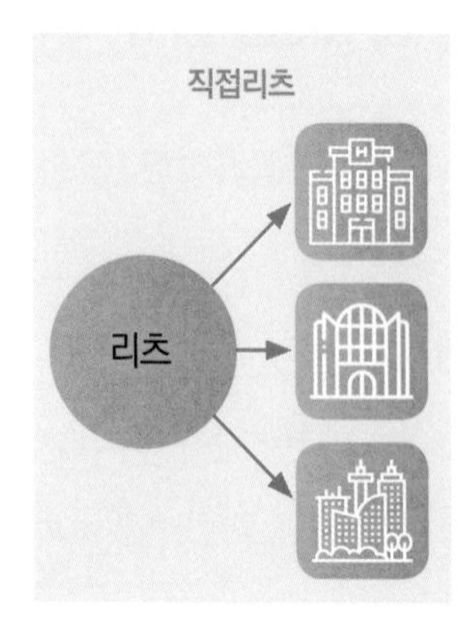

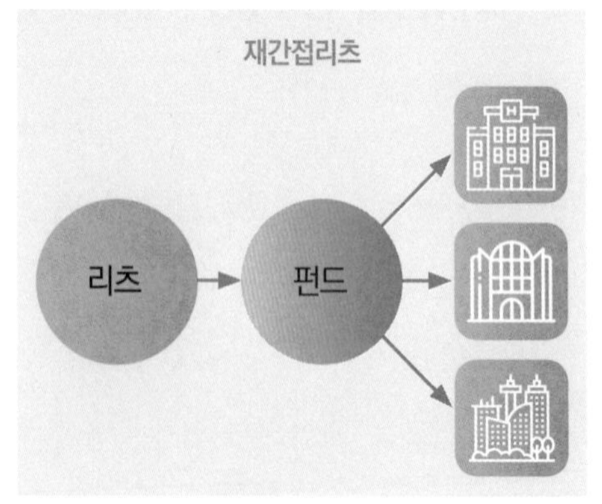

NH프라임리츠 〈사업보고서〉 중 '사업의 내용'

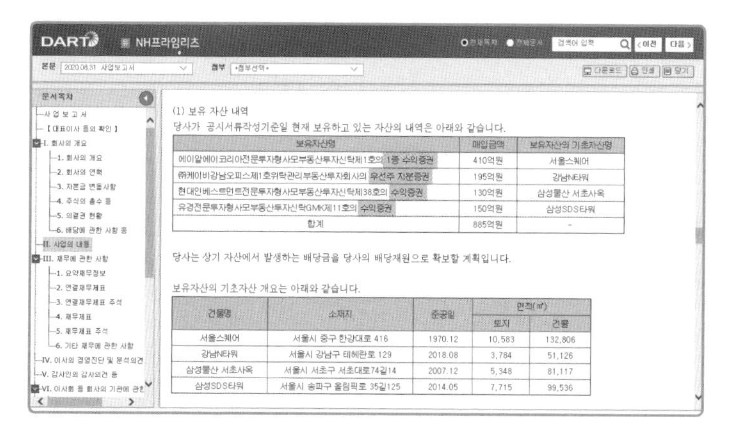

(1) 보유 자산 내역

당사가 공시서류작성기준일 현재 보유하고 있는 자산의 내역은 아래와 같습니다.

보유자산명	매입금액	보유자산의 기초자산명
에이알에이코리아전문투자형사모부동산투자신탁제1호의 1종 수익증권	410억원	서울스퀘어
㈜케이비강남오피스제1호위탁관리부동산투자회사의 우선주 지분증권	195억원	강남N타워
현대인베스트먼트전문투자형사모부동산투자신탁제38호의 수익증권	130억원	삼성물산 서초사옥
유경전문투자형사모부동산투자신탁GMK제11호의 수익증권	150억원	삼성SDS타워
합계	885억원	-

당사는 상기 자산에서 발생하는 배당금을 당사의 배당재원으로 확보할 계획입니다.

보유자산의 기초자산 개요는 아래와 같습니다.

건물명	소재지	준공일	면적(㎡)	
			토지	건물
서울스퀘어	서울시 중구 한강대로 416	1970.12	10,583	132,806
강남N타워	서울시 강남구 테헤란로 129	2018.08	3,784	51,126
삼성물산 서초사옥	서울시 서초구 서초대로74길14	2007.12	5,348	81,117
삼성SDS타워	서울시 송파구 올림픽로 35길125	2014.05	7,715	99,536

NH프라임리츠의 〈사업보고서〉를 보면, 보유 자산 이름 끝에 모두 '증권'이란 단어가 붙어있습니다. 여기서 증권은 펀드를 의미합니다. 해당 펀드가 보유하고 있는 기초자산(건물)이 서울스퀘어, 강남N타워, 삼성물산 서초사옥 등이라는 의미입니다. 다시 말해서 NH프라임리츠는 서울스퀘어, 강남N타워 등의 빌딩을 가진 펀드에 다시 투자한 리츠라는 뜻입니다.

리츠마다 투자하는 건물의 특징도 다릅니다. 롯데리츠는 롯데계열 마트·물류센터(리테일)에 투자했지만, NH프라임리츠가 투자하는 서울스퀘어, 강남N타워는 사무공간(오피스빌딩)입니다.

신한알파리츠(2018년 8월 상장)는 경기도 판교 크래프톤타워, 용산 더프라임타워, 남대문 대일빌딩을 매입해서 임대사업을 하고 있습니다. 역시 오피스빌딩이죠. 주택이나 호텔을 매입해서 임대사업을 하는 리츠도 있습니다.

따라서 주식시장에 상장한 리츠에 투자할 때는 해당 리츠가 어떤 성격(직접리츠 vs. 재간접리츠)인지, 또 어느 건물(상업시설, 오피스빌딩 등)에 투자하는지, 무엇보다 다른 리츠에 비해 배당을 많이 주는지 비교하는 게 핵심입니다. 배당수익률은 해당 리츠가 발표한 〈투자설명서〉, 〈사업보고서〉에서 '배당에 관한 사항'이나 〈배당 결정〉 공시에서 확인할 수 있습니다.

롯데쇼핑은 왜 자기네 건물에서 편하게 장사하지 않고, 현금에 건물까지 내주면서 롯데리츠라는 회사를 만들었을까요?

롯데쇼핑은 전국에 수많은 백화점·마트·아울렛의 토지와 건물을 가지고 있습니다. 이 중 일부를 롯데리츠에 돈을 받고(또는 주식을 받고) 팔았습니다. 즉 부동산을 현금화한 것이죠. 이렇게 마련한 돈으로 롯데쇼핑은 다른 사업에 투자할 실탄을 마련했습니다.

물론 자신들이 판 건물에서 계속 사업을 해야 하니까 예전엔 내지 않아도 됐던 임대료를 내야 하지만, 감가상각비처럼 자신들이 직접 부동산을 관리할 때 드는 비용이 줄어듭니다. 또 롯데쇼핑은 롯데리츠 지분 50%를 가진 최대주주로서 나중에 배당을 받아서 부수입을 챙길 수도 있습니다.

롯데리츠 입장에서는 당장에는 토지·건물을 매입하는데 큰돈이 들지만, 계열사와 장기계약을 맺어 안정적인 임대료 수입을 거둘 수 있습니다.

"

주식투자의 성공은
비밀 공식이나 컴퓨터 프로그램,
각 종목과 주식시장의 가격이 보내는 신호에 좌우되지 않는다.
그보다는 주식시장의 전염성 강한 감정에 지배되지 않는
사고방식과 행동방식을 갖추고,
이와 더불어 훌륭한 판단력을 키운 투자자가
성공을 거둘 것이다.

"

— 워런 버핏 —

공시줍줍

초판 1쇄 발행 | 2021년 9월 1일

지은이 | 김보라 · 박수익
펴낸이 | 이원범
기획 · 편집 | 김은숙, 정경선
마케팅 | 안오영
표지디자인 | 강선욱
본문디자인 | 김수미

펴낸곳 | 어바웃어북
출판등록 | 2010년 12월 24일 제313-2010-377호
주소 | 서울시 강서구 마곡중앙로 161-8 C동 1002호 (마곡동, 두산더랜드파크)
전화 | (편집팀) 070-4232-6071 (영업팀) 070-4233-6070
팩스 | 02-335-6078

ISBN | 979-11-87150-95-4 03320

★★ '공시줍줍' 열혈 구독자들이 먼저 읽고 추천합니다! ★★

회계 원리 강의를 준비하며 기업공시 사례를 학생들에게 소개해주고자 하는데, '공시줍줍'만큼 중요한 최신 공시를 시의적절하게 분석해주는 뉴스레터가 없었습니다. 그중에서도 정수(精髓)만 뽑아낸 이 책을 추천하지 않을 수가 없습니다. ◆ **조대현**

현직 증권사 리스크 부서에서 근무 중입니다. 바쁜 업무와 넘치는 정보 속에서 '공시줍줍'은 꼭 알아야 할 공시 트렌드를 잘 정리해 줍니다. 현직에 있는 사람뿐만 아니라 미래의 금융인에게도 반드시 추천합니다! ◆ **김데이빛**

'주식 좀 아는 언니'가 방황하는 주린이들에게 아주 재밌고 쉽게 설명해줍니다! 혼자서 무작정 주식을 시작했고 용어들이 너무 어려워 방황하고 있을 때 보라 언니를 만나서 주식에 대해 하나씩 배워가고 있습니다. 이 세상 모든 주린이들을 위한 책입니다! ◆ **서은정**

경제 부처에 근무하는 한사람으로, 업무상 기업공시를 공부할 기회가 생겼을 때 '공시줍줍'을 만났습니다. 수많은 보고서를 보지만 '공시줍줍'처럼 논리 전개가 깔끔한 글은 정말 드뭅니다. 이런 글을 작성하기 위해 얼마나 많은 시간과 노력이 들어가는지 잘 알고 있습니다. 그대들의 열정에 박수를 보냅니다. ◆ **김경래**

다른 업무를 하다가 IR로 직무를 변경한 지 1년 정도 되었습니다. '공시줍줍'에서 매번 중요한 내용을 분석해 보내주신 덕에 많은 도움을 받았습니다. 책으로 소장하면서 필요한 내용을 그때그때 찾아볼 수 있을 것 같아서 기대가 큽니다. ◆ **주상하**

드디어 책으로 나오는군요. 가까운 지인한테도 공유하지 않고 끝까지 나만 알고 싶었던 뉴스레터 '공시줍줍'! 투자에 관심 있는 사람이라면 반드시 읽고 기초를 탄탄히 쌓길 바랍니다. ◆ **이현동**

'공시줍줍'을 받아보면서 아파트 청약이 아닌 공모주 청약을, 먹는 감자가 아닌 주식 감자를 알게 되었네요. 이제 막 주식투자에 입문한 사람들에게 '공시줍줍'은 『수학의 정석』 같은 참고서예요! ◆ **이송희**

기업의 상황을 알려주는 최소한의 정보인 공시조차 외면한다면 투자에서 실패 확률만 높일 뿐입니다. 이 책은 다양하고 복잡한 기업공시를 분석하여 그 이면에 숨겨진 새로운 진실과 정보를 알려주는 기업공시 교과서 같은 책입니다. ◆ **신영재**

즐겨찾기를 해놓고 매일 오늘도 나왔나 하고 챙겨보던 '공시줍줍'이 책으로 발간된다니 정말 반갑네요. 1년 넘게 주식독서모임을 운영하면서 멤버들이 가장 어려워한 지점이 바로 공시를 보는 것이었는데, 함께 토론할 좋은 책이 생겨서 기쁩니다! ◆ **신사환(주식독서모임 운영자)**

'공시줍줍' 덕분에 공시를 보는 시야가 확장되고 비판적 사고력을 갖게 되었습니다. 그동안 뉴스레터를 통해 소개된 주옥같은 글이 책으로 묶여 세상에 나온다니, 대한민국 투자자들을 대표해 감사드립니다. _ **권종오**

기업공시에서 경제 전반의 흐름까지 쉬운 단어로 설명해 주셔서 저와 같은 초보 투자자에게 많은 도움이 되었습니다. 더욱 많은 사람이 읽고 경제에 대한 해박한 지식을 쌓길 바랍니다. ◆ **김민수**

한 편도 버리지 않고 메일함에 보관해둔 '공시줍줍'을 책으로 만날 수 있다니 매우 기쁩니다. 전환사채, 유상증자 같은 단어만 나오면 허둥대는 분들, 스스로 공시 분석을 못 하는 분들, 이제 막 주식투자에 뛰어든 분들은 꼭 한번 일독하시길 권합니다. ◆ **김진호**

공시를 회계와 재무 관점에서 어렵게 접근하는 게 아니라, 쉽고 직관적이면서도 투자 판단에 도움이 되는 내용만 콕콕 집어 다루어주는 '공시줍줍'을 책으로 만날 수 있어 아주 반갑네요! ◆ **이민제**

공시를 제대로 보는데 많은 시간이 필요합니다. 아직도 잊지 못합니다. 처음 '공시줍줍'을 읽어보던 날 구독을 안 할 수가 없었습니다. 평소 이해하지 못했던 공시를 읽으며 "아~이 말이구나!" 중얼거리며 고개를 끄덕이고 있는 나를 발견했으니까요. ◆ **홍문기**

"지금까지 이런 책은 없었다. 이것은 주식투자 참고서인가? 해설서인가?" 워런 버핏은 주식 말고 기업을 사라고 했습니다. 즉, 시장을 알고 기업을 알아야 한다는 말입니다. 그 고급 정보는 여기 '공시줍줍' 한 권이면 다 해결됩니다. ◆ **이정훈**

어느 날 정말 우연히 인터넷을 통해 '공시줍줍'을 접했습니다. 이 기사 아닌 기사(?)를 보고 두 가지 큰 충격을 받았습니다. 공시에 이렇게 다양하고 알찬 정보가 있다는 점, 그리고 공시만 잘 활용해도 다양한 투자 인사이트를 얻을 수 있다는 점. 이날 이후 '공시줍줍'은 나의 최애 투자파트너가 되었습니다. ◆ **정욱재**

초보뿐만 아니라 경험 많은 투자자들에게도 아주 유용한 공시 기본서가 되리라 확신하며 꼭 한번 읽어보기를 추천합니다!! ◆ **정은면**

주식은 쳐다보지도 않던 '안전제일주의' 정년 퇴직자인 저에게 공모주 투자의 신세계를 열어준 '공시줍줍'. 60대 주린이인 저도 완벽하게 이해할 수 있는 쉽고 자세하고 친절한 설명 덕분에 용돈 벌이의 화수분을 얻었습니다! ◆ **김기승**

금융권을 준비하는 취준생들에게 한 줄기 빛 같은 존재 '공시줍줍'! 스펙 쌓느라 시간이 부족한 취준생에게 핫한 증권가 이슈를 전달해주는 최고의 뉴스레터입니다. 취업 준비뿐 아니라 주식 공부까지, 일거양득입니다! ◆ **문여진**

'공시줍줍'을 읽지 않았다면 기다리세요. '공시줍줍'을 읽었다면 이제 투자의 전장으로 나가셔도 됩니다. '공시줍줍'은 주린이도 주식시장에서 패하지 않는 명장으로 만듭니다. ◆ **홍민수**